サーンキャとヨーガ

The guide of Sāṃkhyakārikā
and
the explanatory Yogasūtraṃ

真下尊吉
Mashimo Takayoshi

東方出版

Dedicated to
the *late* Dr. Tsuruji Sahoda
Prof. Anil Vidyalankar

With Gratitude and Devotion

故　佐保田 鶴治 博士
アニル・ヴィディヤランカール 先生

に捧ぐ

まえがき

　パタンジャリの「ヨーガスートラ」を読もうとすると、佐保田鶴治先生が翻訳された『ヨーガ根本教典』と『解説ヨーガスートラ』しか見あたらず、前者の初版が１９７３年、改訂版が１９７６年、後者の初版は１９８０年であるから、それぞれ４４年、３７年も時が経っている。また、「サーンキャ哲学の大体を知っていないとスートラの文章を理解するのはむづかしいのであります」と佐保田鶴治先生は『ヨーガ根本教典』で述べられたが、その詳細については、お書きにならなかった。僅かに『ヨーガ根本教典』で、「サーンキャ哲学の概要」（３９頁）として数ページの解説を、また『解説ヨーガスートラ』では、「サーンキャ哲学の略図」（２５頁）と、２３８頁から若干の解説をされただけであった。

　サーンキャ・ダルシャナについての研究書は、中村元先生の『ヨーガとサーンキャの思想』や山口恵照先生の『サーンキャ哲学体系序説』とか、『サーンキャ哲学体系の展開』などがあるが、いずれも全スートラのサンスクリット原典からの語釈、解説書ではなく、真諦三蔵漢訳の『金七十論』（大蔵経に収録）などが参照されているらしく、使われている用語も、サーンキャは音写の「僧佉（そうきゃ）」になっているなど、非常に難解で、最近の若い世代の人にとって内容を理解するのに困難を伴うであろう。

　サーンキャ・ダルシャナと「ヨーガスートラ」は、密接な関係があり、少なくともサーンキャ・ダルシャナの概略を知ってから「ヨーガスートラ」に入るという今回の試みは、これらに配慮したもので、全体を２部構成とし、その第１部の「サーンキャカーリカー入門」では、「サーンキャカーリカー・オブ・イーシュワラクリシュナ SĀMKHYAKĀRIKĀ of IŚVARAKṚSṆA」全詩句７２から、３６の詩句を選んで、サーンキャ・ダルシャナの要点を紹介し、第２部では「ヨーガスートラ」全詩句を原文の翻訳・語釈＆解説のスタイルで

まえがき

収録した。この両方を収録することによって、サーンキャ・ダルシャナ（sāṃkhya darśana）とヨーガ・ダルシャナ（yoga darśana）の密接な関係や一般に言われている二元論とか、因中有果論とか、無神論・有神論などについても真意が明らかとなるであろう。

　また、サーンキャ・ダルシャナは、創始者がカピラと言われるが、経典には、「サーンキャ・プラヴァチャナ・スートラ साम्ख्य प्रवचन सूत्रम्」、「タットヴァサマーサ तत्त्वसमास、または、カピラ・スートラ कपिल सूत्रम्」、「サーンキャカーリカー साम्ख्यकारिका」、「パンチャシーカ・スートラ पंचसीख सूत्रम्」などがあるので、ここでは７２のスートラから成るイーシュワラクリシュナの『サーンキャカーリカー』を中心に説明し、他を参照することにする。また、『サーンキャカーリカー』には、その支持者と反論者があるので、そのコメンタリーである「ユクティディーピカー युक्तिदीपिका」も必要に応じて参照した。

　拙著『ハタヨーガからラージャヨーガへ』（東方出版刊）でもふれたが、多くの読者にとっては、翻訳に用いられた用語や文体がなかなか理解しにくく、訳文の「日本語が分からない」という現象が起こっている。これは一体どうしてであろうか？

　音楽の場合は、初めてピアノを習う２、３歳の子供から、プロフェッショナルのピアニストや指揮者など、例えば、ベートーヴェンの作品を演奏する場合は、国や年齢を問わずスコア（譜面）が手渡されるであろう。ところが、「ヨーガスートラ」の場合、最初に手渡されるものには、サンスクリットの原文は殆ど掲載されていない。つまり、音楽の作品のように、スコアに記載されているテンポ、休止符、クレッシェンド、リタルランドなどの記号は知りようがなく、いきなり演奏のひとつが邦訳として読者に提示されるので、これは日本語が分からないというよりも、最初の段階で、如何ともし難いズレが生じてしまっている。つまり、「ヨーガスートラ」が取りあげられる場合に、

まえがき

　　サンスクリット原典（スタート）　　→　　日本語訳、語釈、解説

のスタイルは見られず、佐保田鶴治先生の訳本と用語をスタートとし、次の１．２．のようにサンスクリット原語に矢印（→）以下を参照するというスタイルが取られている。

１．日本語訳（佐保田鶴治先生訳がスタート）→中国語訳・
　　英語訳（参照）→サンスクリット原典（参照）

２．中国語訳・英訳（スタート）→サンスクリット原典（参照）

　従って、ヨーガについて議論されたり研究書が発表される場合も、佐保田鶴治先生の用いられた用語がそのまま使われてなされ、原語ではないので、原典からはどんどん遊離してしまう。
　そこで、前著『ハタヨーガからラージャヨーガへ』で紹介したように、インドで提示されているような形で紹介することによって、これを防ぐことができるだろう。その形とは、サンスクリット原文を示し、サンスクリット語の特徴であるサンディーを解いて、各単語の意味を示し、邦訳と共に解説を記述することである。
　「ヨーガスートラ」に限らず詩句の形で示されたサンスクリット語は、もともと音声（シャブダ शब्दः）であって、文字として書かれたものではない。ここが非常に重要な点であって、当時、聖者によって俯瞰（サンスクリット語でダルシャナ दर्शन、または、パッシャンティー पश्यन्ती と言う）された事実・真理が音声として発声され、あくまで音（シャブダ शब्द）としてそのままの状態でここにある。伝えたい内容は極度に凝縮化されたスートラやカーリカーの形で、後に、音声が文字化されて伝承され、われわれはその恩恵を受けている。しかし、ここに大きな誤解がある。確かにサンスクリット語

3

まえがき

の習得は決して易しいものではないが、人が人にある内容を伝えるのに、特別な人にしか分からないような言葉はサンスクリット語には用いられていない。ただ、翻訳に当たっての一番大きな問題は、**言葉と意味の関係**（前著『ハタヨーガからラージャヨーガへ』の中の、「ヨーガスートラ入門」42．114頁で詳述、今回も取り上げる）であり、佐保田鶴治先生の非常に重く厳しい次の言葉がある。

スートラは極限にまで切りつめられた表現形式をとっているので、これを直訳したのでは、たとえその訳語が妥当であっても、意味が読み取れるはずはありません。（中略）一読してなんとかわかるように訳し出す必要があります。（『解説　ヨーガスートラ』はじめに　5頁）

例えば、サーンキャの文献の中で、カピラ・スートラ（कपिल सूत्रम्）の第4詩句などは、

पुरुषः ॥४॥
プルシャハ

と、ただ一語書かれているのみである。Twitterなどの「つぶやき」とどう違うのか。

鈴木学術財団の『梵和大辞典』でプルシャ（puruṣa）を引くと、「人、霊魂、最高精神」などの訳語が並ぶ。また、Monier William：*Sanskrit English Dictionary* では、a man, male, person, the soul or spirit, the Supreme Being などが載っている。これらを参考にして、この詩句を「最高精神とか魂とか」に訳したとしても、何も伝わらない。この詩句は、Twitterの「つぶやき」ではない。何百年も昔の聖者が、サンヤマの状態で発した言葉が、真理を俯瞰した状態で述べられていて、心の想念や想いからの「つぶやき」ではない。この詩句は、「すべての存在の根源としてたった一つのプルシャがある」こと

を述べている。従って、インドでは、当然のことながら、実践方法としてハタヨーガに限らずサーダナ (साधन the practice of yogic discipline)、またはタパ (तप サーダナと同意) が必須とされている。スートラやカーリカーは短く詩的に表現されているので、サーダナを行っているサーダカ (साधक) でないと、辞書を引いても佐保田鶴治先生の指摘のように訳し出せないのである。恩師のアニル・ヴィディヤランカール先生は、「辞書は意味を表し得ない」とおっしゃった。佐保田先生も、また、このことを**訳語が妥当であっても、意味は読み取れない**と言われたのである。

　ところで、ある時、サンスクリット語の生徒さんが、『ヨーガスートラ』の詩句 YS 2-17 を持ち込んでこられ「結合」の意味が分からないと質問されたことがあった。このスートラのサンヨーガ (संयोगः) という言葉は、どの訳文を見ても「見る者と見られるものの**結合**」と訳されている。

द्रष्टृ-दृश्ययोः संयोगो हेय-हेतुः। (2-17)

ドラシュタリ ドゥリシャヨーホ サンヨーゴー ヘーヤ ヘートゥフ

しかし、これは両者「見る者と見られるもの」を「混同してしまう」意味だということは明らかなので、後は確認のため、いろんな辞典で調べてみるが、どれも union,conjunction となっており、そのために「結合」と訳されているのだということが分かった。もちろん、サンヨーガには「結合」の意味もある。しかし、１９５０年の古いヒンディー／ヒンディー語辞典で調べると、初めてメール मेल (mixture) が見つかり、さらに、恩師の一人の M 先生から戴いた大きなヒンディー／ヒンディー語辞典でやっと दो या अधिक वस्तुओं का एक में या एक साथ होना という詳しい説明を発見した。

　また、『ヨーガスートラ』の詩句 YS 1-6 に見られるヴィカルパ (विकल्प) は、佐保田鶴治先生の『解説ヨーガスートラ』では、分

まえがき

別知と訳されている。先生は専門家なので仏教の専門用語にも詳しいが、一般の読者にとっては理解が困難な場合もあろう。真我、煩悩、我想、我慢、三昧、解脱、業などの訳語が出てくるから、これらについては、通常の日本語と違った理解が求められる。

お読みいただきたい書に、船山徹氏著『仏典はどう漢訳されたのか』がある。６３頁に「訳文はこうしてつくられた」と「般若心経」を例に述べられているが、日本に伝わってきた経典がどのようなものかがよく分かる。なぜ、このようなことを言うのかと不思議に思われるであろうが、インドのダルシャナには、ヴェーダを基盤とする本流のアースティカ（आस्तिक）と支流でheterodoxのナースティカ（नास्तिक）がある。「サーンキャカーリカー」や「ヨーガスートラ」は、アースティカの流れにあり、これを支流であるブッディズムを下敷きに理解しようといういうことは勿論可能である。何故なら源流は同じであり、真理は一つであるから。しかし、「サーンキャカーリカー」や「ヨーガスートラ」といった経典を仏教用語で説明されると、あらたに専門用語の知識が必要であり、一般読者には戸惑いも起こるであろう。

例えば、YS 4-29で、ダルマ・メーガ・サマーディ（धर्म मेघ समाधि）を、佐保田鶴治先生は、「法雲三昧」と訳しておられるが、これは一般にかなり理解が難しい。メーガ（मेघ）は、雲（cloud）の意味であるが、sprinkle「雨がぱらつく、雨雲、雨」等の意味にも使われ、カーリダーサ（कालिदास）の作品『ラグヴァンシャ（रघुवंश）』第４幕にも出てくる。従って、ここでは、むしろ「法雨」と訳された方がよかったのではないだろうか。解説で、ヴィギャーナヴィクシュのコメントを引用され「優れた法を降らす三昧」と説明されているから。いずれにせよ、仏教用語が使われると、特に若い世代の人々にとっては、かなり理解が困難であろう。

何度も繰り返すが、インドで普通に提示されているスタイルとは、Ｐ・Ｓ・フィオリサが述べているように、「**文学的あるいは哲学的**

なサンスクリット文献の最も顕著な特徴は、みずからを独自な作品として提示することはなく、伝承されたテクストの注釈であるという形で提示されている」(竹内信夫訳『サンスクリット』)

C'est un trait majeur de la production littéraite et philosophique sanskrite qu'elle se présente plus sour la forme de commentaires de textes que sour celle d'oeuvre originales.

(Pierre.Sylvain.Fiolliozat ; *LE SANSKRIT* p.91)

　このフィオリサの指摘については、何を意味するのか、「あとがき」で触れることにする。
　ネットのインタビュー記事によると、東大のインド哲学科では、最近、サンスクリット語が必修から外れたそうである。しかし、サンスクリット語は、大学に行かなければ学べないものではない。ヨーガに関係のある人や「インドを見る」なら、ごく普通の人が学ぶべきものである。ゴンダを始めとする、従来のサンスクリット語の文法書は、あまりにも難解であり、しかも、文字はデーヴァナーガリ文字でなく、ローマナイズされたものであったので、敷居が高かった。拙著で紹介した『入門サンスクリット』(A・ヴィディヤランカール著・中島巖訳　東方出版刊)(註)は、独習用教材として開発されたものであり、これを使って是非一般の人が学習してほしい。この書は、単なるサンスクリットの文法書 (Sanskrit Grammar) ではなく、ヴィヤーカラナ (व्याकरण　Grammartical analysis「言語とは何か」)の途へと続く書である。そして、サンスクリットを学ぶ人が次第に増えてくれば、原文の語釈も含めて現代語訳し、解説をつけて出版することは、その人たちの学習の手助けにもなるので、前著『ハタヨーガからラージャヨーガへ』(日本人のための「ハタヨーガプラディーピカー入門」&「ヨーガスートラ入門」)に続いてこの書を出すことにした。初めての人は、前書からお読みいただくと

まえがき

　「ヨーガとは何か」への理解が容易になるだろう。筆者は浅学非才で間違うことがあっても、求道者や読者に対して誠心誠意尽くせば、やがてそれを継承する人が現れ改善され進歩するであろう。ヨーガは、伝承されるべきものであり、資格とかライセンスの類ではない。ヨーガに出会った人は、佐保田鶴治先生がそうされたように、この使命を果たし次の世代へと伝えなければならないのである。この書も、前著と全く同じ心構えで執筆に当たった。
　なお、今回は、田之上和子さん、鳥羽直子さんに校正のお手伝いをいただいた。お二人は、ハタヨーガの優れた教師でもある。
　巻末に第2部「ヨーガスートラ」の用語一覧を載せておいた。索引として利用されるほか「ヨーガスートラ」を原典で読んでみようと思う人のための簡易辞書としてもご利用いただければ幸いである。

　　（註）この書の原書に当たるヒンディー語版は、Webサイトで公開されているので、
　　　　併読をお奨めする。

目　次

まえがき　　　　　　　　　　　　　　　　　　　　　　1

序　説　　　　　　　　　　　　　　　　　　　　　　　13

    サーンキャとヨーガ／二元論？／サーンキャ〜インドの算数（足し算）、そして日本の屏風絵、または絵巻物？／グナとは／マハットとブッディ／無神論、有神論？／サットカールヤヴァーダは、因中有果論？／サーンキャの目的／悲しみ・苦悩・苦痛の消滅、モークシャ／ヴェーダを否定？

第1部　サーンキャカーリカー入門　　　　　　　　　　25

    この世界とは／アヴィヤクタ（अव्यक्त）とヴィヤクタ（व्यक्त）／アヴィヤクタ〜何故見えないのか／アヴィヤクタ〜どうすれば認識できるのか／あるものの存在と根源／3つのグナ／ドゥフッカ（悲しみ・苦悩・苦痛）／プルシャ／プラクリティ／プルシャとプラクリティ／舞台・公演・観客（1）／ブッディとは〜その1／ブッディとは〜その2／アハンカーラとは／マナス（心）とは／内的器官の働き／微細な身体／舞台・公演・観客（2）／感覚器官・行動器官の捉えるもの／暗黒の闇〜幻影と幻想／われわれの身体の構成／神との取引？／マーヤー（幻想）／プラクリティの活動は、いつ終わるのか？／プラクリティの活動の終焉／気づき〜その1／気づき〜その2／気づき〜その3／モークシャ〜ギャー（完全なる知識）

第2部　「ヨーガスートラ」の解説　　　　　　　　69

はじめに　　　　　　　　　　　　　　　　　　　71

第1章　サマーディ・パーダ　（समाधिपादः）　　　73

　　何故ヨーガの学習を始めるのか／ヨーガとは／心の働き／正しい知識を得る方法／誤った認識／ラージャヨーガ／記憶とは／アビヤーサとヴァイラーギャ／サムプラギャータ・サマーディ／アサムプラギャータ・サマーディ／ムムクシュ／イーシュワラ（プルシャ・ヴィシェーシャ）／聖音オーム（プラナヴァ）／ケーヴァラ・クムバカ／サヴィタルカ・サマーディ／ニルヴィタルカー・サマーディ／サヴィチャーラ・サマーディ／サビージャ・サマーディ／ニルヴィチャーラ・サマーディ／ニルヴィージャ・サマーディ

第2章　サーダナ・パーダ　（साधनपादः）　　　125

　　クリヤー・ヨーガ／苦悩の原因／「見る者」と「見られるもの」／見られるもの／8肢ヨーガ／ヤマ／ニヤマ／シャウチャ／ヴィデーハ／アーサナ／プラーナーヤーマ／プラッティヤーハーラ

第3章　ビブーティ・パーダ　（विभूतिपादः）　　　165

　　ダーラナー／ディヤーナ／サマーディ／サンヤマ／3つのパリナーマ／顕れてくる力〜その1　スポータ／顕れてくる力〜その2　プールヴァ・ジャーティ／顕れてくる力〜その3　宇宙／顕れてくる力〜その4　小宇宙

第4章　カイヴァルヤ・パーダ　（कैवल्यपादः）　207

　　タパとサマーディ／サーダナ／マーヤー／グナの本性／第1人称の私／
　　プルシャとプラクリティ／カイヴァルヤ／ダルマ・メーガ・サマーディ

参考文献　239
あとがき　241

「ヨーガスートラ」　用語一覧　245
索引　294

略記について　　(Abbreviation)

文献名などを次のように略記する。

SKI	साम्ख्यकारिका of ईश्वरकृष्ण	サーンキャカーリカー・オブ・イーシュワラクリシュナ
KS	कपिल सूत्रम्	カピラ・スートラ
SPS	साम्ख्य प्रवचन सूत्रम्	サーンキャ・プラヴァチャナ・スートラ
YS	योग सूत्रम्	ヨーガ・スートラ
YV	यजुर्वेद	ヤジュル・ヴェーダ
HP	हठयोगप्रदीपिका	ハタヨーガ・プラディーピカー

序　説

サーンキャとヨーガ

　サーンキャとかヨーガという言葉は、「シュヴェーターシュワタラ・ウパニシャッド」（श्वेताश्वतर उपनिषद्）第6章の詩句13に見られ次のように書かれている。

नित्यो नित्यानां चेतनश्चेतनानामेको ब्रह्नां यो विदधाति कामान् ।
ニッチョー ニッテャーナーム チェータナシュチェータナーメーコー ブラフナーム ヨー ヴィダダーティ カーマーン
तत्कारणं सांख्ययोगाधिगम्यं ज्ञात्वा देवं मुच्यते सर्वपाशैः ॥ (६-१३)
タッツカーラナム サーンキャヨーガーディガミャム ギャートヴァー デーヴァム ムチャテー サルヴァパーシャイヒ
　(註) नित्यः 永遠、नित्यानां 永遠の、चेतनः 意識、चेतनानाम् 意識の中の、एक 1つ、कामान् 楽しみ、ब्रह्नां 多くのものに（われわれに）、यः ～であるところの、विदधाति 与えてくれる、तत् その、कारणम् 根源、सांख्य サーンキャ（真理）、योग 真の自己、अधिगम्यं 達成する、ज्ञात्वा 知って、देवं 神、मुच्यते 解放される、सर्वपाशैः すべての束縛から、

人は、サーンキャ（真理）とヨーガ（真の自己）を知ることによって、永遠の中の永遠の存在、意識の中の意識である1つの根源、つまり、われわれに喜びを分け与えてくれる根源を知り、すべての束縛から解放される。

　これを見ても、サーンキャという言葉とヨーガという言葉は不可分の関係として太古から存在していたことが分かる。しかも、常に1つの根源、エーカム・サット（एकम् सत्）しかあり得ないことも分かる。従って、佐保田鶴治先生は「サーンキャ哲学の大体を知っていないとスートラの文章を理解するのはむづかしいのであります」（『ヨーガ根本教典』39頁）とおっしゃった。

序説

二元論？

　丁度『ヨーガスートラ』（以下、YS と略記）では、第1章の詩句2がすべてであったように、詩句3を理解することが SKI のすべてである。両者の関係は、前著でも示した図をより分かり易くした下図で説明する。YS では、1つの「真の自己」が左端の白い四角形でヨーガの状態（योग）として示されている。逆に、SKI では、ヴィヨーガ（वियोग）の状態として、この宇宙・この世界がプラクリティの展開した姿として25の根本原理で右端の楕円内で示される。これをよく理解することが、さらに両者を混同しないことが YS でも SKI でも知識、ギャーナ（ज्ञान）とされる。プラクリティ（प्रकृति）は、初め3つのグナのバランスがとれている時は、**見えない姿**（अव्यक्त）である。しかし、観察者たるプルシャ（पुरुष）の一瞥に遭い3つのグナのバランスが崩れると、**見える姿**（व्यक्त）となったマハット（ブッディ）からプラクリティ（प्रकृति）の展開・変化が始まる（28頁参照）。しかし、この変化は、あくまでもヴィヴァルタ（विवर्त）であって、その役目、プルシャ（पुरुष）への奉仕が終われば、再び見えない姿（अव्यक्त）となって元へ戻る。従って、常に根源は1つしかない。それが、プルシャ　エーヴァ　イダム　サルヴァム（पुरुष एव इदं सर्वम् ।）と言われる所以である。

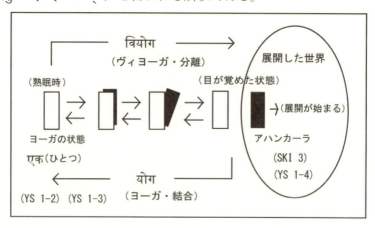

サーンキャ・プラヴァチャナ・スートラには、次の詩句がある。

存在の否定の証明は不可能だから、アートマーは、存在する。

अस्त्यात्मा नास्तित्वसाधनाभावात् ॥६-९॥
アスットヤートマー ナースティットヴァサーダナーバーヴァート
（註）अस्ति 存在する、आत्मा アートマー、नास्तित्व - साधना - अभावात् 存在の否定の手だてはないから、

カピラも、パタンジャリも、マハルシも、すべての聖者は、表現こそ違え、同じ１つの**真理**、サンスクリット語でサット・エーカトヴァ・ヴィローカナ（सत् एकत्व विलोकन）を語っている。それが、リグヴェーダの次の言葉である。

एकम् सत् विप्राः बहुधा वदन्ति। (१-१६४-६)
エーカムサット ヴィプラーハ バフダー ヴァダンティ
１つの真理を聖者たちは、いろいろな表現で述べている。(1-164-6)

पुरुष एवेदं सर्वं यद्भूतं यच्च भव्यम्। (१०-९०-२)
プルシャ エーヴェーダム サルヴァム ヤッブータム ヤッチャ バヴィヤム
既に起こったことも、これから起こるであろうことも、プルシャがすべてである。(10-90-2)

また、非常に興味深いことに、西洋の古代ギリシャ数学でも、「１は数ではない」（エウケレイデス「原論」Ⅶ 定義１　三浦伸夫著「数学の歴史」）と考えられていたそうで、計算には使われたものの、やはり**根源と考えられていた**と想像される。

その根源たるプルシャ（पुरुष）とは、見る者（観察者 seer）である。何も生み出さないが、彼との出会いがなけれな何も起らない。

15

序説

サーンキャ〜インドの算数（足し算）、そして日本の屏風絵、または絵巻物？

　サーンキャ（सांख्य）の文字通りの意味は、「数」とか、「数える」であるが、一つは、言わば**インドの算数**（足し算）である。しかし、詩句3に出てくる7と16は、単なる加法ではなくて、日本独特の**屏風絵**とか、**絵巻物**を想像してほしい。つまり、絵を一枚一枚切り離すことはできない。英語で言えば、seven‐fold、sixteen‐foldである。この数を使った説明は、非常に巧妙に出来ていて、例えば、7は、7枚からなる1つの「屏風絵」である。つまり、7＝1＋1＋5という**足し算**として説明されるが、内容は、महत्（マハット）＋ अहङ्कार（アハンカーラ）＋तन्मात्र（タンマートラ）＝ 7を表している。サーンキャのもう一つの意味はキャーティ ख्याति **気づき**、つまり、**完全な理解**ギャー ज्ञा have knowledge または、ギャーナ ज्ञान knowledge である。この知識とは、真の自己（Subject）についてであって、何か対象（Object）についての知識ではない。この知識とは、プルシャ（पुरुष）とプラクリティ（प्रकृति）の識別のことである。これは、YS でも繰り返し述べられる。この混同がなければ、悲しみ（sorrow）・苦悩（misery）・苦痛（pain）は消滅し、これらから解放される、つまりモークシャ（मोक्ष）であり、**プルシャとプラクリティの識別**こそは、SKI と YS の結論でもある。

グナとは

　前著にも書いた通り、サットヴァ、ラジャ、タマの3グナ（गुण）は、何らかの性質、特性、属性ではない。グナは、本来数字の3で、高速の動きを意味する。従って、その時点での状態を表し、サットヴァは、何かが起こって留まった状態（steadiness）、ラジャ（movement）は、今活動している状態、タマ（inertia）は、まだ

何かが起こるが停滞している状態に過ぎず、刻々と動き変化をする。この瞬間、瞬間に変化して顕れる姿・形は、微細な3つのグナの本性であり、働きなのだ。サットヴァ（सत्त्व）、ラジャ（रजस्）、タマ（तमस्）の3グナの各特徴は、それぞれが2枚の屏風絵として示される（後述40頁）。プラクリティ（प्रकृति）は、この3グナより成り、バランスのとれた状態、つまり均衡した状態にある時は、存在しているが、動きが全くなく「見えない状態」（アヴィヤクタ अव्यक्त）である。

マハットとブッディ

マハットの別名は、**ブッディ**である。内的な器官は、アハンカーラと心、それに、何かものごとを決めて実行に移す、このブッディ、つまり**決定する力**が加わる。ここがものごとを生み出す始まりとなる。

無神論、有神論？

ヨーガ・ダルシャナ（yoga darśana）では、最高神としてイーシュワラ（ईश्वर）をたて、YS 1-24、YS 1-25, YS 1-27などで、プルシャ・ヴィシェーシャと呼んだので、セーシュワラ（सेश्वर）と呼ばれるが、サーンキャ・ダルシャナ（sāṃkhya darśana）では、そうしなかったので拒否したと一般に説明されている。セーシュワラ（सेश्वर）とは、स+ईश्वर、having a god という意味であり、逆は、語源が仏語のathéismeで、a（〜のない）＋the（神）＋ism である。フランスの著名なサンスクリット学者のL．ルヌー＆J．フィリオサは、「祭式もブラフマンの信仰も認めない非バラモン的様相」（ni le rituel, ni la croyance au brahman ne sont reconnus; cet aspect non-brahmanisque (p.34)；*L'Inde classique* L .Renou et J.Filliozat）と言っている。

また、SPSでは、以下のように、有神論とか無神論と言っても、その存在の証明の困難さを問題にしている。さて、証明は必要か。

ईश्वरासिद्धेः ॥१ - ९२॥ イーシュワラーシッデェヘ
（「イーシュワラが存在しない」という証明）
ईदृशेश्वरसिद्धिः सिद्धा ॥३ - ५७॥ イードゥリッシェーシュワラシッディヒ
（「イーシュワラが存在する」という証明）

サットカールヤヴァーダは、因中有果論？

翻訳の際には、避けて通ることの出来ない言語間の問題が生じる。例えば、サーンキャにおけるサットカールヤヴァーダ（सत्कार्यवाद）は、「因中有果」だろうか？

サンスクリット語のヘートゥ（हेतुः）は、causeという意味であるが、Chinese Buddhist Term Dictionaryの中国語訳では「因」となる。しかし、これは中国語であって日本語ではない。「因」という漢字から、われわれは「原因」と考え、因・果を日本語に当てはめて「原因（कारण）と結果（कार्य）の関係」という意味だと理解する。しかし、因（cause）には、元という意味もあり、根源と理解することも出来る。つまり、サーンキャでは、１つの根源の存在がなければ、あらゆる存在はない（Non-existence is that which does not exist.）という意味である。もちろん、結果には何らかの原因は含まれているであろうが、この用語は、ヴェーダを、その源流とする本流・アースティカ（आस्तिक）の６つ（6 darśana）の一つサーンキャと、支流・ナースティカ（नास्तिक）の一つであるブッディズム（Buddhism 縁起・因縁によって万物が生じる）との混同が起こるので、サットカールヤヴァーダという用語は、むしろ、**ヴィヴァルタヴァーダ**（विवर्तवाद）と言った方がより適切である。インドでは、この**ヴィヴァルタ**（विवर्त）は「見かけ上の変化」を表し**再び元に戻**

る、或いは、戻ることが出来るという意味である。

　同じ原料と製品（product）の関係を考える時、牛乳とチーズの関係は、**元に戻らない**「ヴィカーラ विकार」であるが、金と彫金された指輪などは、溶かせば**再び元に戻せる**「ヴィヴァルタ विवर्त」という関係である。即ち、ムーラプラクリティから始まったヴィヤクタ（व्यक्त）**見える状態の変化**が終焉すると、再び、アヴィヤクタ（अव्यक्त）**見えない状態のプラクリティ**に戻る。つまり、**同じものの、同じ変化した姿**であって、「原因とその結果」、「結果の中に原因は含まれていた」という意味とは少し異なる。

　この理解の上に立てば、熟眠している状態は、日常の活動を終え、真の自己に**戻った姿**であり、また、例えこの生み出されたわれわれの姿（身体）が滅びても、真の自己に戻るので失われず、一般に魂は不滅などと言われているのはそのためである。従って、サットカールヤヴァーダ（सत्कार्यवाद）は、すべては、あるものの展開した結果であるが、**元に戻る**（ヴィヴァルタ विवर्त）という理解が非常に大切である。

　また、ヘートゥ（हेतुः）の中国語訳「因」は、サンスクリット語で「プラヨージャナ प्रयोजन」にも当たり、その場合は、誘因・目的・意図の意味である。つまり、プラクリティ（प्रकृति）の活動は、**プルシャ（पुरुष）に尽くすため**にある。そして、その役目を果たし終えた時に、その活動は止む。次の詩句（SKI 32）を見てほしい。

पुरुषार्थ एव हेतुः।
プルシャールタ エーヴァ ヘートゥフ
　（註）पुरुषार्थ　プルシャのため、एव　〜のみ、हेतुः　理由、動機、
プルシャのための活動こそ、その理由（因・動機）である。

　ヴェーダを源流とする同じ河の流れなので、どこの水をすくって飲んでもよく似た味がするが、説明にはより正確な用語の選択が必須となる。「まえがき」でふれた通り、このことを、佐保田鶴治先生

序説

は一読してなんとかわかるように訳し出す必要がありますと述べられた。

サーンキャの目的

SPSには、簡潔にサーンキャの目的が書かれている。

三種の苦しみを永久に終わらせることが、人生終局の目的である。
（1－1）

अथ त्रिविधदुःखात्यन्तनिवृत्तिरत्यन्तपुरुषार्थः ॥१-१॥
アタ トリヴィダ ドゥフッカートヤンタニヴ リッティラトヤンタプ ルシャールタハ
（註）अथ さて、त्रिविधः 三種の、दुःख 苦しみ、अत्यन्त 永久に、निवृत्ति 終わらせる、अत्यन्त - पुरुषार्थः 人生終局の目的、

その三種の苦しみとは何か、そして、苦しみは、何故起こるるのだろうか。

悲しみ・苦悩・苦痛の消滅、モークシャ

ドゥフッカ (दुःख)。悲しみ (sorow)・苦悩 (misery)・苦しみ (pain) は、サーンキャでは、3枚 (トラヤ त्रय) から構成される (three fold) 1枚の屛風絵として描かれている。それは、1．内的な苦しみ（病気や、プラーナの流れ・体液や粘液のアンバランスに起因するもの）、2．精神的な苦しみ、そして、3．外的な苦しみ（天変地異に基づくもの）である。3．は不可避であるが、残りは、何らかの混同や同一視（サンヨーガ संयोग）、つまり、真実でないものを真実と思い込んでしまうことによって生じているのであって、それに気づいた瞬間に消滅する。これは、心や思考でもって除去できるものではない。この「気づき」をサーンキャカーリカーでも、ヨーガスートラ

でも同じくニャーナ、又はギャーナ（ज्ञान）と言っている。正しい知識（the right knowledge）とは、**プルシャとプラクリティの識別**のことである。YSでは、詩句２－１７で述べられている。

見る者と、見られるものとの混同がなければ、苦悩の原因は避けられる。

द्रष्टृ-दृश्ययोः संयोगो हेय-हेतुः। (2-17)

ドラシュタリ ドリシャヨーホ サムヨーゴー ヘーヤ ヘートゥフ

（註）द्रष्टृ-दृश्ययोः 見る者、見られるもの、संयोगः 混同、हेय 避けられるべき、हेतुः （苦悩の）原因、

　見る者とは、プルシャ（पुरुष）のことであり唯一の絶対的存在である。見られるものとは、プラクリティ（प्रकृति）のことであって、単純に考えても、「私が、コップを見る」という場合、主語（私）は、目的語（コップ）ではあり得ない。しかし、変化し、動き続けるプラクリティ（マーヤー）を真実であるかのように思い込むことから悲しみ・苦悩・苦痛は生じているのであって、それに気づけば、その瞬間にそれらは消滅する。

つまり、サンヨーガ（संयोगः）とは、「２つ、又は、多くのものを１つと思ったり、１つだと混同すること（दो या अधिक वस्तुओं का एक में या एक साथ होना）」である。この気づきを、モークシャ（मोक्षः）と言い、それをサーンキャ・カーリカーでも、ヨーガスートラでも、目的として語られた。

　プラクリティの役目が果たされた時、活動が止む。その時こそ、とりもなおさずギャー（ज्ञ knower）であるが、マハルシが述べたとおり「これは私ではない」（ナーハム नाहम्）、「私などというものは、そもそも存在しない（ナースティ नास्ति）」、「この身体は私のものではない（ナ メ न मे）」という識別が出来た時がそれである。

　以上が、「サーンキャとヨーガの両方を知る必要がある」と述べた

序説

「シュヴェーターシュワタラ・ウパニシャッド」が指し示した言葉を、後のサーンキャ・ダルシャナのカピラやイーシュワラクリシュナとヨーガ・ダルシャナのパタンジャリたち偉大な聖者がさらに詳しく説明したのである。

ヴェーダを否定？

サーンキャは、ヴェーダやウパニシャッドを源流とするアースティカ（आस्तिक）の流れであることは前述した。しかし、一般にヴェーダを否定した」と受け取られている。それはどうしてであろうか。
SPSに次のように述べられている。

永遠性をヴェーダに求めても、それは不可能というものだ。
　　　　　　　　　　　　　　　　　　　　　　　　（5-45）

न नित्यत्वं वेदानां कर्यत्वश्रुतेः ॥५-४५॥

　(註) न ～でない、नित्यत्वं 永遠性、वेदानां ヴェーダには、कर्यत्व ～から得られたものとして、श्रुतेः 聴くこと、

つまり、シュルティに権威を持たせても無意味で、永遠性たる真理は、ヴェーダそのものにはないということを意味している。
　詩句1で述べられているように、われわれは、3つの種類からなる悲しみ・苦悩・苦痛に襲われる存在であって、そこから逃れる方法を模索する。多くの場合、それは対処療法的なものであって、絶対的、永久的な方法は見つからない。当時、その宗教的な祭式などで動物を生け贄とすることがあった。また、苦しみを祈祷などによって除去しようとした。これは、言わば神との取引のようなもので、動物を生け贄にし祈れば、何でも叶えてくれる、救いが得られる、苦しみから解放される、これをサーンキャは否定したのである。もっと他により科学的な手段や方法はないのか？
　朝目が覚め、**アハンカーラ（私のようなもの）**が出てきてから展

開が始まるこの世界を実在のもののように見ている**あなた自身**にこそ問題があるのではないのか。神に祈り、救いを得ようとしたり生け贄を捧げても、それは絶対的・永久的な救いや苦しみからの解放の手段ではではない、それをサーンキャでは主張したのである。

　また、プルシャ、プラクリティと言う言葉も、前述のL．ルヌー＆J．フィリオサが、「ほどなく、ブラフマやシャクティ、マーヤーに取って替わられるのを見るだろう（elle n'est pas très éloignée de l'opposition atman / brahman du vedanta, et l'on verra au cours de age la prakrti alterner avec le brahman, ou avec la sakti; ou encore avec la maya ; p.35 - 36 上掲書)」と述べているように、固定的に考えていると分からなくなってしまう。

　従って、本来『サーンキャカーリカー』は、難解な哲学などというよりも、ごく身近な人々の悩みや苦しみに関する問いかけと回答であり、その根本的・永久的な解決法が述べられたものである。

　従って、「ヨーガ・ダルシャナ」と「サーンキャ・ダルシャナ」の相違点を比較して論ずるよりも、同じ一つの真理に言及している語句に注目した方がよい。何故なら、リグヴェーダが教えるように、真理は一つなのだから。

　また、それよりもさらに重要なことは、プルシャは観客、プラクリティの現れとしてのこの世は舞台と公演、われわれは役者である。プルシャがいなければ舞台も公演もなされない。まして、われわれの役者としての存在もないのである。

　プルシャ・エーヴァ・イダム・サルヴァム。周りは、そこらじゅう**神だらけ**なのである。われわれもその中で暮らしている。「サーンキャ」の中心は、ここにあり**11．16．24．34．**で詳述される。そして、プラクリティの展開した姿がこの世とわれわれであり、プルシャこそは観客であった、との理解が成り立った時、3種の苦しみもなくなり、われわれのすべての活動も止む。従って、このプルシャとプラクリティの識別の重要性は、「ヨーガスートラ」の第2章（YS2-17）、第3章（YS3-36）、第4章（ YS4-25、 YS 4-32、 YS

序説

4-33、 YS4-34）へと引き継がれる。

　バーナバッタ（बाणभट्ट）の作品『カーダムバリー（कादम्बरी）』にプルシャ（पुरुष）と出会ったプラクリティ（प्रकृति）の変化、現れてから消えるまで、つまり、ヴィヤクタ（व्यक्त）からアヴィヤクタ（अव्यक्त）までが美しく表現されているので、それを掲げておく。

रजोजुषे जन्मनि सत्त्ववृत्तये स्थितौ, प्रजानां प्रलये तमःस्पृशे,
अजाय सर्गस्थितिनाशहेतवे त्रयीमयाय त्रिगुणात्मने नम ॥१॥

(कादम्बरी ; पूर्वभाग)

ラジョージュシェ　ジャンマニ　サットヴァヴリッテー　スティタウ
プラジャーナーム　プララエー　タマハスプリシェー
アジャーヤ　サルガスティティナーシャヘータヴェー　トリーマヤーヤ　トリグナートマネー　ナマ

（註）रज ラジャグナ、जुषे　～との結びつきで、जन्मनि　生まれ、सत्त्ववृत्तये　サットヴァグナと共に活動し、स्थितौ　留まり、維持し、प्रजानां　生きものの、प्रलये　消滅し、तमःस्पृशे　タマに触れると、अजाय　生まれていない者、सर्ग - स्थिति - नाश - हेतवे　創造・維持・消滅の原因、त्रयीमयाय　3つから成る　त्रिगुणात्मने　3つのグナから成る、नम　（ブラフマに）礼拝、

生きものは、ラジャグナと共に、この世に現れ、サットヴァグナと共に振る舞い一生を送り、タマグナと共に消滅する。まだ、生まれぬ者よ、創造・維持・消滅は、3つのグナと共にある。そのブラフマに礼拝。

(バーナバッタ『カーダムバリー』より・筆者訳)

第1部
サーンキャカーリカー入門

The guide of Sāṃkhyakārikā

凡　例

1．第1部「サーンキャカーリカー」から選んだ詩句には、それぞれ通し番号が付けてある。原文末尾の番号は、原書の詩句番号を示す。

2．各詩句は、①邦訳、②原文と読み、③語釈、④解説の順になっている。

第1部　参考文献

1. *SĀMKHYAKĀRIKĀ of ĪŚVARAKṚṢṆA* ; T.G.Mainkar
2. *THE SAMKHA PHILOSOPHY / THE SACRED BOOKS OF HINDUS   VOL II*
3. *SĀMKHYAKĀRIKĀ of ĪŚVARAKṚṢṆA* ; S.S.Suryanara Sastri
4. ईश्वरकृष्णविरचिता सांख्यकारिका ; आचार्यनिगम शर्मा
5. *The Sāṅkhya Philosophy* ; S.G.Weerasinghe
6. *CLASSICAL SĀMKHYA* ; G.J.Larson
7. *Sāṃkhya Yoga Epistemology* ; M.Biswas
8. *YUKTIDĪPIKĀ   VOL.1* ; Shiv KUMAR & D.N.Bhargava
9. *YUKTIDĪPIKĀ   VOL.2* ; Shiv KUMAR & D.N.Bhargava
10. *Śvetāśvatara Upaniṣad* ; Svāmī Gambhīrānanda

第1部　サーンキャカーリカー入門

この世界とは

1. ムーラプラクリティとは、何かから創造されたものではない。マハットを始めとして7つのものが創られ、さらに次なる16のグループが創造される。プルシャは、創られたものではないし、何も生み出さない。（3）

मूलप्रकृतिरविकृतिर्महदाद्याः प्रकृतिविकृतयः सप्त।

ムーラプラクリティラヴィクリティルマハダードゥヤハ　プラクリティヴィクリタヤハ　サプタ

षोडशकस्तु विकारो न प्रकृतिर्न विकृतिः पुरुषः ॥३॥

ショーダシャカストゥ　ヴィカーロー　ナ　プラクリティルナ　ヴィクリティヒ　プルシャハ

（註）मूलप्रकृतिः　創造の根源、अविकृतिः　創造されたものではない、महदाद्याः　マハットを始めとして、प्रकृति - विकृतयः　創られたもの（また、次のものを生み出す）、सप्त　7つ、षोडशकः　16、तु　単に、विकारः　生成されたもの、न　～でない、प्रकृतिः　生み出す、न　～でない、विकृतिः　創られたもの、

この詩句は、一体、何を表しているのだろうか。序説で示した図が非常に重要なので、再び示す。

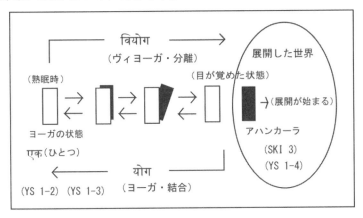

第1部　サーンキャカーリカー入門

「ヨーガスートラ」では、最初に、この図の左側にある白の長方形で示されるヨーガの状態を「心が消滅した状態（チッタヴリッティニローダハ चित्तवृत्तिनिरोधः）」として説明した。この状態は、熟眠出来れば万人に必ず起こる。しかし、目が覚めると最初に**アハンカーラ**が生じて、プラクリティ（प्रकृति）の活動と展開が始まる。つまり、「サーンキャカーリカー」では、右側の楕円形で示される、私たちが日常生活をしている、この世界がどのようにして生まれ、展開したものなのかを、巧妙に数字を使い、数え、足し算し、1枚の屏風絵、または、絵巻物のように説明しようとしたのである。さらに、次の図を見てほしい。

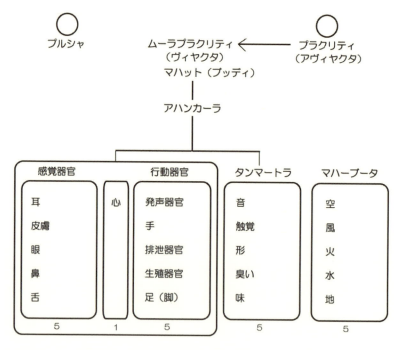

まず、プラクリティの展開は、観察者たるプルシャ（पुरुष）との出会いがないと起こらない。しかし、彼はこの展開には一切関わら

ないし何も生み出さない。観察するだけである。

　上図を見ながら、カピラの語りかけに耳を傾けてみよう。(KS2)

プラクリティは、最初は、まず８つであることを説明しよう。

कथयामि अष्टौ प्रकृतयः ॥२॥

カタヤーミ　アシュタウ　プラクリタヤハ

　　(註) कथयामि　主語は、１人称であるカピラ、अष्टौ　８つ、प्रकृतयः
　　　プラクリティ、

　プラクリティ（प्रकृति）は、３つのグナのバランスが取れて均衡状態にある時は、目に見えない。アヴィヤクタ（अव्यक्त）である。しかし、わずか髪の毛一本ほどでも、この均衡状態が崩れると、たちまち目に見える姿として（ヴィヤクタ व्यक्त）、マハット（ブッディ）を初めとして、アハンカーラ（अहङ्कार）が生じ、５つのタンマートラが生じる。このことをカピラは、まず、説明したのだ。つまり、アヴィヤクタの状態のプラクリティ、ブッディ、アハンカーラ、そして５つのタンマートラで合計８になる。その後、１６の展開が始まる。プラクリティ（प्र √कृ +ति）は、ものを生み出す、どんどん増える、常に変化する、この３つが特徴である。

　マハルシは、同じことを、コーハム（कोऽहम्？「私とは誰か」）で投げかけた。つまり、プラクリティは、目に見える状態となり展開し、活動をし始めるが、夜、熟眠すれば、姿は見えなくなる。この世界が実在するかのように思っているが、それは、マーヤー（幻想・幻影のようなもの माया）ではないのか。私が出てきた時にそれは始まるので、一体それは何なのか、問うてみよ、と言ったのである。

　アハンカーラ（अहङ्कार）が生まれると、５つの「タンマートラ」（音・触覚・形・臭い・味）が、あなたの周辺に生まれる。これらは微細なもので、「音」は文字通りの音ではなく、耳という感覚器官によって周波数として聞こえるもの、である。つまり、各々は、あ

なたの頭部に配置されている5つの感覚器官でそれぞれ知覚できる。皮膚は、何かにさわって分かる触覚として、眼は形あるものを、鼻は臭いを、舌は味をという具合に。

次いで、5つの行動器官（発声器官・手・排泄器官・生殖器官・足、脚）は、それぞれの動作・行動を可能にする。図から明らかなように、5つの感覚器官と5つの行動器官は、まさしくこの身体（シャリーラ शरीर）である。さらに、マハット（ブッディ）から始まる、アハンカーラ・マナス（心）・タンマートラは、非常に微細な身体（スークシュマ・シャリーラ सूक्ष्म शरीर）と言われ、プルシャとプラクリティの識別という「真の知識（ニャーナ、又はギャーナ ज्ञान）」に到達するまで、その極微細さの故に何ものにも邪魔されないので、漂い、動き回って活動は止まない。

マハーブータ（空・風・火・水・地）は、明らかに、この地球を含む全宇宙の構成要素、つまり、現代の物理学で言うところの素粒子・電磁波・ダークマターなどを表しており、宇宙誕生から人類が誕生して現在までの１３８億年と言われる壮大なドラマが、インドの先人たちには、もう**見えていた**（ダルシャナ दर्शन、または、パッシャンティー पश्यन्ती）のかと思うと驚嘆する。

ところで、このダルシャナ（दर्शन）と言う言葉は、動詞語根のドゥリシュ√ दृश् (to see)から派生した中性名詞であるが、これは「目で見る」ことではなく、むしろ、「理解する」という意味である。有名な物理学者のデイヴィッド・ボーム（David Boum）も、その著「全体性と内蔵秩序」（井上忠他訳）で、ラテン語動詞の videre を挙げ、「語根の videte は、単に視覚的な意味において「見る」ということを意味するのではなく、認識のあらゆる側面を指示する」と言っている。サンスクリット語のダルシャナ（दर्शन）も、これとまったく同じである。従って、サーンキャ（सांख्य）、ヨーガ（योग）、プールヴァミーマーンサ（पूर्वमीमांसा）、ヴェーダーンタ（वेदांत）、ニャーヤ（न्याय）、ヴァシェーシカ（वैशेषिक）の６つ（six schools）のダルシャナを「インドの六派哲学」というのは適切ではなく、それ

ぞれの**理解の仕方**である。

　さて、この世で生きている限り、人間にとってのドゥフッカ（दुःख）と言われる悲しみ・苦悩・苦しみは、どうして生ずるのか。それは、この楕円形で示されたプラクリティの活動により展開した、この世界を恰も実在しているもののように思い込んだからではないのか。

　例えば、熟眠状態になると、まるでテレビのスイッチを切ったように映像、つまり、この世界は一瞬にして消えてしまう。また、感覚器官の一つ、耳に何らかの障害（機能の不全）が起こると、たちまちタンマートラとしての音は存在するのに、周波数としての音は聞き取れなくなる。これは、結局、実在しているように思っているだけで、実際はマーヤーに過ぎない、何よりの証拠である。

　本物と偽物、偽物や贋作は、本物のように見えているものほど、また、精密であればあるほど見分けはつきにくい。しかし、「ヨーガスートラ」（**YS 2-17**）でも、この「サーンキャカーリカー」でもプラクリティはマーヤーであるとの識別、つまり、プルシャとプラクリティの識別こそが「避けられるべき悲しみ・苦悩・苦しみ」への**気づき**だと言っている。サーンキャ哲学などと言われるが、philosophy は、辞書によれば、ギリシャ語起源で philosophia は、philo（愛する）＋ soph（智慧）＋y（～すること）であり、これを知ることが、まさに**知識**（ニャーナ、又は、ギャーナ ज्ञान）であり、マハルシが述べたコーハム（「私とは誰か」को$S हम्）での**至高の愛**（パラマプレマ）である。この**至高の愛**こそ偏在する**神**と理解出来た人は、この書を読む必要はない。

アヴィヤクタ（अव्यक्त）とヴィヤクタ（व्यक्त）

2．ヴィヤクタ、見える姿とは、生まれたという意味であるが、（この展開は）非永久的で、限りがあり、常に動き回って、多様な姿をとり、常に元に依存して変化し展開するが、徴（しるし）、つまり、見かけに過ぎない。アヴィヤクタは、この逆である。

第1部　サーンキャカーリカー入門

(10)

हेतुमदनित्यमव्यापि सक्रियमनेकमाश्रितं लिङ्गम् ।
ヘートゥマダニトヤマヴィヤーピ　サクリヤマネーカマーシュリタム　リンガム
सावयवं परतन्त्रं व्यक्तं विपरीतमव्यक्तम् ॥१०॥
サーヴァヤヴァム　パラタントラム　ヴィヤクタム　ヴィパリータマヴィヤクタム

　　(註) हेतुमत् 根源に基づいて、अनित्यम् 非永久の、अव्यापि 限りがある、
　　　　सक्रियम् 常に動き回る、अनेकम् 多様な姿、आश्रितम् (その元に) 依存する、
　　　　लिङ्गम् 徴 (しるし)、見かけ、सावयवं 部分から成る、परतन्त्र 依存する、
　　　　व्यक्तं 目に見える (姿)、विपरीतम् 逆、अव्यक्तम् 目に見えない、

　前詩句で見たように、見える姿となったプラクリティ (प्रकृति) の展開は、マハットから始まり、以下２２の姿をとる。ヴィヤクタのevolveは、ラテン語起源で、evolvere、つまり、e (外へ) volve (転がる) といういう意味で、まるで絵巻物が開くように展開する。序説で、サーンキャは、ある意味、インドの算数 (足し算) であり、日本の屏風絵、または、絵巻物であると言ったのは、そのためである。この詩句では、３つのグナのバランスがとれた目に見えない状態をアヴィヤクタ (अव्यक्तम्)、バランスが崩れ展開が始まり見える形となった状態をヴィヤクタ (व्यक्तम्) と表現した。以下、詳しく説明しよう。
　この展開した姿は、朝、目が覚めてアハンカーラが出現すると現れ始め、夜の熟眠と共に、まるで、テレビのスイッチを切ったように突然消える。このことからも分かるように**マーヤー** (माया) である。従って、非永久的で、限りがある。常に動き回って、多様な姿をとり、元に依存し、つまり、タンマートラの元はアハンカーラ、アハンカーラの元はマハット (ブッディ) という具合に変化し展開するが、単なる徴 (しるし)、一時的な姿に過ぎない。アヴィヤクタは、この逆でプラクリティの活動が止むと、姿・形は見えなくなる。
　このように顕れたり消えたりするプラクリティのことは、そもそ

も、一元論、二元論というような、理念上の話としてはあっても、元々、インドでは、「エーカム・サット」真理は常に１つであり、１つの存在プルシャ（पुरुष）しかない。顕れたり消えたりするものは、後の詩句で説明するが、マーヤー（माया）であり、アギャー（अज्ञ non-nower, ignorant）と言われる。プルシャのみが、ギャー（ज्ञ knower 全知者）である。

同様に、サーンキャでは、常に「（元が）在るから、在る」「（根源が）無ければ無い」と主張しているので、ヘートゥ（हेतुः cause）を「（何らかの）原因」と考え「結果の中に原因は含まれていた」という意味とは少し異なる。繰り返すが、**根源が在るから、在るのである**。このことを、マハルシは、『サッダルシャナ सद्दर्शन』の冒頭で次のように述べている。

「（根源の）在る」を抜きにして、「何かの存在」を認めることは可能だろうか。

सत्प्रत्ययाः किं नु विहाय सन्तं？　　サツプラツトヤヤーハ キム ヌ ヴィハーヤ サンタン

（註）सन्तं विहाय　存在のない、सत्प्रत्ययाः　存在という考え、किं नु　あるだろうか、

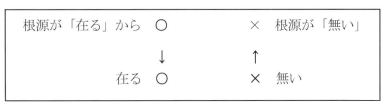

一方、西洋では、デカルトが言ったとおり、「我思う故に我在り（ラテン語でコギト・エルゴ・スム　Cogito ergo sum.）」であって、図示すれば、下記のようになる。

第1部 サーンキャカーリカー入門

```
?  根源は問題にされない。
   ↓
○ 我（私）思う → ○ 在る
（私は、最初からどうして存在できているのか？）
```

これは何とも不思議な論理である。「私」は根源がなくても最初から存在していて、「私」が思うから「存在」があると言うのである。仮に根源が問題にされなくとも、目覚めと同時に最初に一人称の私が現れることも（当然のこととして認識され）あまり意識されていない。ちなみに、ラテン語では、第一人称の主格は、ego（エゴ、またはイーゴ）という。

アヴィヤクタ〜何故見えないのか

3. 空間的に拡がりすぎていたり、あまりに近接しすぎていたりするから見えない。また、感覚器官が損傷していると無理であり、心は常に動き回っているし、（原子のように）極微細であり、覆い隠され、いろんなものが混ざっているなどの理由で見えないのである。（7）

अतिदूरात् सामीप्यादिन्द्रियघातान्मनोऽनवस्थानात् ।
アティドゥーラート サーミーピャーディンドリヤガーターンマノーナワスターナート
सौक्ष्म्याद् व्यवधानादभिभवात् समानाभिहाराच ॥७॥
サウクシュミャード ヴィヤヴァダーナーダビバヴァート サマーナービハーラーッチャ

（註）अतिदूरात् あまりに遠く空間的に拡がりがあるから、सामीप्यात् あまりに近すぎるから、इन्द्रियघातात् 感覚器官が損傷しているから、मनोऽनवस्थानात् 心が彷徨っているから、सौक्ष्म्यात् 極微細だから、व्यवधानात् 覆われているから、अभिभवात् 隠れているから、समानाभिहारात् いろんなものが混ざっているから、च など（の

理由で)

3つのグナのバランスが取れている場合、プラクリティには何の変化も起こらない。この状態が、アヴィヤクタであって目には見えない。その理由が、この詩句では、次の8枚の屏風絵として示されている。

1．あまりに距離が遠く空間的に拡がりすぎている
2．あまりに距離が近すぎる
3．感覚器官が傷んでいる場合ある
4．心が平静でないと分からない
5．あまりにも微細すぎる
6．覆われている
7．隠れている
8．あまりにもいろんなものが混ざっている

アヴィヤクタ～どうすれば認識できるのか

4．プラクリティは、見えない。それは、「存在しない」からではなく、あまりに極微細だからである。顕れた時に、マハット以下の展開で、初めて分かる。それがプラクリティと似ていても、似ていなくても。（8）

सौक्ष्म्यात्तदनुपलब्धिर्नाभावात् कार्यतस्तदुपलब्धेः ।
サウクシュミャーッタダヌパラブディルナーバーヴァート　カールヤタスタドウパラブデヘ
महदादि तच्च कार्य प्रकृतिविरूपं सरूपं च ॥८॥
マハダーディ　タッチャ　カールヤム　プラクリティヴィルーパム　サルーパム　チャ
　(註) सौक्ष्म्यात् 極微細だから、तदनुपलब्धिः 理解力がないから、अभावात् 存在しないから、कार्यतः 顕れたとき、तदुपलब्धेः そこから分かる、महदादि マハット以下の、तत् कार्य それが認識されると、विरूपं 似ていなくて(も)、च ～両方とも、प्रकृति

第1部　サーンキャカーリカー入門

　　सरूपं（＝समानरूप）プラクリティに似ていて（も）、

しかし、見えないからといって存在しないのではない。この詩句によって、**根源が在ったから出てきたのだ**、と初めて分かる。原因が、そもそも含まれていたからとするか、それとも、根源が在ったから顕れたとみるか、それはどちらでもよいが、アースティカ（註1）の流れをナースティカ（註2）の流れと混在させない方がよい。

- (註1) アースティカ（आस्तिक）は、ヴェーダを基盤とする本流で、orthodox と言われ、サーンキャ（सांख्य）、ヨーガ（योग）、プールヴァミーマーンサ（पूर्वमीमांसा）、ヴェーダーンタ（वेदांत）、ニャーヤ（न्याय）、ヴァシェーシカ（वैशेषिक）の6つのダルシャナ。
- (註2) ナースティカ（नास्तिक）は、heterodox と言われ、ヴェーダを拒否、または、無視する支流で、チャールヴァーキズム（चार्वाकिस्म 唯物主義）、ジャイニズム（जैनिस्म्）、ブッディズム（बुद्धिस्म्）。

あるものの存在と根源

5. あるものの存在には、根源が先にある。あるものが無いということは、生じさせる根源がなかったということであり、あらゆる生成物は、生み出せる力があったから存在する。顕れたものは、根源と同じものである。（9）

असदकरणादुपादानग्रहणात्　सर्वसम्भवाभावात् ।
アサダ カラナード ゥパーダーナグ ラハナート　サルヴ ァサムバ ヴァーバ ーヴ ァート
शक्तस्य शक्यकरणात् कारणभावाच्च सत्कार्यम् ॥९॥
シャクタスヤ シャキャカラナート カーラナバ ーヴ ァーッチャ サットカールヤム

(註) असत् अकरणात्　ある存在は、根源がなければ無いから、उपादानग्रहणात्　ある存在には元があるから、सर्वसम्भव अभावात्　あらゆる生成物の存在はないから、शक्तस्य　あるものを生み出せる力の、शक्यकरणात्　それを持っているから、

36

कारणभावात् 元（根源）と同じものが生まれるから、सत् 根源、कार्यम् 顕れ出たもの、

　根源があって現れたものは、**同じものの変化した姿**、いわゆる、一般に因中有果と言われる「サットカールヤヴァーダ（सत्कार्यवाद）」の詩句である。一読して、少しニュアンスが異なると感じられたはずで、このことは序説で述べた。３３頁のように、「あるものの存在は、根源がなければ無い」、「根源があるから、あるものの存在はある」ということで、これは後のヴェーダーンタに至るインドのダルシャナを貫く主張である。**SPS** には、このことについて次の記述がある。

　根源に、その元はないのだから、根源とは、根源のないことを意味する。（１－６７）

मूले मूलाभावादमूलं मूलम् ॥१ - ६७॥
（註）मूले 根源に、अभावात् 根源がないから、अमूलं 根源がない、मूलम् 根源は、

また、チャーンドーギャ・ウパニシャッド（छान्दोग्योपनिषद्）では、こんなふうに譬えている。

可愛い者よ、土の塊から粘土を用いて何でも作るように、姿を変えた土器などは、呼び名（名前）が変わっただけで、元はと言えば、土の塊だ。（６－１－４）

　　यथा सोम्यैकेन मृत्पिण्डेन सर्वं मृन्मयं विज्ञातँ
　　ヤター ソーミャイケーナ ムリトピンデーナ サルヴァム ムリンマヤム ヴィギャートン
　　स्याद्वाचारभणं विकारो नामधेयं मृत्तिकेत्येव सत्यम् ॥४॥
　　スヤードゥヴァーチャーラバナム ヴィカーロ ナーマデーヤム ムリッティケーツイェーヴァ サットヤム

続く詩句では、表現を土の塊の代わりに金に変えて、金型に流し込

んで作る金製品に（6－1－5）、鉄に変えて、爪切りハサミに（6－1－6）、と同じように作られたものは、すべて根源があってのことだと言っている。（原文は省略）

3つのグナ

6. 見える姿となって顕現したものは、3つのグナから成り、識別は不可能、（見る者ではなく）見られるものであり、どこにでもある、ありふれた存在であり、幻影にすぎず、次のものを産出する。プラクリティも同じである。しかし、プルシャは、全くこの逆である。（11）

त्रिगुणमविवेकि विषयः सामान्यमचेतनं प्रसवधर्मि ।
トリグナマヴィヴェーキ ヴィシャヤハ サーマーニャマチェータナム プラサヴァダルミ
व्यक्तं तथा प्रधानं तद्विपरीतस्तथा च पुमान् ॥११॥
ヴィヤクタム タター プラダーナム タドゥヴィパリータスタター チャ プマーン

（註）त्रिगुणम् 3つのグナから成る、अविवेकि 識別出来ない、विषयः 対象（目的語であって主語ではない）、सामान्य ありふれた存在でどこにでもある、अचेतनं 幻影、प्रसवधर्मि 生産的、次のものを生み出す、व्यक्तं 顕現したもの、तथा それで、प्रधानं プラクリティ、तद्विपरीतः この逆、तथा だが、च そして、पुमान् プルシャ、

前述のように、3つのグナのバランスが崩れると、プラクリティは、目に見える姿となってマハットを始めとしてアハンカーラが生じ、次のものを生みだし、25の展開が始まる。しかし、バランスが崩れた3つのグナ、つまり、サットヴァ、ラジャ、タマの識別は不可能であり、この顕れ出たものは、あくまでプルシャから見れば見られる対象に過ぎないし、また、幻影に過ぎない。

7. サットヴァは、軽く、光り輝く状態、ラジャは、刺激的で、興奮させ、常に動き回る状態、タマは、重く、ものごとを覆い隠す状態と考えられ、ランプが（ランプとして）機能するように互いに協調して働く。（１３）

सत्त्वं लघु प्रकाशकमिष्टमुपष्टम्भकं चलं च रजः ।
サッタヴァム ラグ プラカーシャカミシュタムパシュタムバカム チャラム チャ ラジャハ
गुरु वरणकमेव तमः प्रदीपवच्चार्थतो वृत्तिः ॥१३॥
グル ヴァラナカメーヴァ タマハ プラディーパヴァッチャールタトー ヴリッティヒ

（註）सत्त्वं サットヴァ、लघु 軽い、प्रकाशकम् 光り輝く、इष्टम् 〜と考えられている、उपष्टम्भकं 刺激的、興奮させる、चलं 動き回る、変わりやすい、च そして、रजः ラジャ、गुरु 重い、वरणकम् 覆い隠す、एव まさに、तमः タマ、प्रदीपवत् ランプのように、च そして、अर्थः 〜のため、वृत्तिः 機能、

　サットヴァ、ラジャ、タマの３つのグナは、それぞれの特徴が、２枚ずつの屏風絵のように描かれる。つまり、サットヴァは、軽く・光り輝く状態、ラジャは、刺激的で、興奮させ、常に動き回る状態、タマは、重く、ものごとを覆い隠す状態である。よく間違って理解されているが、これらはあるものの**属性とか性質ではない**。３つのグナは、プラクリティを**構成するもの**で刻々変化をする。従って、**ある瞬間での状態**に過ぎない。そして、「ランプがランプとして機能するように」とは、ランプが光源として輝くのは、ランプの**芯と油と炎**の３者が協調して働くからである。３つのグナは、微妙にバランスは崩れているが、互いに補い合い協調して活動している。そのため、われわれのこの世界における活動がある。しかも、その活動は後述のようにプルシャへの奉仕である。

8. この構成物としての３つのグナは、楽しみ、苦痛、愚かさの元であり、輝いたり、動き回ったり、鎮まったりと、互いにバランスは変化し、依存し合い活動を生み出して共存している。（１２）

प्रीत्यप्रीतिविषादात्मकाः प्रकाशप्रवृत्तिनियमार्थाः ।
プリーツヤプリーティヴィシャーダートマカーハ プラカーシャプラヴリッティニヤマールターハ

अन्योऽन्याभिभवाश्रयजननमिथुनवृत्तयश्च गुणाः ॥१२॥
アンニョーニャービバヴァーシュラヤジャナナミテュナヴリッタヤシュチャ グナーハ

(註) प्रीति - अप्रीति - विषाद - आत्मकाः 楽しみ、苦痛、愚かさ、または幻影の元、प्रकाश - प्रवृत्ति - नियम - अर्थाः 輝かせ、活動し、鎮まる目的で、अन्य अन्य 互いに、अभिभव ～より勝り、आश्रय 依存し、जनन 生み出す、मिथुन 結びつき、वृत्तयः 共存、च そして、गुणाः （3つの）グナは、

　この詩句で誤解を払拭してほしいが、3つのグナは、プラクリティの**構成要素**であり、序論で述べたように、その時点での状態を表し、サットヴァは、何かが起こって留まった状態（steadiness）、ラジャ（movement）は、今活動している状態、タマ（inertia）は、まだ何かが起こるが停滞している状態に過ぎず、刻々と動き変化をする。従って、あるものに備わった**固定的な属性や性質ではない**。
　その活動は、楽しみ、苦しみ、愚かさや幻影の根源なのである。3つのグナは共存しているが、バランスは、刻々変化するので、この世では、欲望に駆られ突き動かされるように活動し、相互に依存し、時には助け合っている。その活動は、目が覚めてアハンカーラが出現するや否やすぐに始まる。

ドゥフッカ（悲しみ・苦悩・苦痛）

9. 3種類の苦しみが、われわれを襲う。それを終わらせる方法は、既にあるのだから、今更知る必要はないと言う。しかし、答えは「否（No）」である。何故なら、既知のものは、苦しみを完全に除去することを永久に保証するものではないからである。（1）

दुःखत्रयाभिघाताज्जिज्ञासा तदभिघातके हेतौ ।
ドゥフッカトラヤービガーターッジギャーサー タダビガータケ ヘータウ
दृष्टे सापार्था चेन्नैकान्तात्यन्ततोऽभावात् ॥१॥
ドゥリシュテー サーパールター チェーンナイカーンタートヤンタトーバーヴァート

(註) दुःख - त्रय - अभिघात　3種類の苦しみによるダメージから、जिज्ञासा　知りたいという願い、तत् - अभिघातके　取り除くことで、हेतौ　方法、手段に、दृष्टे　既存の方法、सा　探求、अपार्थ　不要、चेत्　もし、そう言うなら、न　否、एकान्ता - अत्यान्त - ताः - अभावात्　永久に保証するものではないから、

　序説でのべたように、3種類の苦しみとは、1．内的な苦しみ（病気や、プラーナ（気）の流れや体液・粘液のアンバランスに起因するもの）、2．精神的な苦しみ、そして、3．外的な苦しみ（天変地異に基づくもの）である。
　これらの苦しみから逃れる方法は、3は不可能であるとしても、例えば、1の場合には病院があり、内科、外科、精神科などが対処してくれると考えられている。しかし、それらの対処方法は、永久的な解決法を示してはくれない。つまり、そのような苦しみを生み出す、もっと他に根源的な理由があるからではないのか。それを問うてみよ、とサーンキャでは言っているのだ。

１０．身体を有するものは、その衰えや死によって苦しみを経験する。それは微細な身体から解放されるまで続くのだ。つまり、苦しみは、もともと本性なのだ。（５５）

तत्र जरामरणकृतं दुःखं प्राप्नोति चेतनः पुरुषः।
タットラ ジャラーマラナクリタム ドゥフッカム プラープノーティ チェータナハ プルシャハ
लिङ्गस्याविनिवृत्तेः तस्माद् दुःखं स्वभावेन ॥५५॥
リンガスヤーヴィニヴリッテヘ タスマード ドゥフッカム スワバーヴェーナ

(註) तत्र　その中に、जरामरणकृतं　衰えと死に基づく、दुःख　苦しみを、प्राप्नोति　経験する、चेतनः　苦を閉め出す力を有する、पुरुषः　微細な身体に住む者、लिङ्गस्य　微

細な身体、अविनिवृत्तेः プラクリティの活動が止むまで、तस्मात् 従って、दुःखं 苦しみ、स्वभावेन 本性による、

　苦しみの中でも恐怖と共に意識されるのは、通常、老いに伴う身体の衰えと死であろう。これは5つのクレーシャ（क्लेश）の1つで、「今のままの状態がこれから先もずっと続いてほしいという欲望」であって、YS 2-3 と YS 2-9 にアビニヴェーシャ（अभिनिवेश）として出てくる。しかし、サーンキャでは、チェータナ（चेतनः）、つまり、苦しみを締め出す力、ギャー（真の知識 ज्ञा）を有するものとしてわれわれを見ている。そのため、前句で既存の方法では解決できないと喝破した。そして、その解決方法こそ、目が覚めると同時に始まるプラクリティの活動によって展開される、この世界とは何か？という問いかけであった。

　すべての苦しみの根源は、アハンカーラの出現に始まり、微細な身体と言われる、ブッディ（決定力）、マナス（心）の3つの内的器官と5つの感覚器官によって、5つのタンマートラを認識する。その瞬間から、5つの行動器官も働き始めるので、（粗大な）身体は、いわゆるボークター（भोक्ता）、この世界での享受者となる。欲望には限りがなく、その享受者は、楽しみと共に必ず苦しみも味わうことになる。

プルシャ

11. プルシャは、3つのグナから成るプラクリティとは、正反対の存在である。複数の要素から成る生み出されたものは、コントロールされるので（楽しみ、苦しみの）享受者であり、その活動は、プルシャのためにあり、また、苦しみからの解放のためにある。（17）

संघातपरार्थत्वात् त्रिगुणादिविपर्ययाधिष्ठानात् ।

サンガータパラールタットヴァート トリグナーディヴィパルヤヤーディシュターナート
पुरुषोऽस्ति भोक्तृभावात्कैवल्यार्थं प्रवृत्तेश्च ॥१७॥
プルショースティ ボークトリバーヴァートカイヴァルヤールタム プラヴリッテシュチャ

（註）संघात - परार्थत्वात् 複数の要素から成るため、त्रिगुणादिविपर्ययात् 3つのグナから成るものの正反対なので、अधिष्ठानात् （生み出されたものは）コントロールされるので、पुरुषः अस्ति プルシャの存在、भोक्तृभावात् （楽しみ、苦しみの）享受者なので、कैवल्यार्थं प्रवृत्ते च そして、活動は解放のためにある、

　この詩句は、観察者としてのプルシャの存在（プルシャ・アスティットヴァ पुरुष अस्तित्व）と顕れたり消えたりするプラクリティの活動の意味を表す重要なもので、プラクリティの活動は、すべて**プルシャ（観察者）のため**であることが述べられている。
　この世はすべて舞台、われわれの活動もその役柄が割り振られた役者と同じである。この世での活動は、決して自分自身のためではない。すべて、**他の人のため**である。サンスクリット語の動詞には、活用に際して２つの区別がある。それはアートマネパダ（आत्मनेपद）とパラスマイパダ（परस्मैपद）である。例えば、動詞語根のパッチュ √पच् は、「料理する」という意味だが、アートマネパダ活用のパチャテー（पचते）は、「自分のために料理を作る」という意味であり、パラスマイパダ活用のパチャティ（पचति）は、「家族のためとか、客人とか、他の人のために料理を作る」意味になる。現在、この活用上の区別は厳密ではないが、プラクリティの活動は、すべてパラ、つまり、他の人のためにある。

プラクリティ

12．プラクリティは、実際の正体はグナに基づくものでありながら、恰もプルシャのような姿で顕れ、そのために（人は）プルシャと混同してしてしまう。（20）

第1部　サーンキャカーリカー入門

तस्मात्तत्संयोगादचेतनं चेतनावदिव लिङ्गम् ।
タスマータッサンヨーガーダ チェータナム チェータナーヴァデイヴァ リンガーム
गुणकर्तृत्वे च तथा कर्तेव भवत्युदासीनः ॥२०॥
グナカルトゥリットヴェー チャ タター カルテーヴァ バヴァットユダーシーナハ

（註）तस्मात् そのため、तत् - संयोगात् その混同が生じるため、अचेतनं プルシャでないもの、चेतनावत् 恰も、プルシャみたいに、इव そのように、लिङ्गं 顕れたもの、गुणकर्तृत्वे グナに基づくものは、च そして、तथा 同じように、कर्तेव 主体、भवति ～になる、उदासीनः 異ならない、同じ（プルシャのこと）、

　詩句3で説明されたプラクリティの活動と展開は、２５の姿で顕れたものとして示された。それらは、アハンカーラ（私）、心、感覚器官などによって非常に魅力的な姿として捉えられる。しかしながら、それらはグナのバランスが崩れて顕れてきた幻影、言わば、テレビに映る映像のようなものであって、スイッチを切れば、あっという間に姿が消える。苦悩や苦しみは、プルシャとプラクリティの混同から起こる。同様の詩句は、「ヨーガスートラ」（YS 2-17）にも見られる。

द्रष्टृ-दृश्ययोः संयोगो हेय-हेतुः।(2-17)
ドラシュトリ ドリシャヤヤーホ サムヨーゴー ヘーヤ ヘートゥフ

　プルシャをプラクリティを混同してはならない理由は、SPSの次の詩句にあるように、常に変化し続け、限界があり、多様な姿をとり、いつも何かに依存し現れる存在だからである。

　（プラクリティは）常に変化し、限界があり、多様な姿をとり、何かに依存して現れる。

44

हेतुमदनित्यमव्यापि सक्रियमनेकमाश्रितं लिङ्गम् ॥१-१२४॥
ヘートゥマダニトヤマヴィヤーピ　サクリヤマネーカマーシュリタム　　リンガム
　(註) हेतुमत् 〜による、अनित्यम् 永遠ではない、अव्यापि 限界がある、सक्रियम्
　　　常に変化する、अनेकम् 多様な、आश्रितं 何かに依存する、लिङ्गम् 現れる、

プルシャとプラクリティ

13．各器官は、それぞれ相互に刺激し合い、惹き付け合いながら活動を始める。つまり、プラクリティの活動は、プルシャのためである。一方、プルシャは、根源であって、何ものからも刺激を受けたり、駆り立てられたりは一切しない。（31）

स्वां स्वां प्रतिपद्यन्ते परस्पराकूतहेतुकां वृत्तिम् ।
スヴァーン　スヴァーン　プラティパドヤンテー　パラスパラークータヘートゥカーム　ヴリッティム
पुरुषार्थं एव हेतुर्न केनचित्कार्यते करणम् ॥३२॥
プルシャールタム　エーヴァ　ヘートゥルナ　ケーナチッカールヤテー　カラナム
　(註) स्वां स्वां 各器官は、प्रतिपद्यन्ते 始める、परस्पर - आकूत - हेतुकां 互いに刺激
　　　し合いながら、वृत्तिम् 機能、活動、पुरुषार्थं プルシャのため、एव 〜こそ、हेतुः
　　　動機、動因、न केनचित् 全く〜しない、कार्यते 動かされる、करणम् 根源、元、

　プラクリティの活動は、プルシャ（観察者）がいないと起こらない。そして、その活動は、すべてプルシャのため（プルシャールタ・エーヴァ・ヘートゥフ पुरुषार्थं एव हेतुः।）である。このことは、１６．（詩句59）24．（詩句42）で詳しく述べるが、プルシャとプラクリティの違いがはっきりと認識できていないと、両者の混同が起こり、それが苦しみの原因となることは、前詩句でも説明された。

14．かくして、マハットから始まり粗大要素で終わるプラクリティの展開・活動は、すべて各人の解放のためであり、まるでプラクリティ自身のためのように振る舞いながら、すべて他の人

第1部　サーンキャカーリカー入門

のためになされている。（５６）

इत्येष प्रकृतिकृतो महदादिविशेषभूतपर्यन्तः।
イティエーシャ　プラクリティクリトー　マハダーディヴィシェーシャブータパルヤンタハ
प्रतिपुरुषविमोक्षार्थं स्वार्थ इव परार्थं आरम्भः ॥५६॥
プラティプルシャヴィモークシャールタム　スワールタ　イヴァ　パラールタ　アーラムバハ

（註）इति かくして、एष この、प्रकृतिकृत プラクリティによる、महत् - आदि
- विशेष - भूतपर्यन्तः　マハットから始まり、素大要素で終わる展開、प्रतिपुरुष
-अर्थ　各人を解放するため、विमोक्ष 解放、स्वार्थ 自分自身のため、इव ～の
ように、परार्थ 他の人のため、आरम्भः 始まる（創造）

スワールタ・イヴァ・パラールタ（**स्वार्थ इव परार्थ**）（自分のため
に行っているふりをしながら、他の人のために活動している）。非常
に美しい表現である。プラクリティ、つまり私たちのこの世におけ
る活動は、すべて他の人のためにある。しかも、それは自分自身の
ために行っているがごとく、さりげなくほかの人を楽しませ、役に
立ち、しかも感動させる。この世で与えられた役柄とは何かをくみ
取り、舞台上での名優、名役者の如く、時に道化師の如く振る舞っ
て、人々を楽しませる。プラクリティの活動は、このようなもので
ある。

15．まるで、自分のために行動しているように見えるが、グナか
　　ら成るプラクリティは、様々な方法で、グナとは無縁なプルシ
　　ャのために、何の見返りも求めずに、ただ尽くす。（６０）

नानाविधैरुपायैरुपकारिण्यनुपकारिणः पुंसः।
ナーナーヴィダイルパーヤイルパーカーリニャヌパカーリナハ　プンサハ
गुणवत्यगुणस्य सतस्तस्यार्थमपार्थकं चरति ॥६०॥
グナヴァッヤグナスヤ　サタスタスヤールタマパールタカム　チャラティ

（註）नानाविधैः　様々な、उपायैः　方法で、उपकारिणी　寛大な、अनुपकारिणः　見返

りを求めない、पुंसः プルシャの、गुणवती グナからなる、गुणस्य グナとは無縁の、सतः 〜のように तस्य अर्थं चरति 彼のために活動する、अपार्थकं 役立たない、

ウパカーリニー（उपकारिणी generous）とは、もともとラテン語起源の generosus（貴族の生まれ）で、gener（生まれ）＋ sus（〜の特徴を有する）→高貴な生まれ→寛大な、という意味である。プラクリティの活動は、自分の利益のためではない。何の見返りも求めずに、プルシャのために、ただ尽くす。このことに気づいた時に、プラクリティの活動は止む。われわれの各自に与えられた、この世での役割（role）、それをただ黙々と果たすのだと気づいた時がまさにそれである。

高貴な生まれとは、家柄のことではない。そのような資質を持った生まれ、という意味で、世間に対してそれだけの振る舞い、責任が求められているのである。Frances Anne Kemble の言葉「ノブレス・オブリージュ（noblesse oblige）」も、この頃の指導的立場にある人物から全く伝わっては来ない。一定の地位や身分にある人は、社会に対してふさわしい振る舞いをしなければならないのに。

舞台・公演・観客（1）

16. ダンサーは、ステージで見事な踊りを披露した後で、はじめて動きを止める。それと同じように、プラクリティもプルシャへの奉仕が終わるとはじめて活動を止める。（59）

रङ्गस्य दर्शयित्वा निवर्तते नर्तकी यथा नृत्यात् ।
ランガスヤ ダルシャイトヴァー ニヴァルタテー ナルタキー ヤター ヌリトヤート
पुरुषस्य तथात्मानं प्रकाश्य विनिवर्तते प्रकृतिः ॥५९॥
プルシャスヤ タタートマーナム プラカーシャ ヴィニヴァルタテー プラクリティヒ
（註）रङ्गस्य ステージで、दर्शयित्वा 公演後、निवर्तते 止める、नर्तकी ダンサー、

यथा 〜のように、नृत्यात् 踊りから、पुरुषस्य プルシャへの、तथा 同じように、आत्मानं 自らを観客のため、प्रकाश्य 奉仕が終わると、विनिवर्तते 止める、प्रकृतिः プラクリティ、

　プラクリティの活動は、一体いつ止むのだろうか。この見事な詩が、その答えである。この世での活動（カルマ कर्म）は、美しいバレリーナにも譬えられる。前句と同様、ステージは、この世。チャイコフスキーのバレエ「白鳥の湖」を連想してみれば容易に理解出来るだろう。すべては、観客のため、プルシャのためである。
　さらに、この詩句には、もっと深い意味が隠されている。活動が止むとは、一体何を意味するのか？それは、最終的には、（幻想に過ぎない）プラクリティと（すべての存在の根源たる）プルシャの識別、即ち、真の知識、ニャーナ、または、ギャーナ（ज्ञान）に達すると活動は止むと言っているのだ。
　プルシャという観客、舞台は、この世と公演、そして、われわれは役者である。プルシャがなければ、われわれの役者としての存在もない。

17. プルシャとプラクリティの関係は、目は見えるが脚は骨折している男と盲人が相互に助け合う関係に似ている。プルシャは、ただ見ているだけであり、プラクリティが、創造を進展させることが出来るのは、この結束があるからである。しかしながら、プルシャをプラクリティと混同してはならない。（２１）

पुरुषस्य दर्शनार्थं कैवल्यार्थं तथा प्रधानस्य।
プルシャスヤ　ダルシャナールタム　カイヴァルヤールタム　タター　プラダーナスヤ
पङ्ग्वन्धवदुभयोरपि संयोगस्तत्कृतः सर्गः॥२१॥
パングヴァンダヴァドウバヨーラピ　サンヨーガスタツクリタハ　サルガハ

（註）पुरुषस्य プルシャの、दर्शनार्थं 見るため、कैवल्यार्थं 一つとなるため、तथा 〜同様に、प्रधानस्य プラクリティの、पङ्ग्वन्धवत् 脚の悪い人と盲人の

ように、उभयोः 両者は、अपि 〜も、संयोग 結束して、तत् - कुतः それに
よって進展させられる、सर्गः 創造、

　プルシャとプラクリティの関係を見事に表現していて、1つになった両者の結束があるからすべてのことがらは成り立っている。

　譬えにあるパング（पङ्गु）とは、古英語でhaltに相当し、「骨折した足で（歩く）」、つまり脚の悪い人で、アンダ（अन्ध）は、目の見えない人、つまり、盲人である。脚が悪くて歩けない人でも、目は見えるので、その人を肩車にすれば、目が見えなくても健脚であれば歩くことが出来る。しかし、ここに落とし穴も存在する。それは、**カイヴァルヤルタム**（1つになること）を混同すると苦しみが生まれる。この識別こそ、サーンキャの目的である。

ブッディとは〜その1

18. 決定づける力が、ブッディであって、それが顕れた姿・形は、
　　徳、知識、平静、並外れた力などである。この状態は、サットヴァであるが、逆の顕れ方もあり、その状態は、タマである。
　　　　　　　　　　　　　　　　　　　　　　　　　（23）

अध्यवसायो बुद्धिधर्मो ज्ञानं विराग ऐश्वर्यम् ।
アディヤワサーヨー ブッディダルモー ギャーナム ヴィラーガ アイシュワルヤム
सात्त्विकमेतद्रूपं तामसमस्माद्विपर्यस्तम् ॥२३॥
サーットヴィカメタドルーパム ターマサマスマードゥヴィパルヤスタム

　(註) अध्यवसाय 決定力、बुद्धिः ブッディ、धर्मः 徳、ज्ञानं 知識、विराग 平静、ऐश्वर्यम् （乗り越えていく）並外れた力、सात्त्विकम् サットヴァ性、एतद्रूपं その姿・形、तामसम् タマ、अस्मात् このことから、विपर्यस्तम् 逆、

　ブッディという言葉は、純粋知性などと訳されることが多かった。そこで、何か非常に良い姿を想像しがちであるが、グナの変化は、サットヴァの状態の時もあれば、必ず逆の姿、つまり、タマの状態

の時もある。ブッディは、これらを決定づける力である。その姿は次の8つの屏風絵として描かれている。

1．徳（ダルマ धर्म）
2．悪徳（ア・ダルマ अधर्म）
3．知識（ギャーナ ज्ञान）
4．虚偽の知識（ア・ギャーナ अज्ञान）
5．無執着（ヴァイラーギャ वैराग्य）
6．執着（ア・ヴァイラーギャ अवैराग्य）
7．神から得られる並外れた大きな力（アイシュヴァルヤ ऐश्वर्य）
8．神から並外れた大きな力が得られぬこと
　　　　　　　　　　　　（アナイシュヴァルヤ अनैश्वर्य）

　この決定づける力は、われわれにも自由意志として与えられてはいるが、結局、われわれを超えた決定力（マハット महत्）によって決まる。何故なら、結果についてはまったく手出しが出来ないからである。まるで現代の量子力学の世界における**シュレーディンガーの猫**の思考実験と同じである。例えば、われわれの生死は、「重なり合った状態」で存在しているが、プルシャ（पुरुष）という観察者が見た（observed）瞬間にどちらかに決まる。もちろん、プルシャは観察者であって何もしない。生死を決定づける力はプラクリティの世界のことであるが、「生か死かは観察される瞬間に状態が変わる」と言うのである。それを何千年も前にこのように述べていることに驚嘆させられる。

ブッディとは〜その2

19．このブッディの創造には、無知から来る疑い、疑いから来る迷い、自己満足、確信の持てること、の段階がある。これらは、グナのバランスの不均衡に起因するもので50種ある。

(46)

एष प्रत्ययसर्गो विपर्ययाशक्तितुष्टिसिद्ध्याख्यः ।
エーシャ プラッティヤヤサルゴー ヴィパルヤヤーシャクティトゥシュティシッディヤーキャハ

गुणवैषम्यविमर्दात् तस्य च भेदास्तु पञ्चाशत् ॥४६॥
グナヴァイシャミャヴィマルダート タスヤ チャ ベーダーストゥ パンチャーシャット

(註) एष この、प्रत्ययसर्ग ブッディが生まれる、विपर्ययाः - शक्ति - तुष्टि - सिद्धि - आख्यः 無知から来る疑い、疑いから来る迷い、自己満足、確信が持てること、गुण - वैषम्य - विमर्दात् グナのバランスの違いから来る、च そして、तस्य ブッディの、創造の、भेदाः 種類、तु ～も、पञ्चाशत् ５０、

　ブッディが生まれるには、無知から来る疑い、疑いから来る迷い、自己満足、確信の持てること、の段階がある。これらは、やはり３つのグナのバランスの強弱から起こる。よく例に挙げられる譬えは、郵便ポストである。ポストを見たとき、それが人かポストかを認知して決めるには、若干時間がかかる。最初どちらか分からずに迷ったり、疑ったりする。やがて、ポストに違いないと言い聞かせて自己満足する。そして、鳥が糞をかけたり、犬がオシッコをかけたりしたのを見て、やっと人ではなくポストだと確信する。このように、ものごとを決定するには時間のかかることがあるが、それは何よりも識別力や気づきのなさに起因するのでアヴディヤー（अविद्या）と言われる。

アハンカーラとは

20．アハンカーラは、私という想念で、そこから２つの進展が始まる。１つは、１１の創造・展開であり、もう１つは、５つのタンマートラである。（24）

51

第1部 サーンキャカーリカー入門

अभिमानोऽहङ्कारतस्माद् द्विधः प्रवर्तते सर्गः ।
アビ゛マーノーハンカーラスタスマード゛ ド゛ゥヴィヴィダハ プラヴァルタテー サルガ゛ハ
एकादशकश्च गणस्तन्मात्रः पञ्चकश्चैव ॥२४॥
エーカーダ゛シャカシュチャ ガ゛ナスタンマートラハ パンチャカシュチャイヴァ

（註）अभिमान 私という想念、अहङ्कार アハンカーラ、तस्मात् そこから、द्विविधः
2つ折りの屏風絵として、प्रवर्तते 進展する、सर्गः 展開、एकादशक 11の。
च そして、गणः セット、シリーズ、तन्मात्र - पञ्चकम् 5つのタンマートラ、
एव まさに、

　アハンカーラの出現と共に、次の創造・展開の流れが2枚の屏風絵のように示される。その1枚が、5つの感覚器官、心（マナス）、5つの行動器官の合計11であり、もう1枚は、5つのタンマートラである。これが1．（詩句3）のサーンキャ展開図で11＋5＝16として示された（28頁参照）。そして、さらに、5つのタンマートラから5つのマハーブータ（महाभूत）が生まれる。このように、**私という想念**が朝の目覚めと共に出現しなければ、プラクリティの展開と活動はなく、従って、この世界もない。
　また、SPSには、次の記述がある。

अभिमानोऽहंकारः ॥२ - १६॥
アビ゛マーノーハンカーラハ

（註）अभिमानः 想念、अहंकारः 私という、

　アハンカーラの特徴は、まず、アビマーナ（अभिमानः）。語源は、古英語でpurūd（誇りを持つ、自慢する）から、「うぬぼれ、思い上がり、高慢」、次に、「これは私のもの」という所有意識、そして、「私の味わう享楽と苦痛」である。

第1部　サーンキャカーリカー入門

マナス（心）とは

21．マナスは、感覚器官としてある印象をキャッチするし、それを行動器官として外に表現するという両面を持っている。これら器官の多様性は、グナのバランスの崩れから起こることである。（27）

उभयात्मकमत्र मनः संकल्पकमिन्द्रियं च साधर्म्यात् ।
ウバヤートマカマットラ　マナハ　サンカルパカミンドリヤム　チャ　サーダルミャート
गुणपरिणामविशेषान्नानात्वं बाह्यभेदाश्च ॥२७॥
グナパリナーマヴィシェーシャーンナートヴァム　バーヒャベーダーシュチャ

(註) उभय - आत्मकम्　両面を備えている、अत्र　両方の器官の、मनः　心、संकल्पकम्　組み合わせ、इन्द्रियं　器官、च　そして、साधर्म्यात्　同じ特徴を有するから、गुण - परिणाम - विशेषात्　グナの変化の違い、バランスの崩れ、नानात्वं　多方面にわたる、बाह्य - भेदाः　外観の多様性、च　～も、

心は、感覚器官のようでもあるし、行動器官のようでもある。その両面性をこの詩句では述べている。つまり、感覚器官は、音、触覚、形、臭い、味などを感知する。また、行動器官は、言葉を発し、手でものを掴み、脚で移動し、排泄し、生殖活動を行う。心は、これらすべてに関わるのである。これらの多様性は、常にグナのバランスが崩れることによる特徴である。

内的器官の働き

22．内的器官であるブッディ（決定力）、アハンカーラ、心の3つは、（他の器官とは異なる）独自の働きがあるが、その共通の働きは、5つから成るプラーナの循環作用である。（29）

स्वालक्षण्यं वृत्तित्रयस्य सैषा
भवत्यसामान्या ।

スワーラクシャニャム ヴリッティストラスヤ サイシャー バ
ヴァットヤサーマーンニヤー

सामान्यकरणवृत्तिः प्राणाद्या वायवः पञ्च
॥२९॥

サーマーンニャカラナヴリッティヒ プラーナードゥヤー
ヴァーヤヴァハ パンチャ

(註) स्वालक्षण्यं 特別な特性、
वृत्ति 働き、त्रयस्य ３つの、
सा 共通の、एषा この、भवति ある、असामान्या
異なる、सामान्य 共通の करणवृत्तिः 働き、प्राणाद्या
- वायवः 生命を維持するプラーナ、पञ्च ５つの、

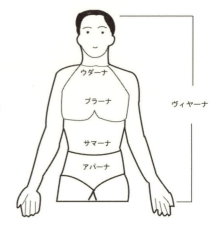

　内的器官は、**ブッディ、アハンカーラ、心の３つ**である。アハンカーラは、「私は、私の、私に、私のもの」という私感覚、心は前詩句のように感覚器官、行動器官両方に関わり、ブッディは、１８．で述べられたように「決定づける力」である。しかし、これら３つの器官によって、ヴァーユは全身を駆け巡る。ヴァーユは、５気あり、ウダーナ（उदान）、プラーナ（प्राण）、サマーナ（समान）、アパーナ（अपान）、ヴィヤーナ（व्यान）、である。上図に、おおまかなエリアを示す。前著でも説明したが、プラーナのエリアは、頭、胸、ノド、舌、口と鼻の辺りで、唾液、鼻汁、呼吸と消化にかかわっている。ウダーナは、ヘソ、胸、ノドの辺り、発声器官や気質などに関わる。サマーナは、汗腺など体液の通路、消化力に関わっている。ヴィヤーナは、身体全体に、アパーナは、生殖器、骨盤、排泄器官などに関わっているとされる。アーユルヴェーダ（आयुर्वेद ＝ आयुःवेद）の経典、チャラカサンヒタ（चरकसंहित）に詳しいので YS 3-41 で説明する。なお、このプラーナと内的器官に関しては、SPS に次

の記述がある。

プラーナで始まる5気は、3つの内的器官の変化したものである。
(2-31)

सामान्यकरणवृत्तिः प्राणाद्या वायवः पञ्च ॥२-३१॥
サーマーンニャカラナヴリッティヒ プラーナードヤー ヴァーヤヴァハ パンチャ

(註) सामान्य - करण - वृत्ति 内的器官の変化したもの、प्राण - आद्याः プラーナなどの、पञ्च वायवः 5気、

微細な身体

23. マハットに始まりタンマートラに終わる最初に生じた微細な身体は、何ものにも邪魔されず、享楽にも囚われず、常に動き回る。(40)

पूर्वोत्पन्नमसक्तं नियतं महदादिसूक्ष्मपर्यन्तम् ।
プールヴォッパンナマサクタム ニヤタム マハダーディスークシュマパルヤンタム

संसरति निरुपभोगं भावैरधिवासितं लिङ्गम् ॥४०॥
サンサラティ ニルパボーガム ボーヴァイラディヴァーシタム リンガム

(註) पूर्व - उत्पन्नम् プラダーナから最初に生じた、असक्तं 邪魔されない、नियतं 常に、महत् - आदि - सूक्ष्म - पर्यन्तम् マハットから始まり、タンマートラ、で終わる範囲、संसरति 身体からと身体へ動き回る、निरुपभोगं 享楽に囚われない、भावै 状態、अधिवासितं 備わっている、लिङ्गं 微細な身体、

　微細な身体は、あまりの微細さ故に何ものにも遮られることなく自由に動き回る。しかし、これが身体と結びつくと、そこで初めて快楽と苦しみを経験することになる。享楽は、幻影に惑わされてのものであり、それに気づくまで、苦しみから逃れることは出来ない。それが暗示されている。そして、結論は、ずっと後になるが、プルシャとプラクリティの識別という知識が得られるまで浮遊すること

になる。

　また、ここでは、アディシュターナシャリーラ（अधिष्ठानशरीर）といって微細な身体と（粗大な）身体を仲介するものが想定されている。このアディシュターナ अधिष्ठान とは、ブッディ以下を統治・支配する力と考えられている。

舞台・公演・観客（2）

2 4．この微細な身体は、プルシャのために、まるで舞台の役者のように、異なった役柄として顕れる。それは、方法・手段と成果を通して、また、プラクリティの持つ潜在的な力の組み合わせを通して顕れる。（42）

पुरुषार्थहेतुकमिदं निमित्तनैमित्तिकप्रसङ्गेन ।
プルシャールタヘートゥカミダム　ニミッタナイミッティカプ ラサンゲーナ
प्रकृतेर्विभुत्वयोगात् नटवत् व्यवतिष्ठते लिङ्गनम् ॥४२॥
プラクリテールヴィブットヴァヨーガート　ナタヴァット　ヴィヤヴァティシュテー　リンガナム

　　(註) पुरुष - अर्थ - हेतुकम्　プルシャの為へと促されて、इदं　この (微細な身体) は、
　　　　निमित्त - नैमित्तिक - प्रसङ्गेन　方法と成果を通して、प्रकृतेः　プラクリティの、
　　　　विभुत्व - योगात्　（プラクリティの）力を合わせて、नटवत्　役者のように、
　　　　व्यवतिष्ठते　異なった役柄で、लिङ्गनम्　微細な身体、

　目が覚めると、われわれは、各自に割り当てられた役柄（role）に応じた活動が始まる。その目的は、すべて他の人のためであり、言い換えれば、すべてプルシャの為の活動である。この世での活動、それは舞台であって、プルシャは、観客として客席に座っている。役者は、演目に従って全身全霊演じきらねばならず、いい加減な演技は許されない。この詩句では、その関係が見事な比喩で述べられている。

　全身全霊で演じない限り、プラクリティとしての活動は終焉しな

い点にも、注意してほしい。つまり、プルシャへの目的が達成されない限り活動は、止まないのである。

われわれは、この世において、異なった役柄をもった役者として顕れているにすぎない。

感覚器官・行動器官の捉えるもの

25．10の器官のうち（5つの）感覚器官は、目に見えない微細なもの、目に見える粗大なものを認識する。（5つの行動器官のうちの）話すことは、音声を発することであり、残りも同様である。（34）

बुद्धीन्द्रियाणि तेषां पञ्च विशेषाविशेषविषयाणि ।
ブッディーンドリヤーニ テーシャーム パンチャ ヴィシェーシャーヴィシェーシャヴィシャヤーニ
वाग्भवति शब्दविषया शेषाणि तु पञ्चविषयाणि ॥३४॥
ヴァーグバヴァティ シャブダヴィシャヤー シェーシャーニ トゥ パンチャヴィシャヤーニ

（註）बुद्धीन्द्रियाणि　感覚器官、तेषां　これら10の器官のうち、पञ्च　5つ、विशेष - अविशेष - विषयाणि　享楽、苦痛、暗鬱をもたらす粗大な対象、微細な対象、タンマートラ、वाक्　言葉、話すこと、भवति　～である、शब्द - विषया（対象として）音声を持つ、शेषाणि　残りの行動器官、तु　しかし、पञ्चविषयाणि　全部で5つの対象、

5つの感覚器官は、対象のはっきりとした、音・形・触覚・味・臭いをキャッチする。これらは、喜び（快楽）をもたらすと共に、苦痛や幻想ともなる。また、5つの行動器官のうち、話すこと、つまり言葉を使うことは、音声を発することであり、残りの手・足・排泄器官・生殖器官も同様である。これらは、いずれも、対象が、人に対する場合と、神に対する場合がある。後者の場合は、対象がはっきりとせず微妙になる。

第1部　サーンキャカーリカー入門

暗黒の闇　〜　幻影と幻想

26. タマ（偽りの知識）は、8つから成り、それは、私感覚でもある。マハーモーハ（激しい欲望）は、10から成る。ターミスラ（憎悪の気持ち）は、18から成り、それは強い執着（アンダ・ターミスラ）による束縛でもある。（48）

भेदस्तमसोऽष्टविधो मोहस्य च दशविधो महामोहः।
ベーダ スタマソーシュタヴィドー モーハスヤ チャ ダシャヴィドー マハーモーハ
तामिस्रोऽष्टादशधा तथा भवत्यन्धतामिस्रः ॥४८॥
ターミストロシュターダ シャダー タター バヴァットヤンダターミストラハ

（註）भेद 区別、तम タマ、偽りの知識、अष्टविधः　8つの、मोहस्य 私感覚、च　そして、दशविध　10の、महामोहः　（外的要因による）とらわれ、苦しみ、तामिस्रः　憎悪の気持ち、अष्टादशधा　18の、तथा　それで、अन्ध - तामिस्रः　人生における執着による束縛、

　アヴィッディヤー（अविद्या）は、理解の度合を示す言葉であり、全く分かっていない状態を示す。それには、タマ、モーハ、マハーモーハ、ターミスラ、アンダ・ターミスラの5つがある。人は、プラクリティの8つの姿、プラダーナ、ブッディ、アハンカーラ、5つのタンマートラが幻影であることに気づかず、私は解放されたと錯覚する。これが暗闇の状態であり、**18.**（51頁）で述べられた8つの力によりモーハ（मोह）が生じる。さらに深い幻想・混乱（マハーモーハ）は、享楽の対象である5つ（音、触覚、形、味、臭い）×2倍（神々に対して、人に対して）の合計10、人生における執着による束縛は、これらに上述の8つの力を加えた合計18となる。

われわれの身体の構成

27. われわれの身体を構成する基本要素は、微細な身体、両親か

ら生まれた身体、粗大な要素と共にあるものの３つから成ると言えるだろう。この中で、微細な身体は、存続するが、両親から生まれた身体は滅びる。（３９）

सूक्ष्मा मातापितृजाः सह प्रभूतैस्त्रिधा विशेषाः स्युः
スークシュマー マーターピトゥリジャーハ サハ プラブータイストリダー ヴィシェーシャーハ スユフ
सूक्ष्मास्तेषां नियता मातापितृजा निवर्तन्ते ॥३९॥
スークシュマーステーシャーム ニヤター マーターピトゥリジャー ニヴァルタンテー

(註) सूक्ष्मा 微細な身体、माता - पितृ - जाः 両親から生まれた、सह ～と共に、प्रभूतैः 粗大要素、त्रिधा ３つ、विशेषाः 特有の、固有の、स्युः ～だろう、तेषां それらの間の中で、नियता 不変の、निवर्तन्ते 滅びる、

微細な身体（スークシュマー सूक्ष्मा）は、リンガシャリーラとも（लिङ्गशरीर）言われ、２２．でも述べたようにブッディ、アハンカーラ、タンマートラである。両親から生まれたこの身体は、次の６つのコーシャ（कोषः）から出来ている。髪の毛、血液、肉体、腱、骨、骨髄。最初の３つは、母親から、後の３つは父親からとされる。

両親から生まれた身体は、いずれ滅びるが、微細な身体は存続する。ここで、**ヴィヴァルタ**（विवर्त）と**ヴィカーラ**（विकार）の違いがはっきりするであろう。つまり、両親から生まれたこの身体は、元には戻らない。一方、微細な身体は、アヴィヤクタの状態のプラクリティとして元に戻るので、存続すると表現されている。

神との取引？

２８．経典に書かれた従来の方法は、汚れていて、乱暴で全くムダなやり方である。今までとは逆の方法、つまり、ヴィヤクタ（目に見える状態）、アヴィヤクタ（目に見えない状態）、真の知識、この識別力こそ好ましい方法である。（２）

> दृष्टवदानुश्रविकः स ह्याविशुद्धिक्षयातिशययुक्तः ।
> ドゥリシュタヴァダーヌシュラヴィカハ サ ヒャヴィシュッディクシャーティシャヤユクタハ
> तद्विपरीतः श्रेयान् व्यक्ताव्यक्तज्ञविज्ञानात् ॥ २ ॥
> タドゥビパリータハ シュレーヤーン ヴィヤクターヴィヤクタギャヴィギャーナート
>
> (註) दृष्टवत् 慣行の、従来の方法、आनुश्रविकः 経典に書かれた、स ヴェーダに書かれた方法、हि それでは、अविशुद्धि - क्षय - अतिशय - युक्तः 汚れた、ムダな、乱暴な、तद्विपरीतः 今までとは逆だから、श्रेयान् 好ましい、व्यक्त - अव्यक्त - ज्ञ - विज्ञानात् 目に見える状態、目に見えない状態、知る者という真の知識の識別力に基づくので、

　序説で述べた通り、シュルティの中に、真理があるわけではない。また、ここで言っている従来の方法も、ヴェーダ経典を指している。L. ルヌーが指摘した通り、サーンキャ・ダルシャナが、非バラモン的（non-brahmanique）立場をとったのは、ジョーティシュトーマ（ज्योतिष्टोम）というソーマ・セレモニーやアシュヴァメーダ（अश्वमेध）という動物を生け贄にするような祭式を全く汚れたムダなものとして切り捨てたからである。このような信仰やセレモニーは、いわば人間の創り出した架空の神との取引のようなもので、それらを排除し、もっと科学的な視点はないのか、と問いかけたのである。それが、以下何度も繰り返して述べられる。**プラクリティの3つのバランスが崩れて展開が始まるヴィヤクタ（目に見える状態）、その役目を終えたアヴィヤクタ（目に見えない状態）、そしてプルシャの3つを識別する力**こそ最も秀れた方法である、と結論づけた。

マーヤー（幻想）

29. プラクリティは、7つの姿で、自分で自分を縛っている。しかし、まさに、プルシャのために活動しているのだ、という気づきによってこそ、1つの姿として自らを解放することが

できる。(63)

रूपैः सप्तभिरेव तु बध्नात्यात्मानमात्मना प्रकृतिः ।
ルーパイヒ サプタビレーヴァ トゥ バドナートヤートマーナマートマナー プラクリティヒ
सैव च पुरुषार्थ प्रति विमोचयत्येकरूपेण ॥६३॥
サイヴァ チャ プルシャールタ プラティ ヴィモーチャヤツエーカルーペーナ

(註) सप्तभि रूपैः 7つの姿・形で、एव まさに、बध्नाति आत्मानम् 自分自身を縛る、आत्मना 自分で、पुरुषार्थ プルシャのため、प्रति ～に関して、विमोचयति 解放される、एकरूपेण 一つの姿として、तु しかし、

プラクリティの活動は、すべてマーヤー（幻想）、或いは、ミティヤー（मिथ्या）である。それは次の7つの姿をとる。徳（ダルマ धर्म）、悪徳（ア・ダルマ अधर्म）、虚偽の知識（ア・ギャーナ अज्ञान）無執着（ヴァイラーギャ वैराग्य）、執着（ア・ヴァイラーギャ अवैराग्य）、神から得られる並外れた大きな力（アイシュヴァルヤ ऐश्वर्य）、その大きな力が得られぬこと（アナイシュヴァルヤ）である。プラクリティは、これらによって自分で自分を束縛している。しかし、動き回り遊走するプラクリティの活動は、すべてプルシャ、ひいては他の人のためである。その務めが果たせた時、つまり、それに気づいた時、自縛から解放される。「一つの姿として」というのは、「真の知識（ज्ञ）を通して」という意味である。

プラクリティの活動は、いつ終わるのか？

30. ちょうど人が、欲望や好奇心を満足させようとするように、プラクリティもプルシャのために尽くそうとする。(58)

औत्सुक्यनिवृत्त्यर्थं यथा क्रियासु प्रवर्तते लोकः ।
アウツスキャニヴリッタヤルタム ヤター クリヤース プラヴァルタテー ローカハ
पुरुषस्य विमोक्षार्थ प्रवर्तते तद्वदव्यक्तम् ॥५८॥

第1部　サーンキャーリカー入門

　　　　プルシャスヤ ヴィモークシャールタム プラヴァルタテー タッド ヴァダ ヴィヤクタム
　　（註）औत्सुक्य - निवृत्ति - अर्थ 欲望や好奇心を満足させようと、यथा ～のように、
　　　　क्रियासु 行動に、प्रवर्तते 没頭する、लोकः 人は、पुरुषस्य プルシャの、
　　　　विमोक्षार्थ 解放しようと、प्रवर्तते 尽くす、तद्वत् 同じように、अव्यक्तम् プラ
　　　　クリティ、

　人は感覚器官のおもむくまま、欲望を享受し、それが満たされると活動は止む。それと同じように、プラクリティの活動も、他の人のため、つまり、プルシャのため、まるで自分自身のためのように活動しながら、プルシャとプラクリティの識別ができると、その活動は終わる。
　前詩句29. で「７つの姿で、自分で自分を縛っている」と表現されたのは、詩句18. でブッディが説明されたとき、ギャーナ（ज्ञान）に達した時活動は終わるからである。

プラクリティの活動の終焉

31. プラクリティ以外に、さらに穏やかで、優美なものは存在しない、というような考えは、私には存在しない。一度、「私は見られるものだ」と気がつけば、二度とプルシャの視野に入ろうとは思わないからだ。（６１）

प्रकृतेः सुकुमारतरं न किञ्चिदस्तीति मे मतिर्भवति ।
　　プラクリテヘ スクマーラタラム ナ キンチダ スティーティ メ マティルバヴァティ
या दृष्टास्मीति पुनर्न दर्शनमुपैति पुरुषस्य ॥६१॥
　　ヤー ドゥリシュタースミーティ プナルナ ダルシャナムパイティ プルシャスヤ
　（註）प्रकृतेः プラクリティよりも、सुकुमारतरं より穏やかで、優美な、न किञ्चित्
　　　少しも～でない、अस्ति 存在する、इति そのような、मे 私の、मति 意見で
　　　は、भवति ～だ、या ～であるところの、दृष्टा 見られる、अस्मि 私は～で
　　　ある、इति それで、पुनः 再び、दर्शनम् 視野に、न उपैति 入らない、पुरुषस्य

プルシャの、

　プラクリティは、**見られるもの**であって、**見る者（プルシャ）**ではない。その気づきが得られれば、二度と目に見えるような展開はしない。

　識別は、何かが現れて、１つが２つ以上になった瞬間に必要になる。プラクリティのヴィヤクタの状態、即ち、現れたものは見かけに過ぎず、真実の姿ではない。

気づき〜その１

32. 従って、何であれプルシャは、束縛されたり、解放されたり、彷徨ったりというようなこととは無縁である。それは、プラクリティのことであり、多くの創造物についてのことである。
（62）

तस्मान्न बध्यतेऽद्धा न मुच्यते नापि संसरति कश्चित् ।
タスマーンナ　バドゥヤテーッダー　ナ　ムッチャテー　ナーピ　サンサラティ　カシュチット
संसरति बध्यते मुच्यते च नानाश्रया प्रकृतिः ॥६२॥
サンサラティ　バッデャテー　ムッチャテー　チャ　ナーナーシュラヤー　プラクリティヒ

（註）तस्मात् 従って、न 〜でない、बध्यते 束縛される、अद्धा 何であれ、न 〜でない、मुच्यते 解放される、नापि 〜もない、संसरति 彷徨う、कश्चित् 少しも、च 〜も、नाना - अश्रया 多くの創造物のサポート、

　この世に存在する多くの創造物やそこで起こる事柄、それはすべてプラクリティの展開によって生じた結果であって、見る者であるプルシャとは無関係である。プラクリティによって生じたもの、その活動によって束縛や解放や彷徨いなどは起こる。このプルシャとプラクリティの識別が、とりもなおさず**気づき**に他ならない。

第1部　サーンキャカーリカー入門

気づき〜その2

33. 既に、繰り返し見てきたタットヴァから、次の真の知識が生まれてくる。「私などは存在しない」、「私のもの、など何もない」、「私は、これではない」。以上は、もう他に知るべきことは何もない、唯一の、誤謬や疑義のない、純粋で汚れのない、真理である。（64）

　एवं तत्त्वाभ्यासान्नास्ति　न मे नाहमित्यपरिशेषम्
　エーヴァム　タットヴァービャーサーンナースティ　ナ　メ　ナーハミッティヤパリシェーシャム
　अविपर्य्यादिशुद्धं　केवलमुत्पद्यते　ज्ञानम् ॥६४॥
　アヴィパルヤヤードヴィシュッダム　ケーヴァラムットパドヤテー　ギャーナム

(註) एवं तत्त्व - अभ्यासात्　既に繰り返し述べてこられたように、न अस्ति 私などは存在しない、न मे 私のもの、など何もない、न अहम् 私は、これではない、इति 〜という、अपरिशेषम् これ以上知るべきことはない、अविपर्य्यत् 誤謬や疑義のない、विशुद्धं 純粋で汚れのない、केवलम् たった一つの、उत्पद्यते 顕れる、ज्ञानम् 真の知識、

繰り返し見てきたタットヴァ、つまり25の原理とはどのようなものなのか、それが分かれば、ギャー（ज्ञा）、つまり、プラクリティとプルシャの識別によって、

1. 「私などは存在しない」（ナ・アスティ न अस्ति）
2. 「私のものなど何もない」（ナ・メ न मे）
3. 「私は、これではない」（ナ・アハム न अहम्）

という真の知識が生まれる。

気づき〜その3

34. 前詩句で述べられたタットヴァの知識によって、プラクリティの活動は止み、7つの姿はなくなっている。それは、まるで劇場の客席でプルシャという観客が静かにくつろいで座り、私を見ているようなものだ。(65)

तेन निवृत्तप्रसवामर्थवशात् सप्तरूपविनिवृत्ताम् ।
テーナ ニヴリッタプラサワーマルタヴァシャート サプタルーパ ヴィニヴリッターム
प्रकृतिं पश्यति पुरुषः प्रेक्षकवदवस्थितः स्वस्थः ॥६५॥
プラクリティム パッシャティ プルシャハ プレクシャカヴァダヴァスティタハ スワスタハ

(註) तेन 前詩句で述べられたタットヴァの知識によって、निवृत्त - प्रसवाम् 活動が止む、अर्थवशात् タットヴァの知識、सप्त - रूप - विनिवृत्ताम् 7つの姿がなくなる、प्रकृतिं プルシャを、पश्यति 見る、पुरुषः プルシャは、प्रेक्षकवत् まるで劇場の観客みたいに、अवस्थितः 座り、स्वस्थः くつろいで、休息し、そのまま留まって、

　プルシャの活動が止むと、ヴィヤクタの状態から再びアヴィヤクタの状態に戻る。これは、前述した**元に戻る**、即ち、ヴィヴァルタ（विवर्त）である。ここで、アワスティタ（अवस्थितः）という言葉に注意してほしい。これは、「そのまま留まって」という意味だが、プルシャは観客に譬えられ、客席にくつろいで静かに坐り舞台でのプラクリティを見ている。

　この世の中には、プラクリティの展開と活動によって物質のみが存在しているように見える。これは、現代物理学でいうところの物質と反物質の関係に酷似している。つまり、対消滅（ついしょうめつ）によって、この世は物質だけが残っているように見えるが、反物質の多くは消滅してエネルギーに戻ってしまっているのである。

35. 一方で、プルシャは、「プラクリティは、私に見られた」とぶっきらぼうに言い、他方で、プラクリティは、活動を止め

て、「私は見られた」と言う。両者にコンタクトはあっても、もはや創造の動きは皆無だ。（66）

दृष्टा मयेत्युपेक्षक एकः दृष्टाहमित्युपरमत्यन्या।
ドゥリシュター マイェーツユペークシャカ エーカハ ドゥリシュターハミトユパラマツヤンニヤー
सति सन्योगेऽपि तयोः प्रयोजनं नास्ति सर्गस्य ॥६६॥
サティ サンヨーゲーピ タヨーホ プラヨージャナム ナースティ サルガスヤ

（註）दृष्टा 見られた、मया 私によって、इति それで、उपेक्षकः 気にかけずに、एकः プルシャ、दृष्टा 見られた、अहम् 私は、इति そのように、उपरमति 止める、अन्या プラクリティは、सति そのまま、सन्योगे 互いに存在する、अपि ～でさえ、तयोः 両者、प्रयोजनं 動機、नास्ति 存在しない、सर्गस्य 創造の、

　見る者（プルシャ）と**見られるもの**（プラクリティ）の関係が識別出来ると、互いに両者は静かな状態で存在していることが分かる。つまり、プラクリティには、プルシャに仕え尽くした満足感があり、プルシャは、変わらぬ姿で、ただ見ている。
　見る者（プルシャ）は、主語（subject）であり、見られるもの（プラクリティ）は、対象なので目的語（object）である。観客（主語）は、決して、舞台上のダンサー（目的語）ではありえない。この両者の混同が苦悩の原因であった。その識別が出来ればサーンキャの目的も終わりに近づいた。
　そして、そこら中、すぐ隣は、**神だらけ**の中にわれわれは暮らしているということが次第に分かってくる。神とは、マハルシが**至高の愛**と呼んだものと同じである。

モークシャ～ギャー（完全なる知識）

36．完全な知識が得られると、ダルマ（徳）以下の7つは、もはや何かを生じる力がなくなって、ただ、身体に残っている潜在的な力だけが、まるで、陶工の回したロクロが、まだ、その勢

いで空回りしているみたいな有様だ。(67)

सम्यग्ज्ञानाधिगमाद्धर्मादीनामकारणप्राप्तौ ।
サムミャグ ギャーナーディガ マーッダ ルマーディーナーマカーラナプ ラープ タウ
तिष्ठति संस्कारवशाच्चक्रभ्रमवद्धृतशरीरः ॥६७॥
チシュタティ サンスカーラヴァシャーッチャクラブ ラマヴァッダ リタシャリーラハ

(註) सम्यक् 完全な、ज्ञाना - अधिगमात् 真の知識が得られると、धर्मा - आदीनाम् ダルマ（有徳）以下合計7つ、अकारण - प्राप्तौ もはや何かが生じる力が弱まり、तिष्ठति 残る、संस्कारवशात् 潜在的な影響から、चक्रभ्रमवत् 陶工の回したロクロが、勢いで、まだ回っているように、धृतशरीरः 身体に付与された、

かくして完全なる知識が得られ（モークシャ मोक्ष）、すべての動きがまさに止まろうとしている状況が非常に美しい譬えで述べられている。最初に述べたように、カピラによってもたらされた知識はこのように明らかにされた。サーンキャの結論は、**プルシャとプラクリティの識別**（ヴィギャーナ विज्ञान）を「真の知識（ギャー ज्ञा）」とすることであった。

以上で、「サーンキャカーリカー」を終わる。

第1部　サーンキャカーリカー入門

　では、これから序説で述べた「シュヴェータシュワタラ・ウパニシャッド」に書かれていた詩句の意味を第2部「ヨーガスートラ」で確かめてみることにしよう。

人は、サーンキャ（真理）とヨーガ（真の自己）を知ることによって、永遠の中の永遠の存在、意識の中の意識である1つの根源、つまり、われわれに喜びを分け与えてくれる根源を知り、すべての束縛から解放される。

第2部
「ヨーガスートラ」の解説
The explanatory Yogasūtraṃ

はじめに

　序説で示した図（１４頁）のように、『サーンキャカーリカー』では、図右側の楕円形で示された「この世界」がどのようにして誕生し、展開したものかが説明されたのに対し、『ヨーガスートラ』では、左側の図で示した白い長方形の「真の自己」即ち、「ヨーガの状態」が４つの章を通して説明される。この白い長方形とは「ヨーガの状態」のことである。

　『ヨーガスートラ』は、全１９６の詩句（シュローカ श्लोक）から成り、次の４つの章から成る。

　第１章　サマーディ・パーダ（समाधिपादः）
　第２章　サーダナ・パーダ（साधनपादः）
　第３章　ビブーティ・パーダ（विभूतिपादः）
　第４章　カイヴァルヤ・パーダ（कैवल्यपादः）

　第１章は、タイトル通りサマーディ、即ち、ヨーガの状態とは何か、つまり、ヨーガの定義が示される。
　次いで第２章のサーダナ・パーダでは、ヨーガの状態に気づく方法・手段が説明される。サーダナ、または、タパ、つまり実践の章である。
　第３章ヴィブーティ・パーダは、ダーラナー、ディヤーナ、サマーディの３つをひとまとめにしてサンヤマと総称し、その状態に達した時に現れる叡智の光と力（パワー）が説明される。従って、これらのパワーに興味を示すヨーギーもある。しかし、詩句 YS 3-51 に明記されているように、これらの力は使おうと思わない時に現れるので、これらを使って何かしようと考えた時には消えてしまう。何故なら、そういう欲望を抱くことは、とりもなおさず心がまだ動いている証拠であり、サンヤマの状態では決してないからだ。この力を誇示したり、売り物にするヨーギーに魅せられる人もあるが、

これらの人はサンヤマの状態ではないことに気づくべきである。

　第4章は、ラマナ・マハルシが「至高の愛」と称したものを誰が私たちに与えたのか、カイヴァルヤ（कैवल्यम्）について説明される。われわれは、人間として母の子宮から生まれた。その時点では、まったくの純真無垢であるが、成長するにしたがって苦しみや不幸を体験する。それは、サーンキャで見てきた通り、私（アハンカーラ अहङ्कार）が現れるからである。すると、たちまち、プラクリティ（प्रकृति）の活動が始まり、この世界が顕れる。カイヴァルヤ（कैवल्यम्）の状態になれば、プルシャ（पुरुष）と常に変化して止まない3つのグナから成るプラクリティ（प्रकृति）を混同するようなことは起こらない。カイヴァルヤ（कैवल्यम्）とは、英語のindividual、ラテン語起源で、in（否定）＋dividu（分割できる）＋al（性質）、つまり「たった一つ、分割できない」という意味である。この時、われわれは、劇的に生まれ変わり、ドゥヴィジャ（द्विज twice born）が訪れる。直訳すれば、「2度目の誕生」であるが、リセットされて**生まれた瞬間の純粋な状態に戻る**。

　われわれは、実は、そこら中、神だらけの中に浮かんでいる。そこは、完璧に秩序が保たれた場所（空間）で、昔からインドではダルマ（धर्मः）と言われてきた。現代の最先端の物理学の世界で明らかになったことと非常に近い。例えば、シュレーディンガー方程式で名高いオーストリアの物理学者エルヴィン・シュレーディンガーは、早くからヴェーダーンタと軌を一にしていたことは、彼の著 *Mein Leben Meine Weltansicht* で明らかで、彼は「形而上学は、その進行の過程で物理学に姿を変える」（『わが世界観〜道を求めて』橋本芳契監修・中村量空他訳）と述べている。そこら中、神だらけなのを一番よく知っているのは、聖者と言われる人と共に最先端の物理学者であろう。前者は、それを**詩句の形で表現**し、後者は、**数式や方程式で表した**、この違いだけである。

ヨーガスートラ

第1章

サマーディ・パーダ
समाधिपादः

凡　例

1. 「ヨーガスートラ」邦訳末尾の番号は、原文の詩句番号が示してある。例えば、2－17は、第2章17番目の詩句を示す。なお、原文末尾の番号は、原書の詩句番号を示す。

2. 各詩句は、①邦訳、②原文と読み、③語釈、④解説の順になっている。

3. 「読み」はカタカナ表記になっているが、チャンティングしやすいように工夫して、区切りにドット（・）を入れた。出来れば**指導者について音に出して読むことが大切である。**経典は、何千年、何百年前のものであろうと、その時と全く同じように唱えることが非常に重要である。他の言語に翻訳される前に原語で唱える、それから意味を知ることが大切である。

　　(例)　योगश्चित्तवृत्तिनिरोधः ॥२॥
　　　　そのまま読めば、「ヨーガシュチッタブリッティニローダハ」となるが、
　　　　チャンティングの場合は、
　　　　ヨーガハ・チッタ・ブリッティ・ニローダハ
　　　　となる。

॥ अथ समाधिपादः ॥
アタ・サマーディパーダハ

これから「ヨーガスートラ」第1章　サマーディ・パーダに入る。

何故ヨーガの学習を始めるのか

1．さて、ヨーガの学習を始めよう。（1-1）

अथ योगानुशासनम् ॥१॥
アタ・ヨーガーヌシャーサナム

（註）अथ　さて、योग　ヨーガ、　अनुशासनम्　学習、修練、秩序の構築、

アタ（अथ）という言葉は、通常、開始の合図であり、イティ（इति 以上で）という言葉とよくペアで使われる。「アタ　サマーディパーダハ（अथ समाधिपादः ।）」というふうに用いれば「さて、これからサマーディ・パーダに入ろう」という意味になる。以下、順に「アタ　サーダナパーダハ（अथ साधनपादः ।）」、「では、次に、第2章のサーダナ・パーダに移る」といういう意味になり、第3章の始まりは「アタ　ヴィブーティパーダハ（अथ विभूतिपादः ।）」、第4章の始まりは「アタ　カイヴァルヤパーダハ（अथ कैवल्यपादः ।）」となるのは容易に想像がつくであろう。

しかしながら、このアタ（अथ）という不変化詞は、第2章の前に第1章があったように、あなたがヨーガの学習を始めようと思ったその前に何かがなかったか、考えてみる必要がある。サーンキャ・ダルシャナ（साम्ख्य दर्शन）の目的は「三種類の苦しみを永久に終わらせること」（20頁参照）であった。このことは、同時に「ヨーガスートラ」の場合も同じである。

ヨーガの状態は、身体が健康であれば、すべての人が熟眠時に**体験**出来る至福の状態である、とマハルシは述べた。しかし、それは

体験であって、ヨーガの状態が確立されたという意味ではない。そうでなければ、何もヨーガの学習を始める必要はないし、だれもがヨーガの学習を始める訳ではない。体験出来る「ヨーガの状態」は**サマーディ**と同じである。しかし、目が覚めた時も同じ状態でいられるだろうか。この状態が確立されることを**ラージャヨーガ**と言っているのである。

アヌシャーサナムという語は、正確には「学習」ではない。秩序を構築すること（discipline）という意味であり、ラテン語起源 disciplina からきている。disciple（弟子）なども同じである。つまり、あなたの中に、秩序を構築する学習を始めよう、とパタンジャリは言ったのであって、毎晩体験ばかりしている分には学習は必要ではなく、目が覚めた時にヨーガの状態でいられることは、かなり難しく、あなたの中に秩序をつくる学習をしないとその状態にはならない。

秩序が完璧に構築されるとダルマ（धर्म）のことが分かり、われわれは神だらけの空間に浮かんでいて、そこからある時、この地球という惑星にやってきて、やがて、そこへ戻っていくことも分かる。ちなみに、ラジニーシ（OSHO Rajneesh）は、墓標に次のように印したことはよく知られている。

NEVER BORN, NEVER DIED,
ONLY VISIT THIS PLANET EARTH

生まれることも、死ぬこともなければ、
ただ、この惑星に、ちょっと立ち寄っただけ。

パタンジヤリは、秩序が完全に構築された暁の状態を、ダルマ・メーガ・サマーディ（धर्म-मेघ-समाधि）と表現した。このことは、第4章の終わりで述べられる。

第1章 サマーディ・パーダ

ヨーガとは

2. ヨーガとは、心の動き（チッタ・ヴリッティ）が静止した状態のことである。（1-2）

योगश्चित्तवृत्तिनिरोधः ॥२॥
ヨーガハ・チッタ・ブリッティ・ニローダハ

(註) योगः　ヨーガとは、चित्त チッタ、心、वृत्ति 動き、निरोधः 静止、

　サーンキャで説明された２５の根本原理を、次頁右側の楕円で示された「この世界」に当てはめてみると下図のようになる。

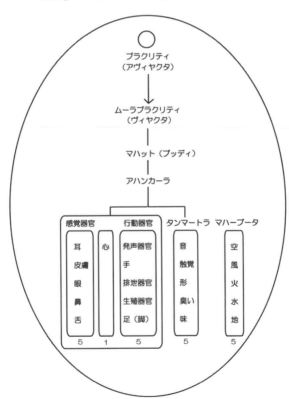

この世界（ジャガット जगत्）は、朝目が覚めると、今まで目に見えない姿（アヴィヤクタ अव्यक्त）であったプラクリティ（प्रकृति）の３つのグナのバランスが崩れて、見える姿（ヴィヤクタ व्यक्त）となったもので、夜になって熟眠すると、プラクリティは、再びアヴィヤクタ（見えない姿 अव्यक्त）の状態に戻る。

一方、序説で示した下図の左端、白い長方形で示されているものは、存在の根源のみがある状態、つまり、真の自己（アートマー आत्मा）であって、この状態にある時をヨーガと言うである。この状態は、熟眠時に体験出来る。

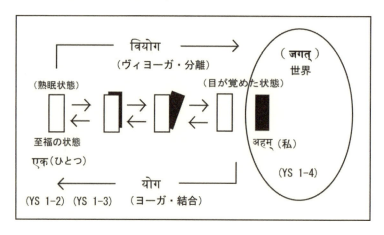

従って、ヨーガとは私たちがこの世に生を受けた時、既に与えられた状態なので、第２章の実践の章、サーダナパーダで修練によって新たに得ようとしたり、得られるものではない。詩句１では、「ヨーガの学習・修練を始めよう」と呼びかけられたが、本来備わっているヨーガの状態から離れてしまったのが**ヴィヨーガ**なのだと気がつけば、ただ**戻るだけ**である。サーンキャで明らかにされたように、この世界は、目が覚めてアハンカーラが生じないと決して顕れない。このことを、プルシャとかプラクリティなどの専門用語を一切使わずに述べたのは、南インドの聖者ラマナ・マハルシである。

第1章　サマーディ・パーダ

前著でも紹介したが、今回は、その「私とは誰か」(コーハム コऽहम्?)冒頭の言葉をサンスクリット原文と共に下記に示すので、デーヴァナーガリ文字の読める人は語釈を頼りにマハルシの伝えたかった意味、ヨーガの状態とはスワバーヴィカ（本性 स्वभाविकम्）であることを先ずよく理解してほしい。

कोऽहम्?

コーハム

सर्वेषामपि जीवानां दुःखानुषंगगं विनाऽऽत्यन्तिकसुखित्वकामनायास्सत्त्वेन,
サルヴェーシャーマピ　ジーヴァーナーム　ドゥッカーヌシャムガム　ヴィナー　トヤンティカスキトゥヴァカーマナーヤーッサトヴェーナ

सर्वेषां स्वस्मिन्परमप्रेम्णो विद्यमानत्वेन च, प्रेम्णश्च सुखनिदानत्वेन,
サルヴェーシャーム　スワスミンパラマプレームノー　ヴィドゥヤマーナトヴェーナ　チャ、プレムナシュチャ　スカニダーナトヴェーナ

मनोविहीनायाम् निद्रायां दिने दिने स्वयमनुभूयमानं स्वस्वाभाविकं
マノーヴィヒーナーヤーム　ニドラーヤーム　ディネー　ディネー　スワヤマヌブーヤマーナム　スワスワーバーヴィカム

तत्सुखमुपलब्धुं स्वेन स्वस्य ज्ञानमावश्यकम् ।
タッツスカムパラブドゥム　スヴェーナ　スワスヤ　ギャーナマーヴァシュヤカム

तस्य 'कोऽहं' मिति विचार एव मुख्यम् साधनम् ।
タスヤ　コーハミティ　ヴィチャーラ　エーヴァ　ムッキャム　サーダナム

(註)सर्वेषाम् अपि すべての、जीवानाम् 生きものの、दुःखान्वितम् 悲しみに満ちた、विना 〜のない、आत्यन्तिक 永遠に、सुखित्व 幸福な状態、कामनायाः 願いの、सत्त्वेन 実在と共に、स्वस्मिन् 自分自身の中に、परमप्रेम्णः 至高の愛、विद्यमानत्वेन （既に）存在している、प्रेम्णः 慈愛、सुखनिदानत्वेन 幸福が根源、मनः 心、विहीनायाम् 全くない、निद्रायामम् 熟眠、दिने दिने 日々、स्वयम् 自己自身、अनुभूयमानम् 体験している、स्व 自らの、स्वाभाविकम् 本性、उपलब्धुम् 直接知る、स्वेन 自己によって、स्वस्य 自己の、ज्ञानम् 知る、आवश्यकम् 必要、कोऽहम् इति 「私とは誰か」と、विचार 探求、मुख्यम् 根源的な、साधनम् 方法、手段、

79

すべての生きものは、悲しみに満ちた状態がなく、幸福な状態が永遠に続くことを望んでいる。すべての人々の中には、すでに至福の状態を源とする「至高の愛」が存在していて、それを毎晩、熟眠時に体験しているのだから、心がまったく活動していない、その状態が人の本性なのだ、と直接知る必要がある。そのためには「私とは誰か」という探求が根源的な方法である。

『サーンキャカーリカー』と『ヨーガスートラ』に述べられたことは、この短い文章の中にすべて入っている。それは熟眠時に体験している「至福の状態」が**ヨーガ**であり、朝目が覚めて「私（アハンカーラ）」が現れると顕れる「この世界」（ジャガット जगत्）が**ヴィヨーガ**である。

योगश्चित्तवृत्तिनिरोधः ॥२॥　ヨーガハ・チッタ・ヴリッティ・ニローダハ
ヨーガとは、心の動き（チッタ・ヴリッティ）が静止した状態のことである。（1-2）

朝目が覚めれば、途端に「私」（アハンカーラ）が出現する。だからマハルシは、それが出てきたら「私とは誰か」「どこから現れたのか」問うてみよ、といったのである。心の働きが停止し、想念が湧かず、言葉が発生しない状態が訪れれば、それがヨーガである。しかし、この状態は、まだ、ラージャヨーガではない。「ハタヨーガ・プラディーピカー」の中にあった「ラージャヨーガム・ヴィナー（राजयोगं विना ラージャ・ヨーガがなければ）」と同じである。

राजयोगं विना पृथ्वी राजयोगं विना निशा।
ラージャヨーガム・ヴィナー・プリティヴィー・ラージャヨーガム・ヴィナー・ニシャー
राजयोगं विना मुद्रा विचित्रापि न शोभते ॥३-१२६॥
ラージャヨーガム・ヴィナー・ムドラー・ヴィチットラーピ・ナ・ショーバテー

ラージャヨーガは、学習や修練によって**得られるものではなく**、学習や修練から**気づきによって知ること**だからである。

3．その時（心が生まれない限り）は、人は、観察者として真の自己に留まったままである。（1-3）

तदा द्रष्टुः स्वरूपेऽवस्थानम् ॥३॥

タダー・ドラシュトフ・スワルーペー・アヴァスターナム

　（註）तदा　その時、द्रष्टुः　観察者、स्वरूपे　真の自己に、अवस्थानम्　留まる、

　アハンカーラが生まれなければ、心も生まれない。アハンカーラが生まれない限り「私という想念」は生まれないので、観察者として、つまり、存在の根源としての「真の自己」（アートマー）に留まったままである。
　ヨーガという言葉を理解するには、詩句2の状態でないと気づきも一切生まれない。

योगश्चित्तवृत्तिनिरोधः ॥२॥　ヨーガハ・チッタ・ヴリッティ・ニローダハ
ヨーガとは、心の動き（チッタ・ヴリッティ）が静止した状態のことである。（1-2）

　この詩句のチッタ（चित्त）という言葉は、正確には、マナス（心 मनस्）とは異なる。チッタは、原子のように細かい粒子と考えられ、高速で絶え間なく、飛び回る。その不断の動きの総称を「マナス・心」と考えた方がよい。従って、その動きが止まり、**じっとして動かないこと**、つまり**静止**した時の状態を「ヨーガ」だ、とパタンジャリは定義した。

4. それ以外の場合は（心が動き出すと）、人は心の動きのままにふるまう。(1-4)

वृत्तिसारूप्यमितरत्र ॥४॥
ヴリッティ・サールーピヤム・イタラットラ

(註) वृत्ति 動き、सारूप्यम् 心のままの姿、似た姿として、इतरत्र それ以外の場合は、

　サーンキャで見てきた通り、アハンカーラが生まれると、心も生まれるし、5つの感覚器官、5つの行動器官なども生まれる。周辺には、5つのタンマートラも生まれている。このような状況で、心が動き出すと、それは、もうヴィヨーガ（वियोगः）の状態であって、「私」という1人称からスタートし、「私が、私の、私に、私のもの」という関係性において第2人称の「あなた、あなた方」が現れ、第3人称（彼、彼女、彼ら、あれ、あれら）が現れる。

　この世界とは、このようにして展開するマーヤー（幻影、幻想）なのである。ちょうどテレビや映像の世界に似ている。あるようで実体はない。テレビに美しいヴェニスの風景が映っていて、ゴンドラが運河を往き来している。また、実際にヴェニスを訪れると、同じようなことを体験出来る。映画「アマデウス」でモーツアルトの父親が被っていた仮面も購入できる。しかし、帰国してみると、そのような思い出が残って、手元にその仮面があっても、映画で見たようなこととあまり違わない。テレビはスイッチを切ってしまえば、即座に美しいヴェニスの風景は消えてしまう。また、夜眠ってしまえば同じことである。

　サーンキャでは、この世で起こる苦しみや苦痛を3種類として示したが、その苦しみはどこから生じると述べただろうか。サーンキャ・ダルシャナでは、その原因を「プルシャとプラクリティの混同から起こる、識別がない限り起こる」と言った。ヨーガ・ダルシャナでは、第2章の詩句 YS2-17 で「見る者と見られるものの混同」

と同じ表現をしている。

　チッタ・ヴリッティとは楕円で示した「この世界」のこと、「見られるもの」のことである。チッタ・ヴリッティが静止（ニローダ）しない限り、心がこの世界をつくる。あなたは、そこに留まり心の動きに従った行動をとり、一生を送る。

　この心の創り出す大きな力は、マーヤー（माया）と言われ、2つの大きな力がある。1つは、ものごとを覆い隠す力、もう1つは、実際には存在しないものを存在するように見せかける力である。従って、アハンカーラから展開したこの世界は、この2つの大きな力が働いている限りそこに真理はない。

心の働き

5．心の働きには5種類あり、苦痛を伴うものと、そうでないものとがある。(1-5)

वृत्तयः पञ्चतय्यः क्लिष्टाक्लिष्टाः ॥५॥
ヴリッタヤハ・パンチャタイヤハ・クリシュタークリシュターハ
　（註）वृत्तयः 働き、पंचतय्यः　5種類、क्लिष्ट- 苦痛を伴うもの、अक्लिष्टाः 苦痛を伴わないもの、

　サーンキャの詩句21．で述べられていたように、心は感覚器官のようでもあるし、行動器官のようでもある。これは、つまり両器官を備えたこの身体と共に動く。その秩序が乱れた状態であれば、苦痛を伴うし、秩序正しい状態であれば、そうではない。よく「心の窓」という表現をすることがあるが、ヨーガの状態は、既に至福の状態として、或いは、至高の愛としてわれわれがこの世に生を受けた瞬間に本性として存在するものなので、窓が開け放たれれば自然にその状態となる。しかし、心が苦痛を伴う状況を作り出せば、

窓は閉ざされてヨーガの状態は訪れない。

　次句で、その5種類の心の働きとは何かを見てみよう。

6. 5つの心の働きとは、正しい認識、誤った認識、心象、睡眠、記憶である。(1-6)

प्रमाणविपर्ययविकल्पनिद्रास्मृतयः ॥६॥
プラマーナ・ヴィパルヤヤ・ヴィカルパ・ニドラー・スムリタヤハ

（註）प्रमाण　正しい認識、विपर्यय　誤った認識、विकल्प　心象、妄想、निद्रा　睡眠、स्मृतयः　記憶、

　1番目のプラマーナとは、確かに「正しい認識」であるが、それは暗闇の状態の時に、**灯り**が灯されると何もかもが「正しく照らし出されて見える」と言った方が適切である。2番目のヴィパルヤヤは、「偽りの姿」、サンスクリット語でミッティヤー（मिथ्या）であって、よく例に出される「蛇とロープ」の関係である。心は、幻影を創り出してしまい、結果的に「誤った認識」となる。

　ヨーガの状態になるか、そうでないかは、結局、**正しく照らし出されて見える**ことが必要で、それが気づき（英語のグリムプスglimpse）である。glimpseとは、起源が16世紀の中英語で、glimsen「かすかに光る」「ちらりと見える」からきていて、結局、気づきの意味となる。

　3番目の「心象」は、想像力（イマジネーション）が湧くことであり、美しい芸術（音楽、美術、詩など）を生む。しかし、反面、妄想を生み恐ろしい結果も生み出すこともある。ナチスによるホロコーストなどが、その例である。

　4番目の「睡眠」は、心の働きが停止し認識対象に対して無意識の状態となり、活動も止まる。しかし、夢を見る場合は、心はまだ活動している。逆に、熟眠すると、それはサマーディの状態と同じで、ヨーガの状態を体験出来る。従って、単なる睡眠、夢見の状態、

熟眠の状態は、明確に区別して理解する必要がある。
　5番目の記憶は、過去の、私の体験であり、「蛇とロープ」の関係、歪んだイメージの状態としてメモリーに入り蓄積されている。

正しい知識を得る方法

7. 正しい知識を得る方法には、直接的知覚、推論、信頼すべき人の言葉（アーガマ）がある。（1-7）

प्रत्यक्षानुमानागमाः प्रमाणानि ॥७॥
プラティヤクシャ・アヌマーナー・アーガマーハ・プラマーナーニ
（註）प्रत्यक्ष　直接的知覚、अनुमान　推論、आगमाः　信頼すべき人の言葉、प्रमाणानि　正しい知識を得る方法、

　プラッティヤクシャ（प्रत्यक्ष 直接的知覚）とは、「いきなり出くわす present before eyes」ことで、日本語訳は不可能である。つまり、間に介在するものが一切なく、いきなり向こうから飛んできて分かることで、感覚器官は通さない。それは内的な体験と同じ、**気づき**と同意語である。この時、内なる自己に触れ覚醒が起こる。
　アヌマーナ（अनुमान 推論）でも、正しい認識に近づくことが出来る。何故なら、正しい論理や疑問や議論を通じて真理に近づけるからである。例えば、「神は存在するか？」という問いに対して、「存在する」とか「存在しない」とかの証明は出来ない。しかし、この前、「今よみがえるアイヌの言霊」（２０１６年１２月１７に放映されたＮＨＫ教育）という番組を見たが、博物館員・関根健二氏の話では、アイヌ民族の人たちは、人間の能力を超えたものすべてをカムイ（神）と呼び敬ったそうである。その例として、人間は両手で水をすくうことが出来るが、間から水が漏れてしまう。しかし、水を入れる容器（bowl）は、そうではない。だからカムイなのだ、と

説明された。この場合、推論に証明は必要だろうか？

　覚醒した信頼できる人の言葉がアーガマ（आगमाः）である。前述のように、直接的知覚や推論によって真理に到達できる。しかし、その前に、同じように真理を探求した先達や聖者と言われる人たちがいる。その言葉によって、同じような体験が得られた場合に、このことを聖者たちは、このように表現したのだということを後の探求者は知ることが出来る。
　しかしながら、以上の正しい認識の方法といっても、YS 1-2 で述べられた次の詩句の状態、または、それに近い状態でないといずれも機能しない。

> **ヨーガとは、心の動き（チッタ・ヴリッティ）が静止した状態のことである。**

なお、この YS 1-7 の詩句は、サーンキャ、SPS に次の詩句がある。

> **正しい認識の方法によって、両方に近いものの認識を行う。それには、3つがある。（SPS1−87）**

द्वयोरेकतरस्य वप्यसन्निकृष्टार्थपरिच्छित्तिः प्रमा तत्साधकं यत् तत् त्रिविधं प्रमाणम्॥१-८७॥

ドゥヴァヨーレーカタラスヤ・ヴァピ ヤサンニクリシュタールタ・パリッチッティヒ・プラマー・タッツサーダカム・ヤット・タット・トゥリヴィダム・プラマーナム

　（註）द्वयोः 両方の、एकतरस्य （2つのうち）1つ、वा 又は、अपि 〜さえ、असन्निकृष्ट - अर्थ - परिच्छित्तिः 遠くのものの認識、प्रमा 正しい認識、तत्साधकम् その方法、यत् 〜であるところの、तत् それ、त्रिविधम् 3つ、प्रमाणम् 証、

　プラマーナのプラマー（正しい認識 प्रमा）とは、もともと「遠くのものを認識して確定すること」の意味であるが、サーンキャでも、

第 1 章　サマーディ・パーダ

3つあると言っているのは、プラッティヤクシャ（प्रत्यक्ष 直接的知覚）、アヌマーナ（अनुमान 推論）、または、ウパマーナ（उपमान 推論）、シャブダ（信頼できる人の言葉 शब्द）であって YS と全く同じである。「両方に近いもの」というのは、ブッディかプルシャということらしい。さらに、続く詩句で、

> この3つのプラマーナが確立すると、すべてが確立し、もはやそれ以上の証はない。（SPS1－88）

तत् सिद्धौ सर्वसिद्धेर्नाधिक्यासिद्धिः ॥१-८८॥
タット・シッダウ・サルヴァシッデールナーディキャー・シッディヒ
　（註）तत्-सिद्धौ これを確立すると、सर्वसिद्धे すべてが確立し、न
　　もはや～ない、आधिक्य-सिद्धिः それ以上の証、

と述べていることは非常に興味深い。しかも、言及は、YS よりも詳しく、プラッティヤクシャ、アヌマーナ、シャブダのそれぞれについて詳しく取り上げている。まず、プラッティヤクシャ（प्रत्यक्ष）から見ていこう。

> プラッティヤクシャと言うのは、われわれが、知りたいと思う事柄、つまり、相手側からもこちらに分かってほしいと表現している内容を、そのまま（正しく）知ることである。（SPS1－89）

यत् सम्बद्धं सत् तदाकारोल्लेखि विज्ञानं तत् प्रत्यक्षम् ॥१-८९॥
ヤット・サムバッダム・サット・タダーカーローレーキ・ヴィギャーナム・タット・プラッティヤクシャム
　（註）यत् ～であるところの、सम्बद्धम् ～に関わる、सत् そのまま、
　　तत्-आकार-उल्लेखि 表現している内容、विज्ञानं 知ること、तत् それ、
　　प्रत्यक्षम् プラッティヤクシャ、

われわれの知りたい内容というのは、実は、相手が表現している内容なので、こちらが**そのまま**（as it is）受け取らないから問題なのだ。そのために歪んだ誤った認識となってしまう。つまり、相手側ではなく、**私**に問題があるのである。直接的知覚とは、そういう意味である。

推論というのは、ある事柄を見て、殆ど同時に起こる事態を予測することである。（SPS1－100）

प्रतिबन्धदृशः प्रतिबद्धज्ञानमनुमानम् ॥१-१००॥
プラティバンダドゥリシャハ・プラティバッダ・ギャーナマヌマーナム
　（註）प्रतिबन्ध - दृशः　殆ど同じことを見る、प्रतिबद्ध - ज्ञानम्　同時に起こる知識、
　　　अनुमानम्　アヌマーナ、

　殆ど前後して起こる事柄は、推論によって知ることが出来る。よく例に挙げられるのは、煙が出ているのを見て、火事であろうということは推論出来る。しかしながら、このような単純な例ではなく、「神は存在するのか」といった様な推論は、証明が不可能である。火事の場合も、先に証明してから気づくのか？
　前述のアイヌ民族やオーストラリアの先住民アボリジニー、また、アメリカの先住民などは、すべて人の能力を超える大きな力として神のことが分かっていた。有神論とか無神論といった次元の話ではないのである。

信頼できる言葉とは、受けるに足る適切なメッセージである。
　　　　　　　　　　　　　　　　　　　　（SPS1－101）

आप्तोपदेशः शब्दः ॥१-१०१॥
アープトーパデーシャハ・シャブダハ
　（註）आप्त - उपदेशः　適切で受け取るに足る、शब्दः　信頼できる言葉、

私たちも、こうして「サーンキャカーリカー」や「ヨーガスートラ」を学んでいる。これは、すべて先人達のおかげである。聖者や先達の言葉は、体験に裏付けされた最も信頼できるもので、われわれの理解を助けてくれる。

誤った認識

8. 誤認による知識は、事実でないもの（幻想）を基盤としている。
（1-8）

विपर्ययो मिथ्याज्ञानमतद्रूपप्रतिष्ठतम् ॥८॥

ヴィパルヤヨー・ミティヤーギャーナム・アタッド・ルーパ・プラティシュタム

（註）विपर्यय 誤認、मिथ्या 幻想、ज्ञानम् 知識、अतद्-रूप 事実でないものを、
प्रतिष्ठतम् 基盤に、

ミッティヤー（मिथ्या）というのは、マーヤー（माया）とも言われ、よく例に挙げられるのは**蛇とロープ**の譬えである。この場合、ロープを蛇と間違えるのは誤認であるが、ロープは事実である。つまり、誤認した人にとって、目の前にあるロープは真実だが、蛇だという受け取り方は幻想になる。この真実を覆い隠し、あたかも真実のように見せかける大きな力、マーヤーは、事実を誤った姿として投影する。

イギリスの有名なオークション会社の「サザビーズ Sotheby's」は、社員の教育に、いきなり本物のピカソやセザンヌの絵を見せるそうである。非常に精巧に出来た偽物ほど本物と見分けがつきにくい。一流品と二流品の違いは、どこかが違う、このたった一言が判断の基準になり、説明はいらないのである。人物の場合も、同じだ。

SPSでは、次のように述べている。

誤認には、5つある。（3-37）

विपर्ययभेदाः पञ्चः ॥३-३७॥
ヴィパルヤヤベーダーハ・パンチャハ

5つとは、アヴィディヤー（理解のなさによって生じる認識 अविद्या）、アスミター（私感覚、egotism अस्मिता）、または、アビマーナ（अभिमान）、ラーガ（執着心の強い欲望 राग）、ドゥヴェーシャ（怒り द्वेष）、アビニヴェーシャ（生への執着 अभिनिवेष）。いずれも YS2-3、YS 2-9 にも出てくる言葉である。

9. 実体のない、言葉によって呼び起こされるイメージは、錯覚と言われる。（1-9）

शब्दज्ञानानुपाती वस्तुशून्यो विकल्पः। (1-9)
シャブダ・ギャーナーヌパーティー・ヴァストゥシューンニョー・ヴィカルパハ

（註）शब्द - 言葉、ज्ञान - 知識、अनुपाती 〜による、〜に頼る、वस्तु - 実体、विकल्पः 誤った想念、錯覚

　言葉は、イメージを作り上げ、Aと言う人の発した言葉は、Bという人にとって別のイメージを作り上げる。言葉は**想念**と言われるように、言葉だけによる想像物であって背後に実体はない。心のイメージによって創り上げられた亡霊は、相手を催眠のような状態に落としいれる。この言葉によって呼び起こされたイメージは、観念となり、真実味を帯びるので社会においても、国家間においても互いに誤解が生じ、大きな問題を引き起こす。特に、宗教における神概念は、２０１４年制作のインド映画ＰＫで**ドー・バグワーン**（「神は２つ」दो भगवान）〜「神は１つだが、人間の造った神はたくさんある」）と表現されたように、人間の造った神は、世界中で大きな対立や紛争の原因となっている。真理は、常に一つしかないが、言葉による説明は、すべて多かれ少なかれ、それによって呼び起こされ

るイメージであることを免れない。従って、言葉の湧かないマウナ（沈黙 मौन）の状態が瞑想として求められる。

なお、言葉についてはYS 3-17で詳述する。

ラージャヨーガ

１０．（夢のない）睡眠とは、想念がなく心の揺れ動きのない状態である。（1-10）

अभावप्रत्ययालम्बना वृत्तिर्निद्रा ॥१०॥
アバーヴァ・プラットヤヤーラムバナー・ヴリッティルニドラー
（註）अभाव 中身がない、प्रत्यय 想念、आलम्बना 〜による、वृत्तिः 動き、निद्रा 睡眠、

　心は常に何らかの想念で満たされている。ただ一つの例外が睡眠である。夢を見ずに熟眠出来れば、想念は全くなくなる。この状態はサマーディと同じで、身体が健康であれば万人が体験出来る。この状態は、すべての人に至高の愛として与えられているから、とマハルシが述べ、ヨーガの状態と同じであることは最初に説明した。しかし、正確に言うと、サマーディと熟眠の状態で体験出来る想念の全くない状態とは異なる。サマーディは、目が覚めた状態で起こり、**起こっていることへの気づき**がある。この点だけが異なる。従って、体験出来る、とマハルシは言ったのである。誰もがヨーガの学習を始めるわけでもなく、また、誰もがラージャヨーガに至るわけではない。心のレベルを超えるのは難しく、第４章で**カイヴァルヤ**（कैवल्यम्）、**ダルマメーガ・サマーディ**（धर्ममेघः समाधिः）として説明される。

　われわれがヨーガという言葉に出会い、学習を始め探求することになったのは、そのためで、第１句の「アタ・ヨーガーヌシャーサ

ナム」は、それほど重い言葉である。

記憶とは

11. 記憶とは、体験した事柄の印象が失われていないことである。（1-11）

अनुभूतविषयासम्प्रमोषः स्मृतिः ॥११॥
アヌブータ・ヴィシャヤー・アサムプラモーシャハ・スムリティヒ
（註）अनुभूत 体験された、विषय 体験した事柄、असम्प्रमोषः 失われていない、स्मृतिः 記憶、

　過去に体験したことの蓄積・堆積、つまり、やったこと、心が考えたこと、望んだこと、夢見たことなどすべて、が呼び起こされることが記憶である。大概歪められた状態で残っているイメージや印象であって呼び出されると、現在の体験、つまり、現在起こっていることに投影され即座に比較されて次の行動に役立てられる。そこに、全く新しさの介在する余地がないのが特徴である。いわば、過去の亡霊である。

　サーンキャ（SPS 3-37）で、誤認は5つあると述べられたが、歪められた記憶に基づくことが多く、クリシュナムルティは、記憶に残らぬよう、メンタル・ワイパー（mental wiper）が必要だと強調した。

アビヤーサとヴァイラーギャ

12. たゆみない修練とものごとに執着しないことによって、心の働きは鎮まる。（1-12）

अभ्यासवैराग्याभ्यां तन्निरोधः ॥१२॥

アビヤーサ・ヴァイラーギャービヤーム・タンニローダハ
(註) अभ्यास たゆみない繰り返し、वैराग्याभ्याम् 執着のなさによって、
　　तद् その動き、निरोधः 鎮まり、

　心の動き、想念の波は、一つは外へと次々に生じる欲望に向かい、他方は、内面へと向かう。心の外へと向かう動きを放置すれば、内側へは決して向かわない。心の波は、アビヤーサ (अभ्यास)、つまり、たゆみなく繰り返す努力によって鎮まると自然にヴァイラーギャ (वैराग्य)、欲望への執着がなくなる。
　このスートラは、サーンキャでも重要視されていて、SPS 3-36 の詩句で見られる。

ヴァイラーギャとアビヤーサを通じてサマーディの状態に入れる。
（3−36）

वैराग्यादभ्यासाच्च ॥ ३ - ३६ ॥
ヴァイラーギャーダビヤーサーッチャ
(註) वैराग्यात् ヴァイラーギから、अभ्यासात् アビヤーサから、च この2つで、

以下の詩句でそのヴァイラーギャとアビヤーサが順に説明される。

13．(このうち) アビヤーサとは、心を内に留めておくため、常に繰り返す努力のことである。(1-13)

तत्र स्थितौ यत्नोऽभ्यासः ॥ १३ ॥
タットラスティタウ・ヤットノー・アビヤーサハ
(註) तत्र この2つのうちの、स्थितौ 内に留めておく、यत्नः 努力、अभ्यासः 常に繰り返す実習、

「長い間、中断することなく、深い信頼を持って、続ける実習」

がアビヤーサ（अभ्यास repeated practice）である。この言葉は、サンスクリット語の動詞 アビ・アース अभि√ आस् （to repeat）から出てきていて、「反復、繰り返すこと repetetion」を意味している。佐保田鶴治先生は、「タバコを吸うのも習慣、ヨーガの体操をするのも習慣」とよくおっしゃった。長い間絶え間なく繰り返すと、それは良くも悪くも習慣となる。従って、心を内に留めておく実習は、決してやさしいことではない。多くの人がヨーガの学習を始めるが、「ちょっとした他人の言葉に動かされて、無反省にヨーガ（の学習）を捨て、一生、元の黙阿弥に終わってしまう危険性がある」（佐保田鶴治先生の言葉）。

14. この修練が確実に根付くためには、長い間たゆむことなく真剣に実践されなければならない。（1-14）

स तु दीर्घकालनैरन्तर्यसत्कारासेवितो दृढभूमिः ॥१४॥
サ・トゥ・ディールガカーラ・ナイランタルヤ・サットカーラー・アーセーヴィトー・ドゥリダブーミヒ

（註）स それ、तु しかし、दीर्घकाल 長い期間、नैरन्तर्य 継続して、सत्कार 注意深く、आसेवितः 根気よく励む、दृढः 確固として、भूमिः 基盤とした、

　アビヤーサで最も重要なことは、ヨーガへの深い信頼を持って始め、途中でそれを失わず、絶え間なく続けることである。これをデヴォーション（devotion）という。devote は、ラテン語起源で de（心から）＋ vote（誓う）の意味である。これがないと、単なる繰り返しに陥ってしまう。このことは、拙著『ハタヨーガからラージャヨーガへ』のハタヨーガの目的で述べた。

ラージャ・ヨーガを知らないで、ただハタヨーガを行ずる人が多い。彼らは、実りのないことをただ繰り返しているに過ぎない。

（HP4-79）

第 1 章　サマーディ・パーダ

राजयोगमजानन्तः केवलं हठकर्मिणः ।
ラージャヨーガマジャーナンタハ ケーヴァラム ハタカルミナハ
एतानभ्यासिनो मन्ये प्रयासफलवर्जितान् ॥४-७९॥
エーターナビャーシノー マンニェー プラヤーサパラヴァルジターン

(註) राजयोगम् ラージャ・ヨーガを　अजानन्तः 知らないで、केवलं 単に、
हठकर्मिणः 実践者、एतान् この、अभ्यासिनः 繰り返し行っている、मन्ये
〜と私は思う、प्रयास - फल - वर्जितान् 努力の実りは全くない、

　佐保田鶴治先生は、この実践者を「（ヨーガへの）信を失わなかった人」と表現された。ヨーガの学習の始まりも、信を持った人は「明日から始めよう」とか、「少し考えてから始めよう」とか、「この次から始めよう」とは、決して言わない。必ず、即刻の決断があり、決して中断はなく、一生続き、そこには揺るぎのない内面へのアプローチがある。
　では、もしも何かの事情で中断が起こったら、その時はどうなるのであろうか。その時は、それまでの時間がどれほど経過していても、再開した時が始まりとなり、また、同じように続くだけである。何故なら、時間と考えられているものは、瞬間、瞬間であって、それが続いているように思うだけである。
　ところで、ヨーガの場合、信頼すべきグル（गुरुः）とか、師につくことが多いが、何かの資格を取ったりする場合の教師や師とは異なる。グルや師は、何千年と伝わってきた真理を伝えようとし、われわれもその精神を学ぶわけであるから、直接学ぶことが出来ればラッキーであるが、そうでなくとも伝えられるべき精神は、本などからも学ぶことが出来る。何故なら、伝えられるべき真理の光は、ちょうど太陽光線の様なもので、万遍なく照らし出されている。ある人にだけ教えて、ある人には教えないということは決してない。従って、どこどこで修行したとか、誰々の弟子であるとか、誰々か

95

ら学んだといっても、その人が真理を伝えようとしているのか、そうでないのかは、直観で分かるものである。肩書きなどがあれば、一度それらをすべて取り去って、その人をよく観察することである。

15. ヴァイラーギャ（執着のないこと）とは、既に見たり聞いたりした（経験した）ことに無欲な人の意識のことである。
(1-15)

दृष्टानुश्रविकविषयवितृष्णस्य वशीकारसंज्ञा वैराग्यम् ॥१५॥
ドゥリシュター・アヌシュラヴィカ・ヴィッシャヤ・ヴィトゥリシュナスヤ・ヴァシーカーラ・サンギャー・ヴァイラーギャム

（註）दृष्टा 見たこと、अनुश्रविक 聞いたこと、विषय 事柄、वितृष्णस्य 欲望のないこと、वशीकार 手なずける、克服する、संज्ञा 意識、वैराग्यम् ヴァイラーギャ、

サーンキャで見てきたように、5つの感覚器官と5つの行動器官は外へ向かう器官であり、内的器官の心は感覚器官と行動器官の両面性を持っていた。従って、心が外へ向かわない様にする修練がヴァイラーギャであり、心が最も深い内面へと向かいやすくするためには、たゆまない繰り返しのアビヤーサが必要なのである。われわれは、いつも見たり、聞いたりすることで、まだ所有していないものを欲しがり手に入れようとする。それらを手に入れてしまうと、単に感覚器官を楽しませるだけの欲望であったことに気がつくが、再び、持っていないものへと欲望は膨れあがる。ヴァイラーギャは、ヴィラーガ（वि＋राग）で、√रञ्ज् はもともと「惹き付ける」、それに वि という接頭辞が付くと「取り外す」意となる。従って、単に欲から離れる（離欲）、欲を禁ずること（禁欲）ではない。

欲望のないことは、ディヤーナと同じで、**SPS** では、次のように表現されている。

欲望のなくなる時が、ディヤーナである。（3-30）

रागोपहतिर्ध्यानम् ॥3 - ३०॥ ラーゴーパハティルドゥヤーナム
(註) राग - उपहतिः 欲望のなくなる時、ध्यानम् ディーヤーナ、

16. (最終段階のヴァイラーギャで) 最高のプルシャを直接体験すると、もはや、3つのグナから構成されるものには、欲望を持たなくなる。(1-16)

तत्परं पुरुषख्यातेः गुणवैतृष्ण्यम् ॥१६॥
タットパラム・プルシャキャーテヘ・グナヴァイトゥリシュニャム
(註) तद् この、परम् 最高の、पुरुष - プルシャ、ख्यातेः 知ること、気づき、
गुण - 、वैतृष्ण्यम् グナからなるものには欲望を持たない、

　ヴァイラーギャが最終の段階に入ると、直接、プルシャを知り、3つのグナから構成されるプラクリティとの識別が出来て、この常に変化するものに対する欲望は消え失せる。サーンキャで述べられたことも、ヨーガスートラで述べられたことも同じである。
　存在の根源を直接体験すれば、アハンカーラの出現と共に始まった、常に変化して止まないものはマーヤーであるとの識別によって、ヴィヤクタの状態で顕れた幻想への欲望はなくなってしまう。
　SPS 3-29 では、次のように表現されている。

瞑想が深まると、あらゆる力が顕現する。(3－29)

भावनोपचयाच्छुद्धस्य सर्व प्रकृतिवत् ॥3 - २९॥
バーヴァノーパチャヤーッチュツダスヤ サルヴァム プラクリティヴァット
(註) भावन - उपचयात् 瞑想が深まると、शुद्धस्य 純粋な、सर्व すべての、
प्रकृतिवत् 力として、

サムプラギャータ・サマーディ

17. サムプラギャータ（最初の段階のサマーディ）は、注意深い観察、自己洞察、垣間見る至福、「私のない」純粋な自己への気づき、この4つのプロセスがある。(1-17)

वितर्कविचारानन्दास्मितारूपानुगमात् सम्प्रज्ञातः ॥१७॥

ヴィタルカ・ヴィチャーラ・アーナンダ・アスミタールーパ・アヌガマート・サムプラギャータハ

(註) वितर्क - 注意深い観察、विचार - 洞察、आनन्द - 至福の状態、

अस्मिता - रूप （私という想念のない）純粋な自己と一つになった姿、

अनुगमात् 結びついた、सम्प्रज्ञातः サムプラギャータ・サマーディ、

　アビヤーサとヴァイラーギャによって訪れる最初の段階のサマーディは、サムプラギャータ・サマーディ（सम्प्रज्ञातसमाधि）と言われ、パタンジャリは、その状態を述べている。注意深い観察に伴って、今までと違った新しい光が差し込んで、時たま垣間見る至福の状態がある。それは、私という想念がなくなった、純粋な自己への気づきであり、理屈を超えた信頼に基づくアビヤーサによってもたらされた心の平和であり、真理とそうでないものの識別ができる力が備わったことの証である。

　しかし、後述されるが、この状態は、サビージャ・サマーディ（सबीज समाधि）と言われ、まだ純化されない非常に微弱な心が残っている。

　なお、サンスクリット語のアスミター（अस्मिता）は、英語のBE動詞に当たる√अस् の1人称・単数・現在形　アスミ（अस्मि）に抽象名詞を作る接尾辞 ター（ता）を付けたものである。私（アハム अहम् 英語のIに相当）があれば、ego, egotism の意味になり、それが消えれば、am-ness、つまり「存在だけ」の意味になる。この詩句では、後者である。

アサムプラギャータ・サマーディ

18. 付け加えると、次のサマーディは、ただ微細な印象が残っているだけで、様々な思考が停止するのに気づく段階になる。（1-18）

विरामप्रत्ययाभ्यासपूर्वः संस्कारशेषोऽन्यः ॥१८॥

ヴィラーマプラッティヤヤ・アビヤーサプルヴァハ・サンスカーラシェーシャハ・アンニャハ

(註) विराम - प्रत्यय 思考が停止する、अभ्यास 修練、पूर्वः 前の、昔の、
संस्कार - 微細な印象、शेष （残り）〜だけ、अन्यः 他に付け加えると、

　度々、すべての活動は停止するが、心には、まだ表面に顕れない微細な印象が残っている、いわゆるアサムプラギャータ・サマーディ（असम्प्रज्ञातसमाधि）への移行過程である。しかし、見かけ上は分からないが、地面の下には、見えないが発芽するかもしれない植物の種が残っているような状態なのだ。前詩句のサムプラギャータ・サマーディと共に、いずれもサビージャ（सबीज 種子のある状態）のサマーディと言われる。後述の YS 1-46 を参照されたい。

19. アサムプラギャータとは、身体の意識を越え、もはやプラクリティは溶けてしまって、ただ在るという意識のサマーディ状態である。（しかし、種子は残っている）（1-19）

भवप्रत्ययो विदेहप्रकृतिलयानाम् ॥१९॥

バヴァプラッティヤヨー・ヴィデーハ・プラクリティ・ラヤーナーム

(註) भवः 〜になった状態、प्रत्यय 思考が、विदेह 身体と同一視することがない、प्रकृति プラクリティ、लयानाम् 吸収されて、

　プラクリティの展開によってアハンカーラから５つの感覚器官と

心、それに5つの行動器官が生まれると、「身体が私である」という想念が最初に生じる。その証拠に、年をとって体力に衰えが生じ、視力が落ち、髪の毛が白くなったり、失われたり、歯が抜け落ちたりすると、必ず「私の目が、私の髪の毛が、私の歯が」と言うことからも明らかであろう。ヴィデーハ（विदेह）とは、その「身体と私を同一視することがなくなること」であり、3つのグナから構成されるプラクリティの活動が止んで、元へ戻ることをプラクリティ・ラヤ（प्रकृति - लय）と言うのである。

20. 他の人の場合は、全面的な信頼、全エネルギーの傾倒、私のない意識、何の問題も存在しない状態の心、ひとりでに起こる気づきを通して得られる。（1-20）

श्रद्धावीर्यस्मृतिसमाधिप्रज्ञापूर्वक इतरेषाम् ॥२०॥
シュラッダー・ヴィールヤ・スムリティ・サマーディプラギャー・プールヴァカ・イタレーシャーム
（註）श्रद्धा 信頼、वीर्य エネルギー、स्मृति 「私」のない意識、समाधि サマーディ、प्रज्ञा ひとりでに起こる気づき、पूर्वक その前の、इतरेषाम्
他の人の場合、〜以外の人の場合、

　他の人の場合とは、アサムプラギャータ・サマーディーの状態ではない人という意味である。この場合には、まず第1が、信頼（trust）。グルが必要な理由である。師と弟子（disciple）は、物理的というよりも、気持ちの上で一体感があり、非常に近接した距離にいて、intimate つまり、ラテン語起源のこの語は、intimus（一番深い）という意味だが、その意味で**絶対的な信頼関係**にある。それは、むしろ深い慈愛に結ばれた関係と言った方がよい。師への信仰（faith, belief 一種の服従や盲目的な信じ込み）ではない。従って、誰々の弟子だとか、誰々に習ったからと言っても、果たして師の精神を汲み取り、次の世代の人に伝承できるのかは疑問である。師の名前の陰に隠れたり、看板やお墨付

きを欲しがるような人とは別のことである。

　第2は、活力、つまりトータルなエネルギー。ものごとを進展させ、決して後退しない前へと進むエネルギーである。信頼関係があるから可能である。

　第3は、アスミター（私という想念のない存在意識 अस्मिता）。普段、私たちの心は、外と内側、両方向に向かう。しかし、この状態は、私意識がないので、真の自己が、ただ存在するという意識だけになっている。かくして、心は何の問題も存在しない状態になり、アサムプラギャータ・サマーディはひとりでに起こる。

ムムクシュ

２１．非常に熱烈な求道者のみが、サマーディへと早く近づくことが出来る。（1-21）

तीव्रसंवेगानामासन्नः ॥२१॥
ティーヴラ　サムヴェーガーナーム・アーサンナハ
　（註）तीव्र　とても、संवेगानाम्　熱烈な、आसन्नः　近づく、

　ムムクシュ（मुमुक्षु）という言葉がある。これは、人生を振り返る時、プラクリティの展開によって生じた「この世」は幻影であるのに、それを真実と思い込んで、自分で自分を縛ってしまう。それに気づいて自由になりたいと願う人のことで、ムムクシュという言葉は、元々、√मुच्（ムッチュ　自由になる）から来ている。ところで、途を探求する人には、大体3つのタイプがあるとされる。

　第1のタイプは、知的好奇心からヨーガやギーターやサンスクリットなどに興味を示す。しかし、今まで見てきたように、アビヤーサ、ヴァイラーギャが必要だということを理解しないまま、結局、彷徨って終わりになる。

第2のタイプも、非常に探求熱心で論理的・哲学的な探求や解明を好む。この世では必要なことであろうが、次々と何らかの資格や肩書を取得する。また、熱心にあちこちの研究会に参加して学習するが、結局「あの話は素晴らしかった、感動した」の繰り返しに終わってしまう。何故なら、自己（私感覚）の反映だということに気がつかない自己満足型とも言える。第1と第2タイプの混合もある。
　第3のタイプが**ムムクシュ**である。ムムクシュは、確かに自由になりたいと願うが、結局は、すべてのそういう願いがなくなった時が**ムッチュ**だということがよく分かっている人のことで、この人だけがサマーディに到達する。
　次句では、それが熱心さの度合によることを述べている。

２２．サマーディへの可能性は、熱意の度合（弱、中、強）による。
（1-22）

मृदुमध्याधिमात्रत्वात्ततोऽपि विशेषः ॥२२॥

ムリドゥ マディヤー・アディマートラットヴァート・タトーピ・ヴィシェーシャハ

（註）मृदु- 弱い、मध्य - 中間、अधिमात्रत्वात् 強い、ततः 従って、अपि また、विशेषः 差、

　熱意の度合。熱心で、かつ努力の度合いがきわめて強くなければ可能性は低い。この人は、始めたら絶対に止めない人であり、不可避的、物理的な中断の時期があっても続けることを止めない。
　例えば、サンスクリットの学習なども、非常に長い期間が必要で、始めてしまったが、ある年代にさしかかった時、大概の人に両親の介護の問題などが浮上して、不可避的に多くの時間が割かれることになったり、両親の不幸が突然襲ったりする。止めてしまうことは簡単であるが、このような場合どうするのか。1日1行でもノートに書く人は前に進む。あなたの熱心さの度合いは、弱なのか、中なのか、それとも強なのか、それをパタンジャリは、この詩句で取り上げている。

イーシュワラ(プルシャ・ヴィシェーシャ)

23. あるいは(サマーディーへは)、神(ヨーガ・イーシュワラ)への献身によっても達成できる。(1-23)

ईश्वरप्रणिधानाद् वा ॥२३॥
イーシュワラ・プラニダーナード ヴァー
　(註) ईश्वर　ヨーガ・イーシュワラ、प्रणिधानात्　献身によって、寄り添うことによって、वा　あるいは、

　神は推論であり、仮説である。従って、アイヌ民族のように、人間の力を超えたものすべてをカムイ(神)と言って崇敬するのか、或いは、神を「すべてのものの潜在力であり可能性である」と考えるのか、神という推論の証明は不可能である。しかし、ここでパタンジャリが、**神への献身**という表現をしているには特別の理由があり、存在の証明は一切問題にはしていない。次句で説明される。
　ただ、サーンキャでは、SPS で、

イーシュワラの存在は、証明できない。(1-92)

ईश्वरासिद्धेः ॥१-९२॥
イーシュワラーシッデェヘ
　(註) ईश्वर　イーシュワラ、असिद्धेः　証明出来ない、

　と主張している。しかし、神への献身、つまり全面的に**彼に委ねる**という姿勢が助けになれば、存在の証明は、この際、問題ではない。SPS では、プラクリティがヴィヤクタからアヴィヤクタへと吸収されて見えなくなると、この証明が再び問題として浮上すると述べているが、このことことについては、深入りしない。

第2部　ヨーガスートラの解説

　「彼に委ねる」とはどういうことなのか、デヴォーション（devotion）ということは、日本では、なかなか正しくは伝わってはいない。前著で紹介したマハルシの言葉を、再びサンスクリット原文ごと紹介するので、出来れば語釈を頼りに、その意味をよくよく理解してほしい。

　自らを真の自己、つまり、イーシュワラ（Lord）に捧げる人こそ、最も献身的な人です。真の自己への瞑想以外（アートマと異なるもの）に、ほんの僅かの想念も生ずることなく、イーシュワラに自らを委ねる人を、その名前で呼びます。イーシュワラに、荷物をすべて預けて（全身をすべて捧げて）しまわねばなりませんが、彼は、それを運んでくれます。至高者であるイーシュワラの力（パワー）が、物事すべてを成し遂げてゆきます。従って、彼に荷物を預ける（全身を捧げる）ことをしないで、「このようにすべきか、あのようにすべきか」と何故いつも迷って考えているのでしょうか？列車は、すべての荷物を運んでくれるのを知っていますが、（列車に乗っても）荷物を降ろして席に座って楽をしようとせずに、荷物を頭の上に載せて難儀して（列車内を）うろうろ動き回るのは何故なのでしょうか？

यः खलु स्वात्मानमेव भगवति स्वेमहिम्नि स्वरूपे समर्पयति , स एव विशिष्टो भक्तिमत्सु । आत्मचिन्तातिरिक्तानात्मचिन्तायाः किञ्चिदप्यन्तरमप्रदायात्म निष्ठातत्पारतैव भगवति स्वात्मसमर्पणं नाम । भगवति समर्पितं सर्वमपिभरन्यासं स च संवहति । पारमेश्वरी काचनशक्तिः कार्यजातं सर्व निर्वहति । तत्र भरन्यास पुरस्सरं तदधीनतास्थितिविहाय "एवं कर्तव्यं , मनेवं कर्तव्यं " इत्येवं नस्सन्ततचिन्तया किम् ? धूमशकटे सकल भारवाहिनि ज्ञाते सति तदारुह्य गच्छद्भिरस्माभिस्स्वकीयमल्पमपि मूतं तत्रैव प्रक्षिप्य सुखेनावस्थातुमशक्नुवद्भिस्तन्मूतं तत्रापि स्वशिरसि समुदूह्य किमर्थं दुःखमनुभोक्तव्यं ?

(註) कः　वा どのような人、विशिष्यते　最も優れている、महिम्नि　偉大な、समर्पयति　捧げる、विशिष्टः　最高、अतिरिक्ता　以外に、अनात्मा　アートマと異なる、किञ्चित्　अपि ほんの僅かの、अन्तम्　अप्रदाय　以外のものへの献身なしに、आत्मनिष्ठा　捧げる、

स्वात्मसमर्पणम् 自らを委ねる、भरन्यासं 荷物、संवहति 運んでくれる、निर्वहति 成し遂げてゆく、पुरस्सरम् 前に進む、अधीनता 依存する、अस्थितिम् 混乱、迷い、विहाय 〜せずに、सन्तत いつも、धूमशकटे सकल भारवाहिनि ज्ञाते सति 列車はすべての荷物を運んでくれるのを知ると、अरुह्य अस्माभिः गच्छद्भिः 私たちは（荷物を）降ろして、अल्पम् 簡単に、सुखेन अवस्थातुम् 楽に座るために、स्वशिरसि समुद्ह्य 自分の頭の上に載せて、मूतम् तत्र うろうろ動き回る、किमर्थ 何故、दुःखम् अनुभोक्तव्यं 難儀して、

24. （苦悩などに基づく）混乱、行為やその結果などによって、一切影響を受けない根源的存在（プルシャ・ヴィシェーシャ）がイーシュワラである。（1-24）

क्लेशकर्मविपाकाशयैरपरामृष्टः पुरुषविशेष ईश्वरः ॥२४॥

クレーシャ・カルマ・ヴィパーカー・アーシャヤイヒ・アパラームリシュタハ・プルシャヴィシェーシャ・イーシュワラハ

　（註）क्लेश- 苦悩、कर्म- 行為、विपाक その結果、आशयैः 心に残ることによって、अपरामृष्टः 影響を受けない、पुरुष - विशेषः 根源的存在、ईश्वरः イーシュワラ、

　プルシャ・ヴィシェーシャ（पुरुष - विशेषः）とは、特別な存在で、パタンジャリは、それをイーシュワラ（ईश्वरः）と呼んでいる。彼はいかなる事柄にも影響を受けない根源的存在で、その彼に、献身する、委ねるということは、私、つまり私感覚のエゴを落とす、リセットする、ということと同じである。それによって、あらゆる行為やその結果、結果に基づく利益や不利益といった感覚の記憶などに一切影響を受けなくなる。このイーシュワラを理解するためには、**26.** YS1-26が深く関わっている。この何ものにも一切影響を受けない純粋な根源的存在としての**一番最初の師**が特別なプルシャ、つまり、ヨーガ・イーシュワラ（योग ईश्वर）である。イーシュワラは、

一般に主 (Lord) と訳されるが、パタンジャリの場合は少し異なる。

25. 彼の中に、比類なき全知の種子がある。（1-25）

तत्र निरतिशयं सर्वज्ञबीजम् ॥२५॥

タトラ・ニラティシャヤム・サルヴァギャビージャム

（註）तत्र 彼の中には、निरतिशयं 比類なき、सर्वज्ञ- 全知、बीजम् 種子、

　一番最初の師としてのイーシュワラには、比類のない全知の種子があり、その師から伝承された真理という種は、彼に身を委ねることによって発芽し、遂にヨーガとは何かに気づく。

26. 時間を超越している神は、師の中の最初の師である。（1-26）

स एष पूर्वेषामपि गुरुः कालेनानवच्छेदात् ॥२६॥

サ・エーシャ・プールヴェーシャーマピ・グルフ・カーレーナ・アナヴァッチェーダート

（註）पूर्वेषाम् 一番最初の、अपि ～も、गुरुः グル、कालेन 時間によって、अनवच्छेदात् 制約を受けないから、

　プルシャ・ヴィシェーシャは、パタンジャリの用いた特別な意味を持つ言葉であって、ヨーガの道を歩く者にとっての、**一番最初の師**、つまり**ヨーガ・イーシュワラ**（योग ईश्वर＝योगेश्वर）であった。従って、彼は時間を超越した**根源的存在のグル**と言うことが出来る。ここが、本来、使われるプルシャ（पुरुष）という言葉と異なる点である。

　しかしながら、このヨーガ・イーシュワラによってもたらされた真理の種子が芽を吹くと、いずれ存在すべての根源であるたった一つのプルシャへの気づきも起こる。

では、この最初のグルからグルへと繋がる、あなたにとってもグルとはどういう存在であったか。

グルと教師とは、どこが異なるのか。教師（teacher）は、知っていることを、知らない人に教える。グルは教えずに、ただ見せるか、示す。教師から教わった知識であなたの頭は満杯になる。それ以上学ぶと左の耳から入って、右の耳から抜けてしまう。それ以上入らないからだ。一方、グルは、満杯になった、あなたの頭をひっくり返す。ひっくり返されたとき、あなたは、リセットされて誕生した瞬間の状態に戻る。今までのことをすっかり捨て去ることが出来るからだ。この時が、ドゥビジャ（Twice Born द्विज）である。

このように教師とイーシュワラに連なるグルとは、全く異なる存在である。その意味で、グルは、やはり特別な人物（プルシャ・ヴィシェーシャ）と言える。

聖音オーム（プラナヴァ）

27．神を表す言葉は（プラナヴァと呼ばれる）聖音オームである。
(1-27)

तस्य वाचकः प्रणवः ॥२७॥

タスヤ・ヴァーチャカハ・プラナヴァハ

（註）तस्य 彼の、वाचकः 表出したもの、प्रणवः 聖なる音、プラナヴァ、

前著でも紹介したが、スワミ・ヴィヴェーカナンダ（स्वामी विवेकनन्द）は、オームという音について次のように説明している。今回は、原文と共に筆者訳を下に掲げる。

「ブラフマ（ヒランニャガルバ、または、マハット）は、言葉（名前）と共に、はじめて姿（この宇宙という目に見える形）を顕す。この顕れ出た宇宙には形があって、五感で捉え感じることが出来るが、背後には不滅の、言葉では表現

できないスポータ（स्फोट）、つまり、言葉（ロゴス）となって顕れる潜在力が隠れている。この不滅のスポータは、すべて名付け（思考）にとって必須の永遠の根源的な力（パワー）である。ちょうど、宇宙が創造される時、ブラフマは、はじめスポータとなり、それから言葉を伴って、この目に見え感じ取ることの出来る宇宙を創造したのだ。このスポータは、一語から成るシンボル、つまりオーム（ॐ）で表される。われわれは、いかなる方法をもってしても、言葉と意味とを分離することは出来ない。つまり、オームと永遠のスポータを分けることは出来ない。従って、すべての言葉の中で、最も聖なる言葉なのだ。すべての名前と形の生みの母であり、不滅のオームであり、こうして、全宇宙は創造されたと言ってもよい。しかし、中には反論があるかもしれない。意味と言葉は、不可分であるが、ある考え（思い）を表すのに、いろいろな言葉があるのだから、この特別な言葉、オームの表象が宇宙だとしても、そこから宇宙という形が顕れたとは限らない。この異議に対しては、次のように答えよう。オームは、唯一すべての根源であって、他には存在しない。だから、スポータは、シャブダ・ブラフマンなのだ。」

(ヴィヴェーカナンダ全集　第3巻「バクティ・ヨーガ」57頁)

Brahmā or Hiranyagarbha or the cosmic Mahat first manifested himself as name, and and then as form, i.e. as this universe. All this expressed sensible universe is the form, behind which stands the eternal inexpressible Sphota, the manifester as *Logos* or Word. This eternal Sphota, the essential eternal material of all ideas or names, is the power through which the Lord creates the uinerse ; nay, the Lord first becomes conditioned as Sphota, and then evolves Himself out as yet more concrete sensible universe. This Sphota has one word as its only possible symbol, and this is the ॐ (Om). And as by no possible means of analysis can we separete the word from the idea, this Om and the eternal Sphota are inseparable ; and, therefore, it is out of this holiest of all holy words, the mother of all names and forms, the eternal Om, that the whole universe may be supposed to have been created. But it may be said that, although thought and word are inseparable, yet as there may be various word - symbols for the same thought, it is not neccesary that this particular word Om should be the word representative of the thought, out of which the universe has become manifested. To this objection we reply that this Om is the only possible symbol which covers the whole ground, and there is none other like it. The Sphota is the material of all words, yet it is not any definite word in its fully formed state. That is to say, if all the peculiarities which distinguish one word from anothe be removed, then what remains will be the Sphota ; therefore this Sphota is called the Nāda - Brahma, *the Sound - Brahman*. (The complete work of Swami Vivekananda Vol.3, page 57)

28. 聖音オームを繰り返し、その意味に瞑想すると（あなたは）一つになる。（1-28）

तज्जपस्तदर्थभावनम् ॥२८॥

タッジャパハ・タダールタ・バーヴァナム

（註）तद् それ、जपः 繰り返し発音する、तद् その、अर्थ 意味に、भावनम् 瞑想により一つになる、

　オーム（ॐ ओम्）は、ヴィヴェーカナンダが的確に説明したように、シャブダ・ブラフマ（शब्द ब्रह्म）であって、「スポータ（स्फोट）、つまり、言葉（ロゴス）となって顕れる潜在力」である。スポータについては、第3章の詩句 YS 3-17 で前著同様詳しく説明するが、プラクリティがプルシャとの出会いによって展開すると、**言葉で表現された形**となる潜在的な力である。

　幸いなことに、過去何度かアニル・ヴィディヤランカール先生に

付いてオーム瞑想法を体験させていただいたが、オーム（ॐ）という音を繰り返した後、しばらく「音のない音 silent sound」の状態が存在する。つまり、瞑想状態となる。そうでないと一種の催眠状態、または、精神安定剤を服用したような状態となり、全く瞑想とはかけ離れたものとなる。この時は、覚醒（awareness）は決して起こらない。気持ちの良い状態とか、眠りを催すような状態とは全く異なる。音や言葉に深い理解のある人物には滅多に会えるものではないが、熟達した人物でないと、全くムダか、かえって危険である。

　また、いつだったかアニル先生に、「オーム（ॐ）とナーダブラフマとは同じものですか」と質問をしたことがあった。ジャズ評論家として名高いJ・E・ベーレントは、ナーダブラフマとは何か（Was heißt Nada Brahma ?）〜『世界は音』大島かおり訳）で次のように言っている。

「ナーダブラフマは一つなのだ。存在するものの根源をなす音。存在するもの自体。」

Nada Brahma ist Eines : der Ur - Klang des Seienden. Das Seiende selbst. (Nada Brahma by E.B.Berendt page 26)

さて、みなさんは、どのように思われるであろうか。

29. すると、人は内なる真の自己に到達し、妨げていたものは生じなくなる。（1-29）

ततः प्रत्यक्चेतनाधिगमोऽप्यन्तरायाभावश्च ॥२९॥
タタハ・プラッティヤク・チェータナーディガマハ・アピ・アンタラーヤーバーヴァシュチャ
　（註）ततः すると、प्रत्यक् 内なる、चेतना 意識、अधिगमः 達して、अपि さらに、अन्तराय 妨げ、अभावः 生じなくなる、च そして、

オームという音は、最初、どこからか音は聞こえるが、まるで聞こえるか聞こえないかのような弱音で発音される。段々と聞き取れる音になり、やがてクリアになり共鳴し鳴り響き反響する。何度か繰り返されて、ピークまで行った所から、今度は次第に降りてくるように弱い音へと消えてゆく。その音をただ聴き観察していると、深い音に気づき、やがてその音は、**音のない音**に包まれる。音が一つに調和し、瞑想者もその中に溶け込むのである。

30. 妨げとは、病気、倦怠感、疑い、不注意、怠惰、自制心のなさ、錯覚、不安定さ、移り気、これらが心を撹乱する。
(1-30)

व्याधिस्त्यानसंशयप्रमादालस्याविरतिभ्रान्तिदर्शनालब्धभूमिकत्वानवस्थितत्वानि
चित्तविक्षेपास्तेऽन्तरायाः ॥३०॥

ヴィヤーディ・スッティヤーナ・サンシャヤ・プラマーダ・アーラスヤ・アヴィラティ・ブラーンティダルシャナ・アラブダブーミカトヴァ・アナワスティタットヴァーニ・チッタヴィクシェーパハ・テー・アンタラーヤーハ

　　（註）व्याधि　病気、स्त्यान　倦怠感、संशय　疑い、प्रमाद　不注意、आलस्य　怠惰、अविरति-　自制心のなさ、भ्रान्ति - दर्शन　錯覚、अलब्ध　見失うこと、भूमिकत्व　段階、अनवस्थितत्वानि　不安定さ、चित्त - विक्षेपाः　移り気、ते　これらが、अन्तरायाः　障害、

　サーンキャカーリカー9. で述べられたように、内的、外的、精神的な苦しみは、ここに挙げられている心を撹乱する障害によって起こる。
　まず、病気は、いわゆるアーユルヴェーダに出てくるプラーナの流れ、体液・粘液のアンバランスから起こる生命エネルギーの不足、リズミカルでない体内の電気信号の流れのことを述べているように思われる。ill の語源は、古ノルド語 illr からきた言葉で「悪い」と

いう意味で、よくない状態のことである。
　憂鬱さやうっとおしさは、エネルギーの欠落、疑いとは、信頼の正反対で、「アタ・ヨーガ・アヌシャーサナム」には絶対入れない。何故なら、ヨーガに対する信頼がないから、決断出来ずスタートがきれない。また、怠惰であれば、一生、決してわくわくするような喜びを味わうことはない。有り余るエネルギーをどう使うのか方向性の分からない場合、暴発する。錯覚・幻想は、起きて夢を見ているような状態のことである。能力がないという思い込みは、自分に全く価値を見い出せない。これらは、いずれも深い瞑想状態になると、調和させることが出来る。

31．悲しみ、憂鬱、不安定な身体、不規則な呼吸は、乱れた心の兆候である。（1-31）

दुःखदौर्मनस्याङ्गमेजयत्वश्वासप्रश्वासा विक्षेपसहभुवः ॥३१॥
ドゥフカ・ダウルマナスヤ・アンガメージャヤットヴァ・シュワーサプラシュワーサーハ・
ヴィクシェーパ・サハブヴァハ

　　（註）दुःख　悲しみ、दौर्मनस्य　憂鬱、अङ्गम्　身体、एजयत्व　不安定さ、
　　　　श्वास　吸気、प्रश्वासा　呼気、विक्षेप　乱れた心、सहभुवः　現れ、

　前詩句の様な状態は、必ずその兆候があるはずで、それに気づくべきだ、とパタンジャリは、この詩句で述べている。

32．これらの妨げを克服するため、一つの真理への瞑想を繰り返し行うべきである。（1-32）

तत्प्रतिषेधार्थमेकतत्त्वाभ्यासः ॥३२॥
タッツプラティシェーダールタム・エーカタットヴァービヤーサハ

　　（註）तद्　この、प्रतिषेध　妨げ、अर्थम्　～のため、एक‐तत्त्व
　　　　1つの真理への、अभ्यासः　（瞑想を）繰り返すこと、

第1章　サマーディ・パーダ

28. YS 1-28 からこの詩句までが、オーム瞑想法によって音を繰り返し発声し、遂には音なき音に瞑想することによって調和し、瞑想者もその中に溶け込む、このアビヤーサを行うべきだとパタンジャリは述べてきた。

33. 常に親切で友好的、思いやりの心を持ち、共に喜び、幸・不幸や徳・不徳に対して同じ気持ちを持った心は清澄である。
（1-33）

मैत्रीकरुणामुदितोपेक्षाणां सुखदुःखपुण्यापुण्यविषयाणां
भावनातश्चित्तप्रसादनम् ॥३३॥

マイトリーカルナー・ムディトーペークシャーナーム・スカドゥフカ・プニャープニャヴィシャヤーナーム・
バーヴァナータハ・チッタプラサーダナム

(註) मैत्री　親切で友好的、करुणा　思いやり、मुदिता　喜び、उपेक्षाणां　同じ、
सुख-दुःख　幸・不幸、पुण्य　徳のある、अपुण्य　不徳の、विषयाणां
〜に対しての、भावनातः　現れる、चित्त　心、प्रसादनम्　平穏、清澄、

　友好的で共に喜ぶ、しかし、実際は「隣に蔵が建つと腹がたつ」、思いやり、実際は「やれ嬉し隣の倉が売られていく」。昔から伝わる人間の本音を表した言葉である。それほど、人間の底流には複雑な感情の流れがあり、パタンジャリは、この他人の幸福を見て生ずる嫉妬と、人の不幸を見て生まれる優越感を不純な心として真っ先に取り上げた。
　思いやりの気持ち（copmpassion）は、本来、人に備わっているものであって、ある場合にだけ生ずるものではない。ラジニーシ（OSHO Rajneesh）は、その好例として、下記の様に「ギーター・ダルシャン」で、野に咲く花の芳しい香りを挙げている。

राह पर निकलने वालों से कोई संबंध नहीं है । राह से कोई निकलता है या नहीं

113

निकलता है फूल की सुगंध को इससे कुछ लेना - देना नहीं है । नहीं कोई निकलता, तो निर्जन पर भी फूल की सुगंध उड़ती है । कोई निकलता है तो उसे सुगंध मिल जाती है यह दूसरी बात है; फूल उसके लिए सुगंधित नहीं होता है ।

この花は、道を通る人に、常に素晴らしい香りを放っているので、ある特定の人が通った時にだけ香りを放ったり止めたりはしない。

また、カルナー（करुणा）は、同情心や哀れみではない。哀れみや同情心は、偽りの優越感が隠れていて、結局自分も惨めな状況に追いやる。それが証拠に、哀れみをかけていた人が幸せになれば、一転して態度が変わる。思いやりと同情心とは、全く別のことである。

ケーヴァラ・クムバカ

34. 息を吐いたり保持したりしても、心は静かになる。
（1-34）

प्रच्छर्दन-विधारणाभ्यां वा प्राणस्य ॥३४॥
プラッチャルダナ・ヴィダーラナービヤーム・ヴァー・プラーナスヤ
　　（註）प्रच्छर्दन 吐く、विधारणाभ्यां 保持する、वा あるいは、प्राणस्य 息の、

　ハタヨーガでは、ケーヴァラ・クムバカとして知られ、アーナーパーナサティ（आनापानसति）とヴィパッサナー（サンスクリットでは、ヴィパシャナー－विपश्यना）の2つが、**ブッダの実践法**としてよく知られている。いずれも呼気・吸気の際、息の止まった所をよく観察する。つまり、呼気から吸気、吸気から呼気の際には必ず息が止まるので、この切れ目、空白に意識を留める。（第2章**49．50．**で詳述する。）
　ラマナ・マハルシが、「ウパデーシャ・サーラ」（US 12）で述べ

第1章　サマーディ・パーダ

たように、心と呼吸は、1つの樹から分かれた2つの幹である。従って、「ハタヨーガ・プラディーピカー」（HP 2-2）に書かれていたように、呼吸が不規則であれば、心も動く。
　なお、SPS にも、全く同じ表現の次の詩句がある。

　呼吸の際に、息を保持することで心は静かになる。（3－33）

　निरोधश्छर्दिविधारणाम्याम् ॥३-३३॥
　ニローダシュチャルディヴィダーラナームヤーム
　　（註）निरोधः　停止、छर्दि - विधारणा - आम्याम्　吐く息、入れる息によって、

　これを見ても、如何に呼吸がすべてであり、ハタヨーガのアーサナを行う際に、これを取り入れるとラージャヨーガへの途は早い。前著に詳しく書いたので、それを参考にしていただきたい。

35．（さらに進んで）ある対象に集中し続けると、心は安定する。（1－35）

　विषयवती वा प्रवृत्तिरुत्पन्ना मनसः स्थितिनिबन्धनी ॥३५॥
　ヴィシャヤヴァティー・ヴァー・プラヴリッティルットパンナー・マナサハ・スティティニバンダニー
　　（註）विषयवती　対象との結びつき、वा　あるいは、प्रवृत्तिः　活動、उत्पन्ना　生じた、मनसः　心の、स्थिति　安定した状態、निबन्धनी　保持、

　集中が高まり、心が動かなくなる状態が保持されると、サーンキャで見てきたように、プルシャとプラクリティの識別が容易になる。

36．さらに、内なる燦然と輝く光に瞑想することによって、あらゆる悲しみを超えることが出来る。（1－36）

विशोका वा ज्योतिष्मती ॥३६॥

ヴィショーカー・ヴァー・ジョーティシュマティー

(註) विशोका 悲しみ、वा あるいは、ज्योतिष्मती 輝き、光、

　ここで輝く光と言っているのは、そのような光が見えるという意味ではない。悲しみなどを感じることがなくなり、至福に包まれた状態になることを、そのように表現しているのだ。もはや、暗い部分がなくなって、明るさのみが周囲に漂う。

３７．欲望の対象にとらわれない心は鎮まる。（１-３７）

वीतरागविषयं वा चित्तम् ॥३७॥

ヴィータラーガヴィシャヤム・ヴァー・チッタム

(註) वीत とらわれなくなる、राग 欲望、विषयं 対象、वा また、चित्तम् 心、

　この状態がやって来た時、自分では気づかない。しかし、聖者と言われるような人や尊敬すべきグルや師に、知らない間に感謝の気持ちを捧げている自分がある。自然に起こっていることであるが、それがまた、遅かれ早かれ、このような人物に近づけるよう、彼らがひき寄せてくれているのかもしれない。

３８．また、眠りの際に、夢と夢を見ないところに瞑想しなさい。（１-３８）

स्वप्ननिद्राज्ञानालम्बनं वा ॥३८॥

スワプナ ニドラー・ギャーナーラムバナム・ヴァー

(註) स्वप्न 夢、निद्रा 眠り、ज्ञाना 気づき、आलम्बनम् 留まる、वा また、

　目が覚めている時、心は意識の下で活動していることは誰もが気がついていて、心の動きが止むと一応眠りはやって来る。眠りの状

態の時、心は無意識の状態であり、夢を見る場合は、潜在意識下の心が活動している。この眠りの時に、夢と夢を見ない状態、熟眠していながら、その気づきがあるか、ないか。それは、やがて、目が覚めている時でも、それを超える意識、見る者がただ１つ存在する意識が育つ。

39. 自らが好ましいものに瞑想することでも、心は平和になる。（1-39）

यथाभिमतध्यानाद् वा ॥३९॥

ヤターピマタ・ディヤーナード・ヴァー

(註) यथा अभिमत お気に入りのもの、好ましく思うものに、ध्यानाद् 瞑想によって、वा また、

　この詩句は、好き嫌いのことではなく、すべてのものに対する愛のことを言っている。

40. このような人は、自らの中で起きている極小のもから極大のものまでに力を及ぼすことが出来る。（1-40）

परमाणुपरममहत्त्वान्तोऽस्य वशीकारः ॥४०॥

パラマーヌ・パラママハットヴァーンタハ・アスヤ・ヴァシーカーラハ

(註) परम 最も、अणु 極小、परम 最も、महत्त्व 極大、अन्त ～まで、अस्य この、वशीकारः 力を及ぼす、परमणु 極小、

　日常の営みは、目が覚めている時の意識の状態であるが、夜になって眠りが訪れ、無意識の状態となる。この一連の意識の変化をよく観察して、特に、前詩句の夢見と熟眠時の体験を通して、人はやがて熟眠時に体験した状態を、目が覚めている時でも覚醒した状態で保持することが出来る。ラージャヨーガである。その一連の意識

の変化の状態を、この詩句では、「自らの中で起きている極小のものから、極大のもの」と表現している。

41. 心が消滅した人は、水晶の如く、辺りのものをそのまま、歪むことなく映し、見る者、見る過程、見られるもの（対象）が一つになった状態に達する。（1-41）

क्षीणवृत्तेरभिजातस्येव मणेर्ग्रहीतृग्रहणग्राह्येषु तत्स्थतदञ्जनता समापत्तिः ॥४१॥

クシーナ・ヴリッテヘ・アビジャータスエーヴァ・マネヘ・グラヒートリ・グラハナ・グラーヒェーシュ・タッスタ・タダンジャナター・サマーパッティヒ

（註）क्षीण 消滅する、वृत्तेः 動揺、अभिजातस्य 透明な、इव 〜のような、मणेः 水晶の、ग्रहीतृ 見る者、ग्रहण 見る課程、ग्राह्येषु 見られるもの（対象）、तत्स्थ - तदञ्जनता 一つになる（तद् そこに、स्थ 留まる、तद् そこに、अञ्जनता 明確に、समापत्तिः 一つになった状態、

マハルシは、コーハム（「私とは誰か？」 कोऽहम् ?）と問いかけたが、**11. YS 1-11** の詩句で見てきたように、心はすべて記憶に基づいているので、記憶が心と言ってもいいくらいである。従って、記憶の中にあなたがいるわけではなく、そこを探しても、あなたの名前や職業上の肩書きはあっても、「真のあなた」という存在はない。心が消滅した人、つまり、マウナ（沈黙 मौन）の状態で静かに内奥を見つめる時、まるで水晶のようにクリアに見る者（主語）、見られるもの（目的語）、見る課程（主語と目的語の関係）が歪められることなく映し出される。

サヴィタルカ・サマーディ

42. サヴィタルカ・サマーディとは、言葉とその意味と内容が混在した状態である。（1-42）

तत्र शब्दार्थज्ञानविकल्पैः सङ्कीर्णा सवितर्का समापत्तिः ॥४२॥

タットラ・シャブダールタギャーナヴィカルパイヒ・サンキールナー・サヴィタルカー・サマーパッティヒ

(註) तत्र そこに、शब्दार्थ 言葉の意味、ज्ञान 意味内容、विकल्पैः 概念、संकीर्णा 混在、सवितर्का 思考、समापत्तिः 統一体、1つ、

この段階のサマーディは、意識が純化されているが次のステージのニルヴィタルカ・サマーディに行く前の段階であり、言葉とその意味内容がまだ混在している。

ニルヴィタルカ・サマーディ

４３．ニルヴィタルカ・サマーディとは、記憶が純化されると、思考、言葉の発生がなくなり、意味だけに気付くサマーディである。（１-４３）

स्मृतिपरिशुद्धौ स्वरूपशून्येवार्थमात्रनिर्भासा निर्वितर्का ॥४३॥

スムリティパリシュッダウ・スワルーパシューニエーヴァ・アルタマートラニルバーサー・ニルヴィタルカー

(註) स्मृति 記憶、परिशुद्धौ 純化、स्वरूप 自らの姿、शून्या 無くなり、इव あたかも、अर्थ-मात्र-निर्भासा 意味だけが輝く、निर्वितर्का ニルヴィタルカ・サマーディ、想念を超えた、

２３．YS 1-23 において、サーンキャ SPS1-92 ではイーシュワラの存在の証明を問題にした。しかし、ニルヴィタルカ・サマーディになれば、問題にしない。それを知る者にとっては必要ないからである。「ニルヴィタルカ निर्वितर्का」とは、言葉の発生はなく、想念や論理を超えた、という意味である。

119

サヴィチャーラ・サマーディ

44. サヴィチャーラ・サマーディは、微細なものに思考の働く段階、ニルヴィチャーラ・サマーディは、思考のなくなった、より高度のサマーディである。（1-44）

एतयैव सविचारा निर्विचारा च सूक्ष्मविषया व्याख्याता ॥४४॥

エータヤイヴァ・サヴィチャーラー・ニルヴィチャーラー・チャ・スークシュマヴィシャヤー・ヴィヤーキャーター

(註) एतया これによって、एव かくして、सविचारा 熟慮、निर्विचारा ニルヴィチャーラー、च ～も、सूक्ष्मविषया 微妙な、व्याख्याता 説明された、

　前句で、微細なものに対して、まだ、言葉と思考の働くサヴィタルカと言葉の発生や思考のなくなったニルヴィタルカーが説明された。論理的思考者と鑑賞者は、全く異なる。前者は、**何々について**考え分析するが、結局堂々巡りをする。微細なものであっても、**それについて**思考が働く。一方、鑑賞者、例えば、ロータスの花などを見ている人は、直接、花の美しさそのものを見ている。思考の介在する隙はない。ロータスの花について、花弁が何枚とかを観察しているわけではない。

　微細なものへの瞑想のサヴィチャーラ・サマーディから、ニルヴィチャーラ・サマーディになると、それを超越して、花なら花の存在そのものと一体になっている。

45. 最も微細・極微な対象として、まだ顕現していないプラクリティが残っている。（1-45）

सूक्ष्मविषयत्वं चालिङ्गपर्यवसानम् ॥४५॥

スークシュマヴィシャヤットヴァム・チャ・アリンガパルヤヴァーサナム

(註) सूक्ष्म 微妙な、विषयत्वं 状態、च ～も、अलिङ्ग 未顕現の、पर्यवसानम् 終点、

最も微細な瞑想の対象として未顕現（アリンガ अलिंग）のプラクリティにまで達するが、しかし、所詮はプラクリティの産物内であって、以上４つのサマーディでは、真の自己には到達しない。

サビージャ・サマーディ

４６．これらの４つのサマーディは、まだ種子の残る（再び発芽するかも知れない）サマーディである。（1-46）

ता एव सबीजः समाधिः ॥४६॥
ター・エーヴァ・サヴィージャハ・サマーディヒ
　（註）ताः　これらが、एव　まさに、सबीजः　種子のある、समाधिः　サマーディ、

これら４つのサマーディとは、（１）姿・形の比較的はっきりしたもの（ストゥーラ・ヴィシャヤー स्थूलविषया）に関連した「サヴィタルカ・サマーディ（सवितर्क समाधि）」と「ニルヴィタルカ・サマーディ（निर्वितर्क समाधि）」、（２）非常に微細なもの（スークシュマ・ヴィシャヤー सूक्ष्मविषया）に関連した「サヴィチャーラ・サマーディ（सविचार समाधि）」と「ニルヴィチャーラ・サマーディ（निर्विचार समाधि）」のことである。

　これらのサマーディは、佐保田鶴治先生の言を借りるならば、「もし、一つの行法があって、その行法を正しく、すなおに、柔和な心根をもって、かなりの年月怠らず実修するならば必ず例外なくすべての人に心身一如の完全性が来る」との信を持って、ハタヨーガを実践している人には、どの段階かの差はあっても、時々、垣間見たり体験しているかもしれない。

　この詩句では、この４つがサビージャ・サマーディ（種子のあるサマーディ सबीजः समाधिः）となっているが、ニルヴィチャーラ・サマーディは、サヴィチャーラ・サマーディの間を往き来するので、

次句47．でそのプロセスが述べられている。従って、ニルヴィチャーラ・サマーディは、詩句48．〜51．の様に正確にはニルヴィージャ・サマーディ（種子のないサマーディ निर्बीज समाधिः）である。サビージャ・サマーディの場合は、小さな種子であっても、そのエネルギーは強大であり、すぐに日常の世界に戻ってしまう。

ニルヴィチャーラ・サマーディ

47.（心がなくなり）ニルヴィチャーラ・サマーディに達した人は、冴えわたった清澄さの状態となる。（1-47）

निर्विचारवैशारद्ये अध्यात्मप्रसादः ॥४७॥

ニルヴィチャーラヴァイシャーラドィエー・アディヤートマプラサーダハ

（註）निर्विचार　ニルヴィチャーラ・サマーディ、वैशारद्ये　明晰な、明解な、अध्यात्म　内的存在、प्रसादः　清澄、

　この詩句は、サヴィチャーラ・サマーディからニルヴィチャーラ・サマーディ、即ち、サビージャ・サマーディ（種子のあるサマーディ सबीजः समाधिः）から、ニルヴィージャ・サマーディ（種子のないサマーディ निर्बीजः समाधिः）に至る**プロセス**が述べられる。

48.ニルヴィチャーラ・サマーディに達した人の意識は、真理で満たされる。（1-48）

ऋतम्भरा तत्र प्रज्ञा ॥४८॥

リタムバラー・タットラ・プラギャー

（註）ऋतम्भरा　真理に満ちた、तत्र　そこ、प्रज्ञा　洞察、

　リタ（ऋत）とは、ヤジュル・ヴェーダ（YV 後述）にも出てくる言葉で、「宇宙の調和した秩序、法則」或いは、「躍動する真理」

を意味する。この段階は、1つの調和した秩序と共にあり、リタムバラ（ऋतम्भर）と呼ばれ、全体（1つ）と共に在る状態を表している。

49. ニルヴィチャーラ・サマーディの状態は、全体が（瞬時に）直接見渡せるもので、経典、推論に基づく理解とは全く別ものである。（1-49）

शुतानुमानप्रज्ञाभ्यामन्यविषया विशेषार्थत्वात् ॥४९॥

シュルターヌマーナ・プラッギャービヤーム・アンニャヴィシャヤー・ヴィシェーシャールタットヴァート

（註）शुत 経典、अनुमान 推論、प्रज्ञाभ्याम् 智慧から、अन्य 異なった、विषया 状態、विशेष 区別、अर्थत्वात् 目的から、

7. YS 1-7 の直接的知覚（प्रत्यक्ष）に相当する詩句で、即、知ることが可能になる。心の働き、思考でもって真理を知ることは不可能である。何故なら、それはマーヤー（幻想）であり、夢を見ているようなものである。

50. このサマーディから生じる微細な印象は、他の一切の印象の痕跡をぬぐい去ってしまう。（1-50）

तज्ञः संस्कारः अन्यसंस्कारप्रतिबंधी ॥५०॥

タッジャハ・サンスカーラハ・アンニャサムスカーラ・プラティバンディー

（註）तद् この、जः 生じる、संस्कारः 印象、अन्य 他の、प्रतिबंधी 妨げ、

11. YS1-11 の詩句で見てきたように、われわれの体験は、何らかの印象を記憶として残し、それが真の知識の獲得を妨げたり、取って代わったりしている。このサマーディは、過去の印象をワイパーのようにぬぐい去ってしまう。

51. まだ種子の残る（再び発芽するかも知れない）サヴィージャ・サマーディが終わると、種子のないニルヴィージャ・サマーディが訪れる。（1-51）

तस्यापि निरोधे सर्वनिरोधात् निर्बीजः समाधिः ॥५१॥
タスヤーピ・ニローデェー・サルヴァニローダート・ニルビージャハ・サマーディヒ

(註) तस्य その、अपि ～でさえ、निरोधे 終わると、सर्व すべての、निरोधात् 終わると、निर्बीजः 種子のない、समाधिः サマーディ、

　この宇宙的に調和した状態は、丁度、ヤジュル・ヴェーダ（YV 32-12）の次の詩句にも、美しく表現されている。

परि द्यावापृथिवी सद्य इत्वा परि लोकान् परि दिशः परि स्वः ।
パリ ドゥヤーヴァープリティヴィー サドゥヤ イトヴァー パリ ローカーン パリ ディシャハ パリ スヴァハ
ऋतस्य तन्तुं विततं विचृत्य तदपश्यत्तदभवत्तदासीत् ॥३२-१२॥
リタスヤ タントゥム ヴィタタン ヴィチュリトヤ タダパシャッタダバヴァッタダーシート

(註) परि まわり、द्यावा 天井、पृथिवी 地上、広い世界、सद्य 素早く、इत्वा 巡って、लोकान् 世界、दिशः 四方、ऋतस्य 真理の、तन्तुं 糸、विततं 伸びて、विचृत्य 拡がって、तत् अपश्यत् それを見て、तत् अभवत् आसीत् その中に入ってしまった、

　天上と地上、この世界、他の天体と、四方をくまなく巡り、彼は躍動する真理（秩序の糸）が延び拡がっているのを知った。よくよく観察して、遂には、その存在の中に入ってしまった。

　「真理を知る」というのは、全くの１つだけという自分自身の体験である。

ヨーガスートラ

第2章

サーダナ・パーダ

साधनपादः

‖ अथ साधनपादः ‖
アタ・サーダナパーダハ

　次に、第2章、サーダナ・パーダに入る。
　この章では、第1章で述べられたヨーガの状態に、どのようにすればなるのか、その方法・手段がサーダナ、またはタパの途として示される。ヨーガは、わが国では瑜伽（ゆが）として知られ、実践方法として古くから修験道や禅があり、ブッダの実践法としては、アーナーパーナサティやヴィパッサナ（ティック・ナット・ハンにより普及し、西洋ではマインドフルネスと呼ばれている）などがある。また、佐保田鶴治先生によって「ハタヨーガ（हठयोग）」が、**ヨーガの体操**として紹介された。
　第1章の冒頭で述べた通り、ヨーガの状態は、熟眠出来れば万人が体験できるが、すべての人が熟眠で体験出来るヨーガの状態とヨーガとは同じではない。
　このヨーガこそ、**ラージャヨーガ**であって、目が覚めている時に熟眠している時と同じように心が消滅し、しかも、ありありとした**意識の覚醒（awareness）**がある。ここが、根本的に異なる。
　サーダナはタパと同じであり、上述のようにいろいろな方法がある。しかし、この章の詩句**29.**で示される「8肢ヨーガ」で明らかなように、「ヨーガスートラ」では、ハタヨーガの行法が実践方法として説明される。前著で「ハタヨーガからラージャヨーガへ」としたのは、そのためであり、ポイントは**呼吸**にある。
　では、第2章第1句から見ていくことにしよう。

第2部　ヨーガスートラの解説

クリヤー・ヨーガ

1. 自己探求、自己学習、神への献身、これらを（ひとまとめにして）クリヤー・ヨーガ（実践ヨーガ）と言う。（2-1）

तपः स्वाध्यायेश्वरप्रणिधानानि क्रियायोगः ॥१॥
タパハ・スワーディヤーヤ・イーシュヴァラプラニダーナーニ・クリヤーヨーガハ
（註）तपः　自己探求、स्वाध्याय　自己学習、ईश्वर-प्रणिधानानि　神への献身、क्रिया-योगः　クリヤー・ヨーガ、実践のヨーガ、

　自己探求（タパ तपः）とは、身体、つまり、感覚器官、心、行動器官とは何かについて、よく観察することである。特に、目が覚めると、途端に動き出す心について、それが何処から現れ、如何にすれば鎮まって、遂には消滅するかを呼吸との関連において探求することである。その具体的な方法は、前述の修験道でも、禅でも、マインドフルネスでも、ハタヨーガでもかまわないが、自分に合ったものを自分で見つけ出さねばならない。そのいずれもが、心が動かない、言葉（想念）の発生しない、瞑想を主にしていることは言うまでもない。しかし、坐ることが瞑想ではない。瞑想のために坐っても、瞑想はその状態がやってくることであって、「する」ことは出来ない。また、瞑想が最終の目的ではない。

　自己学習は、瞑想によって、真の自己とは何かを知ることである。その際に、第1章でパタンジャリが述べたように、特別なプルシャ（プルシャ・ヴィシェーシャ पुरुषविषेश）であるヨーゲーシュワラ（योगेश्वर）、一番最初の師に連なるグルの存在が必要なのは、言うまでもない。この神への献身なくしてラージャヨーガへの成就はない。

　なお、クリヤー（क्रिया）は、時々、英語の clear（クリア）に発音が似ていることから、ハタヨーガの「浄化」と取り違える人があるが、サンスクリット動詞語根「〜をする」（クリ √कृ）から出てきた言葉で「実践・修練 discipline」を意味する。

2. クリヤー・ヨーガの目的は、サマーディへの道筋を示し、苦悩の原因を弱めることである。(2-2)

समाधिभावनार्थः क्लेशतनूकरणार्थश्च ॥२॥
サマーディバーヴァナールタハ・クレーシャ・タヌーカラナールタシュチャ

(註) समाधि サマーディ、भावना ひたむきに励むこと、अर्थः 〜ために、क्लेश 苦悩、तनु 弱めると、करण 原因、अर्थः 目的、च そして、

クリヤー・ヨーガの3つのプロセス、つまり、心と呼吸の関係をよく観察し、瞑想によって、真の自己とは何かを知り、神への献身によってサマーディへの途が示されると同時に苦悩の原因は弱められる。それは、サーンキャでも見てきたように、プルシャとプラクリティの識別力が備わることを意味し、グナの活動が止み、次第にプラクリティの顕現がなくなること（अव्यक्त）でもある。

この詩句に関しては、SPS に次の記述がある。

瞑想によって、すべての力が清澄になり、プラクリティにまで及ぶ。
(3-29)

भावनोपचयाच्छुद्धस्य सर्व प्रकृतिवत् ॥३-२९॥
バーヴァノーパチャヤーッチュッダスヤ サルヴァム プラクリティヴァット

(註) भावन - उपचयात् 瞑想の達成によって、शुद्धस्य 清澄になり、सर्व すべての力、प्रकृतिवत् プラクリティに関して、

ここでシュッダ（清澄 शुद्ध）とは、自らにとって違和感のない自然な状態であって、グナ活動の停止にまで波及することを述べている。クリヤー・ヨーガの目的は、最終目標のサマーディへの道筋を示すことである。

第2部　ヨーガスートラの解説

苦悩の原因

3. 苦悩の原因は、気づきのないこと、私という感覚、執着、憎しみ、生きることへの執着である。（2-3）

अविद्याऽस्मितारागद्वेषाभिनिवेशाः क्लेशाः ॥३॥

アヴィディヤー・アスミター・ラーガ・ドヴェーシャ・アビニヴェーシャーハ・クレーシャーハ

（註）अविद्या 気づきのなさ、अस्मिता 私感覚、राग 執着、द्वेष 憎しみ、अभिनिवेशाः このまま続いてほしいという願い、क्लेशाः 苦悩の原因、

　すべて苦悩の根本的原因は、私という感覚（अस्मिता）、エゴから生じる。エゴが生まれれば、プラクリティの活動が始まる。すべてはプラクリティの活動、姿・形の変化であり、変化するものと、変化しない真の自己への気づきが生まれない限り、生に対する執着、裏返せば、死への恐怖など苦悩は消えない。

4. 真の知識とは何かに気づかないと、それが他のすべての土壌となる。この苦悩の原因は、現時点で休眠中のもの、弱いもの、一時的に中断しているもの、活発に活動中のものなどがある。
（2-4）

अविद्या क्षेत्रमुत्तरेषां प्रसुप्ततनुविच्छिन्नोदाराणाम् ॥४॥

アヴィディヤー・クシェートラム・ウッタレーシャーム・プラスプタ・タヌ・ヴィッチンナ・ウダーラーナーム

（註）अविद्या 気づきのなさ、क्षेत्रम् 土壌、उत्तरेषां 続いて、他に、प्रसुप्त 休眠中、तनु 弱い、विच्छिन्न 中断している、उदाराणाम् 活動中、

　前句に続いて真の自己への気づきがない限り、苦悩の原因は、今表面に顕れていないもの、眠った状態に在るもの、弱いもの、一時的に中断しているもの、現在活発に活動しているものなどがある。

これらはビージャ（बीज 種子）であって、気づきが起こらないとなくならない。

5. 気づきがないと、一時的なものを永遠なものと、不純なものを清浄なものと、苦痛なものを快適なものと、真の自己ではないものを真の自己と見なしてしまう。（2-5）

अनित्याशुचिदुःखानात्मसु नित्यशुचिसुखात्मख्यातिरविद्या ॥५॥
アニトヤーシュチ・ドゥフカーナートゥマス・ニッテヤ・シュチ・スカートゥマキャーティヒ・アヴィディヤー

（註）अनित्या 永遠でないもの、अशुचि 不浄、दुःख 苦悩、अनात्मसु 真の自己でないものに、नित्य 永遠、शुचि 清浄、सुख 幸福、आत्म 真の自己、ख्यातिः 同一化、見なすこと、अविद्या 気づきのなさ、

3. YS 2-3 から繰り返し出てくるア・ヴィディヤー（अविद्या）という語は、今まで「無知」と訳されることが多かった。しかし、「ものごとを知らない、知識がない」という意味ではない。サンスクリットの動詞語根 √विद्（理解する、気づく）に、否定（not）の意味の接頭辞ア（अ）がついたもので、「理解のなさ、気づきのなさ」を表す。従って、ア・ヴィディヤー（अविद्या）は、「覚醒（awareness）が起こらないこと」であって、知識の多い少ないとは関係がない。

また、シュチ（清浄 शुचि）は、ラテン語起源で purus（混ざりもののない）の意である。従って、アシュチ（不浄 अशुचि）は、あなたにとって、「どこか異質で合わないもの」と考えてよい。

プラクリティの活動は、インドでは、よく波に譬えられる。それは、あくまでも無数の波の変化と動きであって姿を変える。しかし、海自体は常に1つである。この詩句に挙げられている、一時的なものと永遠のものの混同がすべての苦しみを生むのである。

131

6. 私という想念は、「見る者」と「見る対象」（という２つの力）を同一視してしまうところから現れる。（2-6）

दृग्दर्शनशक्त्योरेकात्मतेवास्मिता ॥६॥

ドリグ・ダルシャナシャクトヨーホ・エーカートマター・イヴァ・アスミター

（註）दृक् 見る者、दर्शन 見られるもの、शक्त्योः ２つの力の、एकात्मता ひとつ、同一視すること、इव ～のように、अस्मिता 私という想念、エゴ、

　観察者であるプルシャの一瞥によってプラクリティの活動が始まると、まず、アハンカーラが顕れ、心と感覚器官は対象を認識し始める。主語（私という想念）と目的語（対象）であるマーヤーの２つが生じ、これを同一化、または、混同する。（दो या अधिक वस्तुओं का एक में या एक साथ होना）真の自己は置き忘れられ、見えているもの、変化しているものと行動を共にする。私とは、「偽りの自己」である。

　「見る対象」は、「あなたにとって、その様に見えているもの」であって、他の人と同じではない。その人には、別の見え方がしている。従って、「見る対象」は、「見え方」であって、見る人によって異なる。

　ヨーガの学習が進むと、大変革（revolution）が起こる。revolution とは、後期ラテン語が起源とされ、revolutio から、revolve（回転する）＋ tion、つまり、変化どころではない。「見え方」そのものが変わってくるのである。

7. 快楽にしがみつくから愛着が生ずる。（2-7）

सुखानुशयी रागः ॥७॥

スカーヌシャイー・ラーガハ

（註）सुख 快楽、अनुशयी しがみつくこと、रागः 愛着、

第2章　サーダナ・パーダ

　あるモノや人に、本来、属性として愛着を生むようなものが備わっている訳ではなく、すべては私感覚の思い込みによって起こり、初め快楽感があって執着しても、必ず苦悩で終わる。

8. 苦痛が原因で憎悪が生まれる。（2-8）

दुःखानुशयी द्वेषः ॥८॥
ドゥフカーヌシャイー・ドヴェーシャハ
　（註）दुःख　苦痛、अनुशयी　結びつき、द्वेषः　憎悪、

　逆に、あるモノや人に嫌悪を生むようなものが、本来存在しているわけではない。不愉快な過去の体験が苦痛として記憶され蓄積すると、憎しみを生む。前詩句とこの詩句はペアーであり、1枚のコインの裏表の関係にある。

9. 生き続けようという意志は、本人の感情・性癖に基づくために、賢者の間にも根づいている。（2-9）

स्वरसवाही विदुषोऽपि तथारूढोऽभिनिवेशः ॥९॥
スワラサヴァーヒー・ヴィドゥショーピ・タタールードーピニヴェーシャハ
　（註）स्व-रस　本人の性癖、वाही　流れ、विदुषः　賢者、अपि　～でさえも、तथा　従って、रूढः　生じる、अभिनिवेशः　続いてほしいという願い、生への執着、

　生への執着は、5つの感覚器官、5つの行動器官、そして、心から成るこの**身体**を真の自己と同一視してしまうことから生じる。生というのは、今この瞬間にしか存在しない。従って、生への執着は、将来に渡っての時間の継続の望みであり、願いである。未来は、過去と同様存在しない。今この瞬間（クシャナ क्षण）があるのみである。アビニヴェーシャ（अभिनिवेशः）というのは、「このままの状態がずっと続いてほしいという願望」である。

133

10. これら（苦悩の原因）は、微細な本源に戻ることで終結する。（2-10）

ते प्रतिप्रसवहेयाः सूक्ष्माः ॥१०॥

テー・プラティプラサヴァヘーヤーハ・スークシュマーハ

(註) ते これらは、प्रतिप्रसव 本源へ戻ること、हेयाः 終結、सूक्ष्माः 微細な、

河に源流があるように、物事には、すべて根源がある。これら苦悩の原因も、元に戻ってそれを突きとめれば終わらせることが出来る。それをサンスクリット語でプラティプラサヴァ（प्रतिप्रसव 根源に戻る return to the original state）と言う。詩句3．（2-3）で述べられた、5つの苦悩（クレーシャ क्लेशः）の原因は、すべてアハンカーラの出現から展開する。私という想念が、すべての苦悩の根源である。

11. 苦悩を引き起こす源の心の動きは、瞑想によって終わらせることができる。（2-11）

ध्यानहेयास्तद्वृत्तयः ॥११॥

ディヤーナヘーヤーハ・タッド・ヴリッタヤハ

(註) ध्यान 瞑想によって、हेयाः 終結、तद् वृत्तयः 心の動き、

瞑想によって心の動きを鎮めることが出来る。心の動揺による上述のような表面的に現れるあからさまな愛着、嫉妬、成就しなかった時の怒り、憎しみなどは姿を消し苦悩は消えるが、しかし、まだ種子は残る。瞑想（ディヤーナ ध्यान）とサマーディ（समाधि）とは異なる。

１２. 苦悩の原因は、過去の行為の精妙な痕跡である。この行為の結果は、現在、経験されたり、将来において、経験されるかもしれない。（2-12）

क्लेशमूलः कर्माशयो दृष्टादृष्टजन्मवेदनीयः ॥१२॥

クレーシャムーラハ・カルマーシャヨー・ドゥリシュタードゥリシュタジャンマ・ヴェーダニーヤハ

（註）क्लेश - मूलः　苦悩の原因、कर्म - आशायः　過去の行為の痕跡、दृष्ट - अदृष्ट　認識されたり、しなかったり、जन्म　生まれること、वेदनीयः　経験、

9. YS 2-9 の詩句で生への執着が取り上げられたが、生というのは、今この瞬間にしか存在しない。過去の行為の精妙な痕跡とは、心の記憶に他ならない。この記憶が呼び出されると連続しているように思い込み生を形作る。それは、今この瞬間に反応しての生ではない。過去の記憶に基づく思い込みによって生きる限り、それがまた将来においての行為の結果（カルマパラム कर्मफलम्）を形作る。今この瞬間に生きる限り、未来を創造したりはしない。過去の痕跡が未来を形作るのである。この瞬間に生きるという気づきがあれば、行為の結果が種子となるようなことは起こらない。

　スワミ・ハリハラナンダの説明では、記憶には、種子として残る記憶（これは後に発芽する可能性がある）と種子として残らない記憶があるという。種子として残る記憶には、苦しみを伴うものと、正しい知識に基づくものであれば苦悩を伴わないものがあり、カルマーシャヤ（कर्माशय＝कर्म - आशय）は、以前に行った行為の結果を、心がメリット、デメリットとして受け入れる痕跡であって、現在、または、将来経験するであろう喜びを生ずる美徳と、逆の不愉快な経験の悪徳とがあるという。カルマーシャヤは種子、ヴァーサナは土壌で、生とは種子が育った樹であり、人生を通しての苦楽の体験は、樹になった実であると説明している。

13. 根本に原因が残っている限り、ある結果が生まれ、その人の人生と一生の間に体験する様々な出来事がある。（2-13）

सति मूले तद्विपाको जात्यायुर्भोगाः ॥१३॥

サティ ムーレ・タッド ヴィパーコー・ジャートヤーユルボーガーハ

（註）सति मूले 原因がある限り、तद् その、विपाकः 結実、実現、
जाति 生まれ、आयुः 一生、भोगाः 体験、

　前句と関連して、行為の痕跡（カルマーシャヤ）という種子のある限り、樹には結実という結果（パラム フलम्）が生まれる。それが、その人の生まれに基づく人生と一生の間に体験する様々な出来事がある。

14. この3つ（生まれ、その人の一生、その間の体験）には、楽しみと苦しみの果実があり、それぞれ徳のある行為、徳のない行為が基となる。（2-14）

ते ह्लादपरितापफलाः पुण्यापुण्यहेतुत्वात् ॥१४॥

テー・ハラーダ パリターパ パラーハ・プンヤープンヤ・ヘートゥトヴァート

（註）ते これら3つ、ह्लाद - परिताप 喜びと苦悩、फलाः 結果、पुण्य - अपुण्य 徳のある行為と徳のない行為、हेतुत्वात् 基、

　過去は、すべて記憶の痕跡であり、ちょうど夢のようなマーヤー（माया）である。それが残っていて発芽しても、一瞬の喜びか、多くの場合苦しみとなる。徳のある行為と徳のない行為。その結果に対して、ここに、映画PKで描かれたように、ドーバグヴァーン（दो भगवान）、**人間が造った神の概念**を持ち込むと、さらなる混乱を招く。インドでは、単なる自然の法則に過ぎないと、非常にシンプルな形で見ていて、因果応報などというふうには見ていない。

第2章 サーダナ・パーダ

15. ものごとが識別できる人は、快楽は結局苦痛となって潜在意識に入り、将来の苦悩の基となり、（3つの）グナの働きは相互に矛盾するので、すべては苦に他ならない、と分かっている。

(2-15)

परिणामतापसंस्कारदुःखैर्गुणवृत्तिविरोधाच्च दुःखमेव सर्वं विवेकिनः। ॥१५॥

パリナーマ・ターパ・サンスカーラ・ドゥフカイヒ・グナヴリッティヴィローダッチャ・ドゥフカメーヴァ・サルヴァム・ヴィヴェーキナハ

(註) परिणाम 変化、ताप 悲しみ、संस्कार 行為の結果の痕跡、दुःखैः 苦悩によって、गुण-वृत्ति-विरोधात् グナ変化による混乱、च ～も、दुःखम् 苦悩、एव ～でさえ、सर्वं すべて、विवेकिनः 識別出来る人、

　動きまわるチッタ、過去の記憶の痕跡によって起こる様々な体験、サーンキャで見てきたグナのバランスが崩れて起こるプラクリティの活動と3．YS 2-3 の5つの根本原因（クレーシャ क्लेशः）に基づく混乱、これらがすべての苦悩の原因であると、覚醒者には識別出来ている。
　苦悩の原因を外に探しても見つからず、すべては自分自身の中にある。10．YS 2-10 のプラティプラサヴァ（प्रतिप्रसव）「根源に戻れ」、とパタンジャリは言っているのである。

16. まだやって来ていない苦悩は、避けることができる。(2-16)

हेयं दुःखमनागतम् ॥१६॥

ヘーヤム・ドゥフカム・アナーガタム

(註) हेयम् 避けることが出来る、दुःखम् 苦悩、अनागतम् まだ、やって来ていない、

第2部　ヨーガスートラの解説

　過去の記憶の痕跡を基に、未来への希望を繋ぐ、これを習慣にして生きている限り苦悩はついて回る。これを断ち切れば、即座に苦悩はやって来ない。

「見る者」と「見られるもの」

17. 見る者と見られるものが結びつかなければ、苦悩の原因は避けられる。（2-17）

द्रष्टृदृश्ययोः　संयोगो हेयहेतुः ॥१७॥
ドラシュトリ・ドリシャヤヨーホ・サムヨーゴー・ヘーヤ・ヘートゥフ

　(註) द्रष्टृ-दृश्ययोः　見る者と見られるもの、संयोगः　混同、同一視、
　　　हेय　避けられる、हेतुः　原因、

　第2章のサーダナ・パーダの根幹となる詩句である。**見る者**とは、プルシャ（पुरुष）、**見られるもの**とは、プラクリティ（प्रकृति）のことである。サーンキャカーリカーで見てきたように、観察者であるプルシャとの出会いによって3つのグナのバランスが崩れるとプラクリティの変化が始まり、7つの展開が始まる。マハット（ブッディ）、アハンカーラ、5つのタンマートラ、更にアハンカーラから5つの感覚器官、心（マナス）、5つの行動器官の11が生まれる。この身体は、私のものとして認識され、周辺のタンマートラを知覚する。こうして、**見られるもの（プラクリティ）**、これは、あなたにとって「そのように見えているもの」であって、恰も、プルシャであるかの如くに思ってしまう。これがすべての苦悩の原因である。
　佐保田鶴治先生は、このところを『解説ヨーガスートラ』93頁で絶妙に説明しておられる。

「真我（プルシャのこと）と覚（ブッディのことで、プラクリティ展
　開の始まり）とのいわば腐れ縁の上に咲いたあだ花」

（カッコ内は、筆者による説明）

　従って、第1章の**4. YS 1-4**で見てきたように、「見る者」と「見られるもの」との混同が起こる。この結びつきがある限り苦悩は避けられない。プルシャとプラクリティの混同がなくなれば、即座に苦悩は消滅する。

　「私（主語）がコップ（目的語）を見る」という文章で、「私」＝「コップ」であるはずはない。（主語）＝（目的語）ではない。プルシャは、プラクリティではない。この単純なことに気がつかないことが、そもそも苦悩の原因なのだ。

見られるもの

１８．見られるものは、輝く状態のサットヴァ、活動する状態のラジャ、停滞状態のタマから成り（１１の）感覚器官等から構成されている。われわれは、それを味わい体験し、それから解放されるために存在している。（2-18）

प्रकाशक्रियास्थितिशीलं भूतेन्द्रियात्मकं भोगापवर्गार्थं दृश्यम् ॥१८॥

プラカーシャ・クリヤー・スティティシーラム・ブーテーンドゥリヤートマカム・
ボーガーパヴァルガールタム・ドリシャム

　　（註）प्रकाश 輝くもの、サットヴァ、क्रिया 活動するもの、ラジャ、स्थिति 停滞するもの、タマ、शीलम् 状態、भूत 粗大な要素、इन्द्रिय ５つの感覚器官等、आत्मकम् ～から構成される、भोग 体験、अपवर्ग-अर्थ 解放されるため、दृश्यम् 見られるもの、プラクリティの活動により生まれるもの、

　サーンキャで見てきたように、この世はプラクリティの活動によって創造されたものである。合計１１の構成要素は、サットヴァ、ラジャ、タマの３つのグナのバランスが不均衡であるが故に、われわれはいろいろな事柄を体験する。それがボーガ（भोगः 享楽）であ

る。しかし、この貴重な体験こそ、われわれに解放、モークシャ（मोक्ष）をもたらすものである。

　ヨーガ（योगः）とサマーディ（समाधिः）は同じであり、ボーガ（भोग）とモークシャ（मोक्ष）の2つは、実は、プルシャの慈愛であったとの気づきが生まれた時、プラクリティの活動は終わる。（YS 4-34 を参照）

19. グナには、はっきりと認識できるもの、そうでないもの、原初的な特徴のあるもの、そうでないもの（の4つが）ある。（2-19）

विशेषाविशेषलिङ्गमात्रालिङ्गानि गुणपर्वाणि ॥१९॥

ヴィシェーシャーヴィシェーシャ・リンガマートラーリンガーニ・グナパルヴァーニ

　（註）विशेष 区別できるもの、अविशेष 区別できないもの、लिङ्ग - मात्र きざしのあるもの、अलिङ्गानि きざしのないもの、गुण - पर्वाणि グナの変化のレベル、

　グナのバランスが崩れ、顕れ方の4つの段階を述べている。（YS 1-2 の展開図を参照）それぞれ、心の様々な動き、エゴ、ブッディ、原初のプラクリティの段階を示している。

20. 見る者の本性は、そのまま見るだけである。しかし、純粋であるにもかかわらず、心の見方に従ってしまう。（2-20）

द्रष्टा दृशिमात्रः शुद्धोऽपि प्रत्ययानुपश्यः ॥२०॥

ドラシュター・ドリシマートラハ・シュッドーピ・プラッティヤヤーヌパシャハ

　（註）द्रष्टा 見る者、दृशि - मात्रः そのまま見るだけ、शुद्ध 純粋、अपि しかし、प्रत्यय - अनुपश्यः 心の見方に従ってしまう、

　そのままの状態を、そのまま（as it is）見るということはなかな

か難しい。それをシュッダ（शुद्ध）とサンスクリットで表現しているが、結局、心の見方に従うので、似たようなものとして、また、歪んだ姿・形として見てしまうことに気がつかない。

２１．見える世界は、見る者のために存在するに過ぎない。（2-21）

तदर्थ एव दृश्यस्यात्मा ॥२१॥

タダルタ・エーヴァ・ドリシャスヤ・アートマー

（註）तद् - अर्थः　その目的は、〜のため、एव　〜だけ、दृश्यस्य　見られるもの、आत्मा　見る者、プルシャ、

「見られるものは、見る者のためにのみ存在する。」これは、サーンキャカーリカーの１４．（４５頁）、１６．（４７頁）で見てきた通りであって、**見られるものであるプラクリティの活動は、プルシャのためである。**

　この世は劇場、私たちの活動は舞台での公演、観客はプルシャである。普段公演がなければ、劇場は空っぽの空間があるだけで、役者も観客もいない。しかし、一旦、公演が決まれば舞台が造られ、役者や演出家などが決まり、演目が上演される。われわれ役者は、その割り振られた役を演じる。舞台上の公演こそプラクリティの変化し続ける姿である。われわれは、それぞれに与えられた役割を観客であるプルシャのために果たすことになる。

　無事に公演が終わり、プルシャが楽しんでくれれば、プラクリティの活動は終焉する。これがヨーガの終局の目的であり、この詩句**２１．**YS 2-21 から**２６．**YS 2-26 までは、第２章「サーダナパーダ（साधनपादः）」における最も重要な詩句である。

22. この世界は、目的を達成した人に対しては消滅しているが、その他の人々には、共通して、この世界は存続したままである。（2-22）

कृतार्थ प्रति नष्टमप्यनष्टं तदन्यसाधारणत्वात् ॥२२॥

クリタールタム・プラティナシュタム・アピ・アナシュタム・タダンニヤ・サーダーラナートヴァート

（註）कृत 終わっている、अर्थ ～のためには、प्रति ～に対して、नष्टम् 消滅、अपि しかし、अनष्टम् 消滅しないまま、तत् その、अन्य 他、साधारणत्वात् 共通、ありふれたこと、

　ヨーガを達成した人と、そうでない人との違いはどこにあるのだろうか。マハルシは、熟眠出来た人は、誰でもヨーガの状態を**体験**出来ると言った。しかし、それは体験であって**ヨーガの達成ではない**。そのために、パタンジャリは、「ヨーガの学習を始めよう」と言った。

　達成した人は、目が覚めても「見えるもの」は消滅している。しかし、われわれには残ったままである。つまり、眠っていて夢を見ることがあるが、目が覚めた状態で夢を見ているのと変わらない。「その他の人々」とは、われわれのことであり、「この世界は存続したまま」とは、目が覚めるとプラクリティの展開した姿が、見える姿として、われわれに共通して残っている、という意味である。残っているために、われわれは、またしても、そのマーヤーである世界を見て行動する。

23. 「見る者」と「見えるもの」とが結びついてしまうのは、「見る者」の本性を真に理解するためである。

（2-23）

स्वस्वामिशक्त्योः स्वरूपोपलब्धिहेतुः संयोगः ॥२३॥

スワ スワーミ シャクトヨーホ・スワルポーパ ラブディヘートゥフ・サムヨーガハ
(註) स्व- स्वामि- शक्त्योः　自分とその主人（という２つの力）、स्वरूप　本性、
　　उपलब्धि- हेतुः　理解出来るのが、その理由、संयोगः　結びつき、

　サンヨーガ（संयोगः）と言う言葉は、１７．YS 2-17 でも取りあげたが、本来は「結合（union）」という意味である。しかし、「この詩句の「結合」は、「見る者」と「見えるもの」を結びつけてしまい混同、同一視してしまう危険性のことである。
　「結合」は、矛盾するようであるが、それが必要だと述べているのは、ヨーガを達成することによって、この混同が識別出来るようになると言いたかったからである。パタンジャリが、「ヨーガの学習を始めよう」と言った真の意味がこれである。
　この世が、プラクリティの活動によって現れた仮の姿であると識別出来た時、前句のようにこの世は消滅しヨーガは達成される。

２４．この結びつきの原因は、真の自己への気づきがないからある。
（2-24）

तस्य हेतुरविद्या ॥२४॥
タスヤ・ヘートゥフ・アヴィディヤー
　(註) तस्य　この（結びつき）、हेतुः　原因、अविद्या　気づきのなさ、

　１７．YS 2-17 の詩句と同一の内容を述べていて、気づきのなさとは、「見る者」と「見られるもの」の識別が出来ないことである。この識別のない限り、「蛇とロープの譬え」は永遠に続く。

２５．真の知識のなさが消滅すれば、「見る者」と「見られるもの」の混同も終焉し、苦悩の原因も除かれる。この時、プルシャ一つだけの存在があることに気づく。（2-25）

तदभावात् संयोगाभावो हानं तद्दृशेः कैवल्यम् ॥२५॥

タダ バーヴァート・サムヨーガーバーヴォー・ハーナム・タッド ドゥリシェヘ・カイヴァルヤム

(註) तद्-अभावात् その消滅、संयोग-अभावः 混同がなくなる、हानम् （苦悩の）終わり、तत् それ、दृशेः 見られるものから、कैवल्यम् 一つとなった、

「アハマスミ」अहमस्मि（I am）と「アスミター」अस्मिता（amness, being）とは、全く別のことである。前者は、「見る者」と「見られるもの」の混同があり、後者には、その識別が出来ている。この時、一つだけの存在に気づくことになり、これが第4章で述べられるカイヴァルヤ（कैवल्य）である。

２６．識別出来る知識へと目覚めることが、苦悩が消滅する方法である。（2-26）

विवेकख्यातिरविप्लवा हानोपायः ॥२६॥

ヴィヴェーカキャーティヒ・アヴィプラヴァー・ハーノーパーヤハ

(註) विवेक-ख्यातिः 「見る者」と「見られるもの」の識別、अविप्लवा 不動の、हान-उपायः 取り除く方法、消滅させる手段、

　真理と真理でないものを識別するため、絶え間ない実践が求められる。これが、正にヨーガの学習であって更なる知識の取得ではない。「蛇とロープの譬え」通り、最初、比較的判別しやすいものから次第に微細なものへと姿が変わるので、識別が難しい。あまりにもよく似ているものから、真理を抽出するには、そうでないものを少しずつ散らしてゆく観察・実践・体験が必要になる。

２７．（人は）7段階を経由して最終の段階に到達する。（2-27）

तस्य सप्तधा प्रान्तभूमिः प्रज्ञा ॥२७॥

タスヤ・サプタダー・プラーンタブーミヒ・プラギャー

(註) तस्य ヨーギーの、सप्तधा ７つの、प्रान्त 最終の、भूमिः 段階、प्रज्ञा 覚醒、

　パタンジャリは７段階を経て訪れるとこの詩句で述べているが、具体的には示していない。覚醒は一気に訪れるかもしれない。この７段階には様々なコメンタリーがあるので、以下参考までに、その中の一つ BANGALI BABA のものを記す。

1. すべてが理解出来、もはや識るべきものは残っていない。
2. その原因は消滅して、もはや何も残っていない。
3. 妨げるものは吸収されてどこにも見られない。
4. 除去すべき方法が見つかった。
5. 叡智はその義務を果たした。
6. 心の作り出す新たなエネルギーは、もはやない。
7. 新たに展開するエネルギーの必要性は、もはやない。

２８．次句に掲げるヨーガの階梯を通じて、覆いが除去されると、知識の光が輝き、（プルシャとプラクリティ識別への）気づきに導かれる。（２-２８）

योगाङ्गानुष्ठानादशुद्धिक्षये ज्ञानदीप्तिराविवेकख्यातेः ॥२८॥

ヨーガーンガーヌシャターナート・アシュッディクシャイェ・ギャーナディープティヒ・アーヴィヴェーカキャーテへ

　　(註) योग ヨーガの、अङ्ग 階梯、अनुष्ठानाद् 忠実で熱心な修練、अशुद्धि 不純なもの、覆い、क्षये 除去、破壊されると、ज्ञान - दीप्ति 知識の光、आ ～にまで、विवेक - ख्यातेः 識別への気づき、

　ピュアな光は外を探してもなく、あなた自身の内に既にある。従って、次句で示される有名な８つのヨーガの階梯も、既に存在するあなた自身の核心に問いかける内側の探求である。探求したら新た

に創り出されるある境地などではない。このことをよくよく理解しておかないと、一切の努力は徒労に終わる。

　この詩句で最も大切なのは、クシャヤ（क्षय）という「除去、破壊」を意味するサンスクリット語である。何故なら、ピュアな（シュッディ शुद्धि）光（ディープティ दीप्तिः）は、既に存在しているが、覆い（アシュッディ अशुद्धि）で隠れている。それを実践、探求によって破壊し除去すれば、中から現れてくる、というのがこの詩句の意味である。

8肢ヨーガ

29．ヨーガの八部門とは、1. ヤマ（社会に対する規律）、 2. ニヤマ（自分自身に対する規律）、3.アーサナ（ポスチュア、坐法）、4.プラーナーヤーマ（調気法）、5.プラッティヤーハーラ（感覚を対象物から引き離すこと）、6. ダーラナー（心の集中）、7. ディヤーナ（瞑想）、8.サマーディ（真の自己への没入）。（2-29）

यमनियमासनप्राणायामप्रत्याहारधारणाध्यानसमाधयोऽष्टावङ्गानि ॥२९॥

ヤマ・ニヤマ・アーサナ・プラーナヤーマ・プラティヤーハーラ・ダーラナー・ディヤーナ・サマーダヤハ・アシュタウ・アンガーニ

（註）यम　社会に対する規律　नियम　自分自身に対する規律　आसन　アーサナ、ポスチュア、प्राणायाम　プラーナーヤーマ、प्रत्याहार　プラッティヤーハーラ、धारणा　ダーラナー、ध्यान　ディヤーナ、समाधयः　サマーディ、अष्टौ　अंगानि　8部門、8肢

　ヨーガという言葉の代名詞になっているのがこの詩句であり、ヨーガに関する理解や定義が、8肢ヨーガ（アシュタンガ・ヨーガとよく言われる）やアーサナ（ポスチュア）を指していることが多い。従って、この解説だけで1冊の本になってしまう。しかし、既に第1章をお読みになれば、ヨーガという言葉の真意は明らかであろう

から、その理解のもとに説明をしていくことにする。

パタンジャリの示したこの8つは、階梯（step）であると同時に、それぞれが内的に深く結びついた全体でもある。

まず、最初のヤマ、ニヤマは、前著でも触

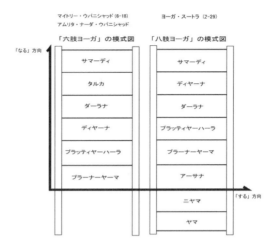

れたが、これを階梯として、前提条件とすることには少し無理がある。なぜなら、ヤマ、ニヤマは、従来「禁戒」、「勧戒」と邦訳されてきたので、どうしても戒律のように理解して、心で心をコントロールしようとしてしまうから逆に大きなストレスを生む。タントラのシステムの中からスバートマーラーマたちが構築した科学的な行法である「ハタヨーガ」は、このヤマ、ニヤマを全く排除した。つまり、ヤマ、ニヤマは、サンヤマ（संयम）への方向性を示す言葉であって、むしろ、この8つの階梯の一番上に持ってくるほうが分かりやすい。何故なら、サンヤマの状態が訪れば、ヤマ、ニヤマの状態には自然となっているからである。

アーサナも、この言葉が「ヨーガ」の代名詞になってしまっている。プラーナーヤーマを含め、アーサナを佐保田鶴治先生は「ヨーガの体操」という言葉で代表された。これは、身体と呼吸の深い関連を示された言葉で、もし、「ハタヨーガ」の行法をヨーガの達成の実践法として選べば、まず、このアーサナによって身体を健康にしないと、ヨーガの状態も体験出来ない。（第1章で述べた）

この意味で、アーサナは非常に重要であり、「ハタヨーガプラディーピカー」に述べられている、呼吸と心の関係をよく理解して実践しないと、ただ毎日アーサナをやっているという、単なる繰り返し

147

に終わり、サンヤマの状態には決してならない。それは、ヤマ、ニヤマという言葉で示されたサンヤマ（संयम）への方向性が間違っていることになる。

前著で述べた「ハタヨーガプラディーピカー」の中の重要な事柄を、もう一度下に引用しておく。

> 心が吸収されると、それに連動してプラーナ（活動エネルギー）も鎮まり、やがて心は消滅する。（HP 4-23）

> ミルクと水のように、心とプラーナには親和性があって、連動して動く。プラーナが鎮まると、心も動かなくなり、心が鎮まると、プラーナも動かなくなる。（HP 4-24）

> 一方が鎮まれば、他方も鎮まる。一方が動けば、他方も動く。一方が止まらなければ、感覚器官も活動する。心とプラーナがともに止まれば、モークシャが訪れる。（HP 4-25）

心と呼吸の関係でもう一つ重要なことは、入息、出息時のそれぞれに、ほんの僅か息が止まる所がある。その空白の部分、ケーヴァラ・クムバカは、思考が働かず、従って、言葉は発生しない、心が消滅した状態である。ここに意識が集中できるようになれば、心は必ず鎮まる。これにより、心と身体の調和が得られ、アーサナの目的である深い安らぎの身体が得られる。

次に、ディヤーナ（ध्यान 瞑想）は、ヨーガの最終目標ではない。これも瞑想についての誤解から生じることであって、瞑想は何かへの集中ではない。瞑想への対象は、すべて何もない。しっかりした中心への覚醒・気づきがあるだけである。これを理解するためには、どうしてもサンスクリット語のアハンカーラ（अहङ्कार, I am）とアスミター（अस्मिता, amness）という言葉の違いを理解する必要がある。アハンカーラは、「私という感覚」であり、アスミターは、「た

だ存在のみ」である。瞑想の状態が訪れると、「私という感覚」はすべてなくなるが、「存在」が残っているということは、発芽する種子はあり、元に戻ってしまうことがある。従って、瞑想は、ヨーガの最終目標ではない。サマーディの状態になって初めてヨーガの状態に達したことになる。佐保田鶴治先生が、「ヨーガの体操」と「ヨーガ」と言う言葉をはっきり区別して使われたのは、そのためである。

「ヨーガの体操」という表現は気がつかない人が多いが、非常に微妙な表現が使われている。このことは、最初に図で示したように8肢ヨーガの最初の段階の「アーサナ」には、2つの方向があり、「なる」方向と「する」方向がある。なぜ、「ハタヨーガプラディーピカー」でスバートマーラーマは、次の表現をしたのであろうか。

ラージャ・ヨーガがなければ、どんなに素晴らしい大地も、夜も、ムドラーも輝かない。（HP3−126）

大地とはアーサナのことであるが、サンヤマに向かう「なる」方向、つまり、ラージャヨーガでなければ難易度の高いアーサナを極める「する」方向を目指しても、そこで終わってしまう。このことを佐保田鶴治先生は、アーサナという言葉の代わりに「ヨーガの体操」と表現された。

それともうひとつ大きな理由がある。それは、年を重ねて70代を過ぎてからのアーサナへの注意点である。インド映画の「聖なる呼吸」をご覧になった方は、ここでクリシュナマチャルヤやアイエンガーの素晴らしいアーサナを見られて驚嘆されたことであろう。しかし、インド人と日本人とでは、気候風土、食べ物も異なる上に、子どもの頃から長年にわたり修行を積んできたこれらの天才とはまったく違うので決して真似をしてはいけない。彼らは例外であって、「する」方向と「なる」方向の両方を達成した人である。70代、80代に達して危険を伴うアーサナは決して行ってはならない。なぜ、アーサナという言葉でなくて、「ヨーガの体操」なのか、佐保田

第2部　ヨーガスートラの解説

鶴治先生の私たちへの思いやりを感じずにはいられない。
　スバートマーラーマの次句を、たった一言で表現されたのである。「する」方向でなく、「なる」方向へと、体操程度に留めておきなさい。

　　ラージャ・ヨーガを知らないで、ただハタヨーガを行ずる人が多い。彼らは、実りのないことをただ繰り返しているに過ぎない。
　　　　　　　　　　　　　　　　　　　　　　　（HP4-79）

ヤマ

30．ヤマとは、(1) アヒンサー（非暴力）、(2) サッティヤ（真実性）、(3) アステーヤ（不偸盗）、(4) ブラフマチャルヤ（ブラフマンに準じた生活をする）、(5) アパリグラハ（非所有）。（2-30）

अहिंसासत्यास्तेयब्रह्मचर्यापरिग्रहा यमाः ॥३०॥

アヒムサー・サットヤ・アステーヤ・ブラフマチャルヤ・アパリグラハ・ヤマーハ

（註）अहिंसा　非暴力、सत्य　真実性、अस्तेय　不偸盗、ब्रह्मचर्य　ブラフマチャルヤ、अपरिग्रहाः　非所有、यमाः　ヤマとは、

31．ヤマは、出生、場所、時間、状況に制約されないすべてに及ぶ、偉大な誓約である。（2-31）

जातिदेशकालसमयानवच्छिन्नाः सार्वभौमा महाव्रतम् ॥३१॥

ジャーティ・デーシャ・カーラ・サマヤ・アナヴァッチンナーハ・サールヴァバウマーハ・マハーヴラタム

（註）जाति　出生、देश　場所、काल　時間、समय　状況、अनवच्छिन्नाः　制約されない、सार्वभौमाः　すべてに及ぶこと、महा-व्रताः　偉大な誓約、

ヤマは従来「禁戒」と訳されてきたが、「社会に対する規律」のことである。ここに挙げられた5つは、ごく当たり前のことであるが、「〜すべきでない」という道徳的、倫理的戒律、つまりモラルとして理解されているふしがあり、逆のことが起こりがちである。最初からこのような状態でいられる人に、もはやヨーガは必要ではなく、前提条件とするには無理がある。そうではなく、幅広くすべてに及ぶ秩序に必要なことがらである。

ニヤマ

32. ニヤマとは、シャウチャ（清純）、サントーシャ（知足）、タパ、スヴァーディヤーヤ（自己学習）、イーシュヴァラ・プラニダーナ（神への献身）である。（2-32）

शौचसंतोषतपःस्वाध्यायेश्वरप्रणिधानानि नियमाः ॥32॥

シャウチャ・サムトーシャ・タパハ・スワーディヤ・イーシュワラプラニダーナーニ・ニヤマーハ

　（註）शौच　清純、संतोष　知足、तपः - स्वाध्याय　タパ、自己学習、
　　　ईश्वर - प्रणिधानानि　神への献身、नियमाः　ニヤマ、

　これも従来「勧戒」と訳されてきたが、「自分自身に対する規律」である。いずれも、ヨーガのためにこれらを実践するのであるから、心構えである。

33.（するべきことで）疑惑に悩まされたら、正反対のことを考えるべきである。（2-33）

वितर्कबाधने प्रतिपक्षभावनम् ॥33॥

ヴィタルカ・バーダネー・プラティパクシャ・バーヴァナム

　（註）वितर्क　疑惑に悩まされる、बाधने　縛られると、प्रतिपक्ष　正反対のこと、

भावनम् 想起する、考える、

34. 暴力などの報復的な思いは、相手からされたり、される原因となったり、容認した行為から生まれ、貪欲や怒り、妄想に由来する。その度合いには、微弱なもの、極端でないもの、強いものなどがあるが、すべて苦悩と無知の際限のない結果をもたらすので、反対のことを想起すべきである。（2-34）

वितर्का हिंसादयः कृतकारितानुमोदिता लोभक्रोधमोहपूर्वका
ヴィタルカー・ヒムサーダヤハ・クリタ・カーリタ・アヌモーディターハ・ローバ・クローダ・モーハプルヴァカーハ・
मृदुमध्याधिमात्रा दुःखाज्ञानानन्तफला इति प्रतिपक्षभावनम् ॥३४॥
ムリドゥー・マディヤ・アマーディマートラーハ・ドゥッカ・アギャーナ・アナーンタパラーハ・
イティ・プラティパクシャ・バーヴァナム

（註）वितर्का 疑念、हिंसा 暴力、आदयः ～など、कृत - अनुमोदिताः 容認、कादित 引き起こされた、लोभ 貪欲、क्रोध 怒り、मोह 幻想、पूर्वकाः 起因する、मृदु 微弱なもの、मध्य 中間、अधिमात्राः 強いもの、दुःख 苦悩、अज्ञान 無知、अनन्त 際限のない、फलाः 結果、इति それで、प्रतिपक्ष 反対のこと、भावनम् 想起する、

「～してはならない」、「～しなければならない」。いずれも、われわれにとって実行には困難を伴う事柄が多くある。ヤマ、ニヤマに挙げられている事柄も実行が困難な場合には、これらとは逆のことを考え実行を試みてみることを提唱している。例えば、「非暴力」であれば、逆に「暴力をふるう」といった具合に。実際に、あなたにはできるだろうか？

35. 相手を傷つけない心が確立すれば、その人のいる所、敵意は消滅する。（2-35）

अहिंसाप्रतिष्ठायां तत्सन्निधौ वैरत्यागः ॥३५॥

第2章 サーダナ・パーダ

アヒンサー・プラティシュターヤーム・タッツサンニダウ・ヴァイラッヤーガハ
(註) अहिंसा 相手を傷つけない心、प्रतिष्ठायाम् 確立すれば、तत् その人の、सन्निधौ 近く、眼前で、वैर 敵意、त्यागः なくなる、

　パタンジャリのヤマ（社会に対する規律）の説明が、1つずつここから始まる。1番目の非暴力であるが、言葉による暴力が一番怖い。

３６．（彼の中に）真理が確立すると、果実は彼の中に存するようになる。（2-36）

सत्यप्रतिष्ठायां क्रियाफलाश्रयत्वम् ॥३६॥
サッティア プラティシュターヤーム・クリヤーパラ・アーシュラヤトヴァム
(註) सत्य 真理、प्रतिष्ठायाम् 確立すると、क्रिया - फल 行為の結果、आश्रयत्वम् その中に留まる、

　この世の中においては、個性が要求され自己を強く主張した方が社会的な評価を受ける。しかし、パーソナリティ（personarity）の語源は、ギリシャ語からきていてペルソナ（persona）は、役者の付ける仮面、真の自己は仮面の背後に隠れている。ベネチアの仮面の店に行くと驚く程の種類の仮面があるが、人は役者でなくとも、それ以上の仮面を相手に応じてその都度付け替える。彼の中に真理が確立するというのは、この仮面の装い、偽りがないということと同じであり、このような人物には、ある行為をしないと結果がこないということはなく、果実は既に彼の中にある。

３７．盗まないという原則が確立すれば、全ての宝石が（彼の前に）姿を顕す。（2-37）

अस्तेयप्रतिष्ठायां सर्वरत्नोपस्थानम् ॥३७॥

153

アステーヤ プラティシュターヤーム・サルヴァラットナ・ウパスターナム
　(註) अस्तेय 盗まないこと、प्रतिष्ठायाम् 確立すれば、सर्व-रत्न すべての宝石、उपस्थानम् 現れる、

　ステヤ（स्तेय）は、盗みであるが、何かを欲しがる、もっともっとと限りなく欲しがる欲望のことを意味している。アステア（अस्तेय）は、その反対で、何もかもあなた自身にあると気がついたとき宝石が何なのかが分かる。

38. ブラフマンに準じた生活が確立すると、(自然に) 活力が獲得される。(2-38)

ब्रह्मचर्यप्रतिष्ठायां वीर्यलाभः ॥३८॥
ブラフマチャルヤ プラティシュターヤーム・ヴィールヤ ラーバハ
　(註) ब्रह्मचर्य ブラフマンに準じた生活をすること、प्रतिष्ठायां 確立すると、वीर्य-लाभः 活力の獲得、

　ブラフマチャルヤ（ब्रह्मचर्य）は、単なる禁欲、特に、性欲を抑制する意味ではない。自らの中にトータルな秩序が構築されるような生活をすると、ブラフマから顕れ出た力は、既に自分の中に隠れていたとの気づきが生まれ、自然に大きなエネルギーの流れの中で生きられることが分かる。そういった意味である。

39. 非所有が彼に確立すれば、自分の存在 (の根源) がどこから来て、誰なのかといういう知識が生じる。(2-39)

अपरिग्रहस्थैर्ये जन्मकथन्तासम्बोधः ॥३९॥
アパリグラハ スタイルイエー・ジャンマカタムター・サムボーダハ
　(註) अपरिग्रह 非所有、स्थैर्ये 堅固さ、जन्म 生まれると、कथन्ता 如何に、何で、何処から、संबोधः 理解、

非所有とは、ものを欲しがることに飽き飽きして、自己（Self）以外に何の必要もないと気づいた時、という意味であって、この時、私とは誰か、どこから来たのか、何のために生きるのか、といったことが理解出来る。

シャウチャ

40. 清浄から、自分の身体に対する幻想に無関心となり、他者との肉体的接触の気持ちの関心もなくなる。（2-40）

शौचात् स्वाङ्गजुगुप्सा परैरसंसर्गः ॥४०॥

シャウチャート・スワーンガジュグプサー・パライラサンサルガハ

（註）शौचात् 清浄から、स्व - अङ्ग 自分の身体、जुगुप्सा 関心を持ちたくない、√गुप् 嫌う、परैः 他者、असंसर्गः 接触がないこと、

　ハタヨーガの行法では、まず身体に対して関心を持ち、それを寺院のように清潔に保とうと試みる。HPでは、6つの浄化法（ネーティ、ドウティ、バスティ、カパーラバーティ、トラータカ、ナウリ）があり、それは真の自己の住処であるから清潔に保つのは当然のことであるが、あまりにも身体にこだわると、アーサナから離れられなくなってしまう。難しいアーサナに次々に挑戦し、それを極めようとする。逆に、身体のことには全く関心を持たない場合もある。この詩句は、この両者のバランスのことを述べていて、身体が健康でなければヨーガの状態の体験すらできない。真の自己の住処としての身体の認識、身体のコアである存在そのものへの意識の覚醒（disillusion）は、清浄によってもたらされる。清浄とは、プラーナ、体液などの流れがよくなってくるプロセスのことであり、disillusionとは、dis（取り除く）＋illusion（幻想）からきている。

ヴィデーハ

41. さらに（清浄から）サットヴァの光、満ち足りた心、集中力、感覚器官の克服、真の自己をみる能力が（次々と）もたらされる。（2-41）

सत्त्वशुद्धिसौमनस्यकाग्र्येन्द्रियजयात्मदर्शनयोग्यत्वानि च ॥४१॥

サットヴァシュッディ・サウマナスヤ・アイカーグ゛ラヤ・インド゛リヤジ゛ヤヤ・アートマダ゛ルシャナ・ヨーギ゛ヤトヴ゛ァーニ・チャ

（註）सत्त्व サットヴァ、शुद्धि 清浄、सौमनस्य 心の満足、एकाग्र्य 集中力、इन्द्रिय 感覚器官、जय 克服、आत्म-दर्शन 真の自己を見ること、योग्यत्वानि 能力、च 〜も、

　身体の意識を超えることを、サンスクリット語でヴィデーハ（विदेह）と言うが、健康である時には、身体のことは全く意識にあがらない。それが**健康**である。

　サンスクリット語には、3つの動詞がある。ルジュ（√रुज् 身体が病気になること）、バジュ（√भज् 感覚器官と身体が喜ぶこと）、ユッジュ（√युज् それらを超えること）〜ヨーガの語源。これがこの詩句の述べている内容であって、ラージャヨーガへと昇華すれば、身体へのアクセス、アーサナから自然に次の段階へ移ることも明らかであろう。

42. 足るを知ることから 無上の幸福が生まれる。（2-42）

सन्तोषादनुत्तमः सुखलाभः ॥४२॥

サントーシャート・アヌッタマハ・スカラーバ゛ハ

（註）सन्तोषाद् 満ち足りたこと、अनुत्तमः 無上の、सुख 幸福、लाभः 獲得、

　かくして、最高の満足、至上の喜びが生まれる。これが、第1章

第１句のアヌシャーサナム（अनुशासनम्）で、秩序が構築された証である。

４３．熱心な修練によって、不純なものは取り除かれ、身体と感覚器官の完全な能力が発現する。（2-43）

कायेन्द्रियसिद्धिरशुद्धिक्षयात् तपसः ॥४३॥

カーイエーンドリヤシッディヒ・アシュッディクシャート・タパサハ

(註) काय 身体、इन्द्रिय 感覚器官、सिद्धिः 達成、अशुद्धि 不純なもの、क्षयात् 壊滅から、तपसः 修練によって、

　サーンキャで見てきた通り、熱心な修練によって、身体、行動器官から感覚器官、呼吸と心というふうに粗大なものからより精妙・微細なものへと意識が移り、理解が深まる。

４４．自己学習により、望む神との結びつきが生まれる。
　　　　　　　　　　　　　　　　　　　（2-44）

स्वाध्यायादिष्टदेवतासम्प्रयोगः ॥४४॥

スワディヤーヤート・イシュタ デーヴァター・サンプラヨーガハ

(註) स्वाध्यायात् 自己学習によって、इष्ट- देवता 望む神、संप्रयोगः 結びつき、

　最も深い所にある「真の自己」へのアクセスがスヴァディヤーヤ（स्वाध्याय）であって、あなたの中に隠れている。外を探しても見つからない。何処へも行かないから、逆に、探しやすいとも言える。

４５．神への献身により、サマーディーの状態へ達する。（2-45）

समाधिसिद्धिरीश्वरप्रणिधानात् ॥४५॥

サマーディシッディヒ・イーシュワラ プラニダーナート

(註) समाधि サマーディ、सिद्धिः 達成、ईश्वर-प्रणिधानात् 神に身を委ねることにより、

　身を委ねてしまうことは、「私」がなくなることである。一切の努力は必要ない。サタジット・レイ監督のインド映画「見知らぬ人」を是非ご覧いただきたい。疑いが微塵でもあれば、永久にサマーディには達しない。信があって、身を委ねることの出来る人は、達成が早いのである。

アーサナ

46. 安定し快適であるのが、アーサナ（坐法）である。（2-46）

स्थिरसुखमासनम् ॥४६॥

スティラ スカム・アーサナム

　(註) स्थिर-सुखम् 安定し快適、आसनम् アーサナ、

47. ヨーガのアーサナ（坐法）における、安定し快適な状態は、完全なる弛緩と無限なるものへの瞑想によって達成される。（2-47）

प्रयत्नशैथिल्यानन्तसमापत्तिभ्याम् ॥४७॥

プラヤットナ シャイティルヤ・アナンタ サマーパッティビャーム

　(註) प्रयत्न 努力、शैथिल्य 弛緩と、अनन्त 無限、समापत्तिभ्याम् 達成によって、

48. すると、両極の（正反対の）攻撃に影響されなくなる。（2-48）

ततो द्वन्द्वानभिघातः ॥४८॥

タトー・ドヴァンドヴァーナビガータハ

(註) ततः すると、द्वन्द्व 両極、अनभिघातः 影響されなくなる、

　46．47．48．は、「ハタヨーガ」の行法におけるアーサナについての記述である。続いて、**49．50．51．52．**は、プラーナーヤーマの記述になる。

　佐保田鶴治先生は、「すべての動作に呼吸を付ければヨーガになる」と、呼吸を含めて「ヨーガの体操」という表現を使われた。そして、アーサナでは、簡易体操・基本体操という独自のアーサナを考案されたが、このアーサナが、もし、安定し快適であれば、健康であると言える。それほど内容は深く、初心者にとってはなかなか難しい。しかし、写真集などでみるものは、高度のものも含まれ、このようなポーズが取れなければヨーガではないのか、という誤解が生ずるのも、このアーサナである。

　パタンジャリは、はっきりと「安定し快適でないとアーサナではない」と言っているように、身体へのアクセスは、あくまで身体が健康であり、身体への意識がなくなるほどの快適さと健康をもたらすことを狙いとしている。

　47．では、その目的を完全な弛緩（シャイテルヤ शैथिल्य）と無限なるもの（アナンタ अनन्त）への一致、この２つを達成することと言っている。

　48．は、心が左から右へ、右から左へというふうに、両極端へ動くことがなくなることを意味している。

　いずれにしても、アーサナは人に見せるためのものではない。特に、指導者が高齢になった時には注意が必要で、難易度の高いアーサナは助手に任せるべきで、本人が転倒するなど身体を傷め取り返しのつかなくなることを防ぐべきである。

プラーナーヤーマ

49. アーサナが整ったところで、入る息、吐く息をコントロールし保息する、これがプラーナーヤーマである。（2-49）

तस्मिन् सति श्वासप्रश्वासयोर्गतिविच्छेदः प्राणायामः ॥४९॥
タスミン サティ・シュヴァーサ プラシュヴァーサヨーホ・ガティ ヴィッチェーダハ・プラーナーヤーマハ

(註)तस्मिन् सति アーサナが整ったところで、श्वास-प्रश्वासयोः 入れる息と出す息、गति 動き、विच्छेदः 保息、प्राणायामः プラーナーヤーマ、

50. プラーナーヤーマの実践は、吐く息、吸う息、保息など、部位、時間（長短とか間隔）、回数などさまざまである。（2-50）

बाह्याभ्यन्तरस्तम्भवृत्तिर्देशकालसङ्ख्याभिः परिदृष्टो दीर्घसूक्ष्मः ॥५०॥
バーヒャー・アビヤンタラ・スタムバ ヴリッティヒ・デーシャカーラ・サーンキャービヒ・
パリドゥリシュトー・ディールガ スークシュマハ

(註)बाह्य 吐く息、अभ्यन्तर 入れる息、स्तम्भ 保息、वृत्ति 動き、देश 部位、काल 時間、संख्याभिः 回数、परिदृष्टः 観察される、दीर्घ 長い、सूक्ष्मः 精妙、

　プラーナーヤーマ（प्राणायामः）は単なる呼吸法ではない。この詩句、**49.** YS 2-49は、サヒタ・クムバカのことを述べている。必ず熟達した指導者の指導のもとに行わないと危険を伴うので、勝手に行ってはならない。「ハタヨーガ・プラディーピカー」（2－71）に書かれている次の詩句を熟読してほしい。

　　プラーナーヤーマは、レーチャカ（呼気）、プーラカ（吸気）、クムバカ（保息）の3つの部分から成り、さらに、クムバカは、サヒタ・クムバカとケーヴァラ・クムバカの2つから成る。（2－71）

第2章 サーダナ・パーダ

प्राणायामस्त्रिधा प्रोक्तो रेचपूरककुम्भकैः ।
プラーナーヤーマストゥリダー・プロクトー・レーチャプーラカクムバカイヒ
सहितः केवलश्चेति कुम्भको द्विविधो मतः ॥ २-७१॥
サヒタハ・ケーヴァラシュチェーティ・クムバコー・ドゥヴィヴィドー・マタハ

(註) प्राणायामः プラーナーヤーマは、त्रिधा 3つから成る、प्रोक्त ~と言われる、रेचक - पूरक - कुम्भकैः レーチャカ（呼気）、プーラカ（吸気）、クムバカ（保息）、सहितः サヒタ・クムバカ、केवल ケーヴァラ・クムバカ、च ～と、इति ～である、कुम्भकः クムバカには、द्विविध 2つあり、मतः ～と考えられる、

　この詩句は何を意味しているのだろうか。呼気から吸気へ、吸気から呼気へと移行する時に、必ず息は一旦止まる。そうでないと次には移れない。この自然に息の止まる時を**ケーヴァラ・クムバカ**と言い、呼吸の長短にかかわらず、1回の呼吸（吸って・吐く動作）で、必ず2回息は一旦止まる。「呼吸を付ければ、動作はハタヨーガになる」と佐保田鶴治先生はおっしゃったが、アーサナは、なめらかな呼吸と共に行われるのが普通であるから、この呼気から吸気へ、吸気から呼気へと移行する時に、自然に息の止まる所があるのを**必ず確認する**ようにする。気づいている人は非常に少ないが、これが**ケーヴァラ・クムバカの意味である。**
　この間隙（छिद्र interval, gap）は想念の空白、言葉の発生はゼロである。丁度、フィルムのコマが欠けたのと同じで、スクリーンに、その時、映像は映らない。この状態は、次第に長く続くようになるのである。そうなると、ヴィデーハへの転換、プラッティヤーハーラ（प्रत्याहार）へと向かう。サヒタ・クムバカは、この空白を人為的に作るが、ケーヴァラ・クムバカは自然に起こる。

５１．プラーナーヤーマで、呼気・吸気に関わりなく自然に（呼吸をしなくてもいいような）四番目の段階（サマーディ）へと向かう。
　　　　　　　　　　　　　　　　　　　　　　　　　（2-51）

बाह्याभ्यंतरविषयाक्षेपी चतुर्थः ॥५१॥
バーヒャ・アビヤムタラ・ヴィシャヤークシェーピー・チャトゥルタハ

(註) बाह्य 吐く息、अभ्यंतर 入れる息、विषय 領域、範囲、आक्षेपी 整う、到達する、向かう、चतुर्थः ４番目の段階（サマーディ）、

　ケーヴァラ・クムバカの状態は、言語が発生せず思考がゼロの状態である。なめらかな呼吸と共に行うアーサナは、このケーヴァラ・クムバカの状態の確認と気づきが重要であり、このアビヤーサは、サンヤマへの道が早い。

プラッティヤーハーラ

５２．この結果、内なる光明を覆い隠していたものが取り除かれる。
　　　　　　　　　　　　　　　　　　　　　　（2-52）

ततः क्षीयते प्रकाशावरणम् ॥५२॥
タタハ・クシーヤテー・プラカーシャーヴァラナム

(註) ततः かくして、क्षीयते 取り除かれる、消滅する、प्रकाश 光、आवरणम् 覆い、

　外側（の対象）へと向いていた感覚器官が内側へと向く転換が始まったことを示す詩句である。これがプラッティヤーハーラ（प्रत्याहार）である。内側に隠れていたものに気づかなかったので「光明を覆い隠していたものが取り除かれる」と表現されている。

５３．やがて心は、調和し吸収される。（2-53）

धारणासु च योग्यता मनसः ॥५३॥
ダーラナース・チャ・ヨーギャター・マナサハ

(註) धारणासु 収斂、च やがて、योग्यता 調和、मनसः 心、

前述のように、呼気から吸気へ、吸気から呼気へと移行する場合には、必ず一旦息は自然に止まる。そうでないと移行できない。この一旦息の止まる間隙は、思考がゼロ、言語は発生しない。ここに気づいた時、やがて心は吸収される。マハルシが「ウパデーシャサーラ」で述べた詩句を思い出してほしい。

> 心とプラーナ（呼吸）には、それぞれ思考力と活性エネルギーとが付与されている。これらは、１つの樹（根源）より分かれた２つの幹である。

चित्तवायवश्चित्क्रियायुताः ।　（チッタヴァーヤヴァシュチツクリヤーユターハ）
शाखयोर्द्वयी शक्तिमूलका ॥१२॥　（シャーカヨールドゥヴァイー・シャクティムーラカー）
（註）चित्त-वायवः　心とプラーナ、चित्-क्रिया-युताः　思考力と活性エネルギーとが付与
　　されている、शाखयोः द्वयी　２つの枝、शक्तिमूलका　エネルギーの根源、

５４. 感覚器官が反応しなくなり、対象と結びつかなくなったのは、心が自らの姿（状態）を真似始めたことを意味している。
（2-54）

स्वविषयासंप्रयोगे चित्तस्य स्वरूपानुकार इवेन्द्रियाणां प्रत्याहारः ॥५४॥
スワヴィシャヤ・アサムプラヨーゲー・チッタスヤ・スワルーパーヌカーラ・イヴァ・インドリヤーナーム・プラティヤーハーラハ
　（註）स्व-विषय-असंप्रयोगे　反応しなくなる、चित्तस्य　心の、स्वरूप-अनुकारः　自らの姿
　　を真似る、इव　〜のように、इन्द्रियाणि　感覚器官、प्रत्याहारः　引き込み

　「自らの姿を真似始めた」とは、本来の自己への気づきが起こったことを示している。

55. かくして、感覚器官は完全に統制された。(2-55)

ततः परमा वश्यतेद्रियाणाम् ॥५५॥
タタハ・パラマー・ヴァシャター・インドリヤーナーム
（註）ततः かくして、परमा 完全に、वश्यता 統制、इन्द्रियाणाम् 感覚器官、

　呼吸と心の関係を深く理解し、呼気から吸気、吸気から呼気へと移行する際に自然に起こるケーヴァラ・クムバカの状態の確認と気づきが起これば、8肢ヨーガにおけるサンヤマへの達成もまた、自然に起こることである。

　「ハタヨーガ・プラディーピカー」（HP 2-71）に述べられているケーヴァラ・クムバカは、ブッダの実践法「アーナーパーナサティ」として知られるものと同じ内容である。前著『ハタヨーガからラージャヨーガへ』の「心と呼吸の関係」でも詳しく紹介しているが、呼気・吸気の長短、間隔などに関係なく呼吸を観察することによって、このケーヴァラ・クムバカ（自然に息が止まっているところ）への気づきを狙っている。

　ハタヨーガの実践の意義は、何度も強調するが呼吸にあり、呼気・吸気の際、呼吸が一旦停止する間隙への気づき、この一点に尽きる。

ヨーガスートラ

第3章

ヴィブーティ・パーダ
विभूतिपादः

‖ अथ विभूतिपादः ‖
アタ・ヴィブーティパーダハ

次に、第3章、ヴィブーティ・パーダに入る。
第2章で8肢ヨーガのことを見てきたが、それを表にまとめると次のようになる。

A	ヤマ（यम）		果実（फल）
	ニヤマ（नियम）		*（YS 2-36）
B	サマーディ（समाधि）	サンヤマ（सम्यम）	ヴィデーハ（विदेह）
	ディヤーナ（ध्यान）		
	ダーラナー（धारणा）		
C	プラッティヤーハーラ（प्रत्याहार）	ヴィデーハへの転換	デーハ（देह）
	プラーナーヤーマ（प्राणायाम）	ケーヴァラクムバカ केवलकुम्भक（心と呼吸）	
	アーサナ（आसन）	身体の健康	

　ヤマ、ニヤマは、既に説明した通り、ヨーガの学習の前提にはしない。まず、第一条件は、身体の健康である。健康でないと、熟眠することも出来ず、「ヨーガとは何か？」といったヨーガの体験も出来ない。デーハ（देह）とは、身体のことである。次に、心と呼吸は表裏一体、コインの裏表の関係にある。呼気から吸気へ、吸気から呼気へ移行するとき、一旦息は必ず自然に休止する。このギャップがケーヴァラクムバカである。前述したように、この時思考はゼロ、言語は発生しない。息が物理的に長く休止することはありえないが、ここで、不思議なことが起こる。思考・想念・言語といったものが一切発生しないこの状態が日常も次第に長く続くようになるのである。アーサナは、この僅かなギャップ（チドラ छिद्र）の確認と共に

行えば、必ず、プラッティヤーハーラ、ヴィデーハへの転換が起こる。身体（デーハ：感覚器官・心・行動器官）、つまり主語である私と、目的語（対象）との関係が、それを超えた領域へと移る。それが第3章で説明されるサンヤマ（ダーラナー・धारणा、ディヤーナ・ध्यान、サマーディ・समाधि）である。サンヤマの状態になれば、ヤマ、ニヤマの状態は、果実として各人に自然に備わってきている。その状態とは、第1章の詩句 YS 1-33、YS2-36 で述べられた次の詩句であろう。

* 常に親切で友好的、思いやりの心を持ち、共に喜び、幸・不幸や徳・不徳に対して同じ気持ちを持った心は清澄である。

(1-33)

मैत्रीकरुणामुदितोपेक्षाणां सुखदुःखपुण्यापुण्यविषयाणां
भावनातश्चित्तप्रसादनम् ॥३३॥

マイトリーカルナー・ムディトーペクシャーナーム・スカドゥフカ・プニャープニャヴィシャヤーナーム・バーヴァナータハ・チッタプラサーダナム

（註）मैत्री 親切で友好的、करुणा 思いやり、मुदित 喜び、उपेक्षाणां 同じ、
सुख-दुःख 幸・不幸、पुण्य 徳のある、अपुण्य 不徳の、विषयाणां
〜に対しての、भावनातः 現れる、चित्त 心、प्रसादनम् 清澄、

* （彼の中に）真理が確立すると、果実は彼の中に存するようになる。(2-36)

सत्यप्रतिष्ठायां क्रियाफलाश्रयत्वम् ॥३६॥

サッティア・プラティシュターヤーム・クリヤーパラ・アーシュラヤトヴァム

（註）सत्य 真理、प्रतिष्ठायाम् 確立すると、क्रिया-फल 行為の結果、अश्रयत्वम् その中に留まる、

ダーラナー

1. 心を一点に集中できるようになるのがダーラナーである。
(3-1)

देशबन्धश्चित्तस्य धारणा ॥१॥

デーシャバンダハ・チッタスヤ・ダーラナー

(註) देश 場所、बन्धः 保つこと、चित्तस्य 心の、धारणा 集中、

　ヴィデーハ、身体を超えた方向、つまり内側へと心が向かい集中する。

ディヤーナ

2. ダーラナーの状態がずっと続くのがディヤーナである。
(3-2)

तत्र प्रत्ययैकतानता ध्यानम् ॥२॥

タットラ・プラットヤヤ・エーカターナター・ディヤーナム

(註) तत्र そこで、प्रत्यय 心の向かう先、एक - तानता 一方向、ध्यानम् ディヤーナ、

　中断することなく、内なる者への観察が続く。エゴのない自己になる。しかし、ディヤーナは、終局ではない。

サマーディ

3. 対象は存在するが、意識本体は空になっている（瞑想しているという意識はない）状態がサマーディである。(3-3)

तदेवार्थमात्रनिर्भासं स्वरूपशून्यमिव समाधिः ॥३॥

タデーヴァ・アルタマートラニルバーサム・スワルーパ・シューンニャヴァ・サマーディヒ

(註) तत् それは、एव まさに、अर्थ 対象、मात्र 〜だけ、निर्भासं 輝いている、स्वरूप 本来の姿、शून्यम् 空っぽ、इव 〜ような、समाधिः サマーディ、

まず、サマーディとヨーガとは同じ意味である。主語と目的語 (対象) は、互いに消え「見る者」と「見られるもの」は、そこにない。身体を超え、心を超えた状態がここにある。

' युज् ' धातोः ' समाधिः ' अर्थः । ユッジュダートーホ・サマーディヒ・アルタハ
ユッジュ (√युज्) という動詞語根は、サマーディという意味である。

Advanced Sanskrit の中で出てきて知ったが、さすがに、佐保田鶴治先生は、『解説 ヨーガスートラ』１８３頁でこのことを指摘しておられる。

パーニニ文典の中の語根篇 (pāṇini : Dhātupātha IV.68) の中に、ヨーガという言葉の語源であるユッジュ (yuj) に三昧 (samādhi) という意味をつけている。

サンヤマ

4. この三つをひとまとめにしてサンヤマと呼ぶ。(3-4)

त्रयमेकत्र संयमः ॥४॥
トラヤメーカットラ・サンヤマハ
(註) त्रयम् この３つ、एकत्र １つにして、संयमः サンヤマ、

「見る者」と「見られるもの」という２極はない。サンヤマの状態は、ここまでがダーラナーで、ここからがディヤーナ、サマーディであるといった詮索は不要である。この詩句３のように、３つをひとまとめにしてサンヤマという言い方が最もふさわしい。

第3章 ヴィブーティ・パーダ

5. サンヤマが達成されると、プラギャーという英知の光が現れる。
(3-5)

तज्जयात् प्रज्ञालोकः ॥५॥
タッジャヤート・プラギャーローカハ
(註) तद् この、जयात् 達成されると、प्रज्ञा プラギャー、आलोकः 光、

6. サンヤマは、サマーディの様々な段階を経て適用される。
(3-6)

तस्य भूमिषु विनियोगः ॥६॥
タスヤ・ブーミシュ・ヴィニヨーガハ
(註) तस्य この、भूमिषु 次第に到達する段階を経て、विनियोगः 進捗、

ブーミとは、ヨーガの実習において、順々に到達する内的進捗段階を指す。具体的には、後の詩句、9．YS 3-9 ニローダ・パリナーマ、11．YS 3-11 サマーディ・パリナーマ、12．YS 3-12 エカーグラター・パリナーマで述べられる。

7. 前述の5段階、ヤマ、ニヤマ、アーサナ、プラーナーヤーマ、プラッティヤーハーラと対比すると、サンヤマの3つ(ダーラナ、ディヤーナ、サマーディ)は、内的段階である。(3-7)

त्रयमन्तरङ्गं पूर्वेभ्यः ॥७॥
トラヤマンタランガム・プールベービャハ
(註) त्रयम् 3つ、अन्तर् 内的、अङ्ग 段階、पूर्वेभ्यः 前述の、

サンヤマの3つを、ヤマ、ニヤマ、アーサナ、プラーナーヤーマ、プラッティヤーハーラと対比している。

8. しかし、無種子のサマーディに比べれば、外的段階に過ぎない。（3-8）

तदपि बहिरङ्गं निर्बीजस्य ॥८॥

タダピ・バヒランガム・ニルビージャスヤ

（註）तत् अपि しかし、बहिर् 外的、अङ्ग 段階、निर्बीजस्य 無種子の、

　サンヤマは、エゴ（アハンカーラ अहङ्कार）が消えた状態であるが、アスミター（अस्मिता being　存在）は残っている。仮に、真理を知りたい、イーシュヴァラを知りたいといった精妙な欲望が顔を出せば、無種子のサマーディとはいえない。

3つのパリナーマ

9. ニローダ・パリナーマとは、心が（転換して）自然に一時的に息が休止する間隙のことである。（3-9）

व्युत्थाननिरोधसंस्कारयोरभिभवप्रादुर्भावौ निरोधक्षणचित्तान्वयो निरोधपरिणामः ॥९॥

ヴィユッターナニローダサムスカーラヨーホ・アビバヴァプラードゥルバーヴァウ・ニローダクシャナチッターンヴァヨー・ニローダパリナーマハ

（註）व्युत्थान 想念の現れ、निरोध 心の停止、संस्कारयोः 瞬間的に記憶の状態が、अभिभव 克服、प्रादुर्भावौ 現れ、निरोध 心の停止、क्षण ある瞬間、चित्त 心、अन्वयोः つながり、निरोध परिणामः ニローダ・パリナーマ、心の停止への転換、

　ニローダ・パリナーマは、クシャナと表現されているように、想念と想念の間に、息が休止し想念がゼロになる僅かな間隙があり、やがてゼロになった状態が拡がることで、よく観察しないと見逃してしまう。（YS 2-50 を参照）
　従って、第2章8肢ヨーガにおける段階でプラーナーヤーマは、

呼吸法ではないと強調した。ここを見逃してアーサナが「する」（極める）方向に流れるとサンヤマ段階にいくことは難しい。「する」方向と「なる」方向とは、必ずしも連動しないのである。

10. この流れは自然に起こり、静寂が訪れる。（3－10）

तस्य प्रशान्तवाहिता संस्कारात् ॥१०॥
タスヤ・プラシャーンタヴァーヒター・サムスカーラート
（註）तस्य その、प्रशान्त 静寂、वाहिता 流れ、संस्कारात् 意識化の流れとして
自然に、

　想念、思考によって理解出来ることは一切ない。ダルシャナ、つまり、あくまでも注意深い観察によってしか無種子のサマーディには行かない。それは自然に起こる。

11. サマーディ・パリナーマとは、心の内的な変化で、すべての対象が消え、一点への集中が起こる。（3－11）

सर्वार्थतैकाग्रतयोः क्षयोदयौ चित्तस्य समाधिपरिणामः ॥११॥
サルヴァールタタイカーグラタヨーホ・クシャヨーダヤウ・チッタスヤ・サマーディパリナーマハ
（註）सर्वार्थता すべての対象、एकाग्रतयोः 一点集中、क्षय - उदयौ
消滅が起きる、चित्तस्य 心の、समाधि - परिणामः サマディ・パリナーマ、

　想念と想念の間をよく観察していると、やがて、内なる意識の流れは、想念の対象がすべて消え、同時に一点だけへの集中が起こる。

12. エーカーグラター・パリナーマとは、心が一つになり、隙間なく静けさが生じることである。（3－12）

ततः पुनः शान्तोदितौ तुल्यप्रत्ययौ चित्तस्यैकाग्रतापरिणामः ॥१२॥

タタハ・プナハ・シャーントーディタウ・トゥルヤプラットヤヤウ・チッタスヤ・エーカーグラター・パリナーマハ

(註) ततः このことから、पुनः 再び、शान्त - उदितौ 静寂が生じる、तुल्य - प्रत्ययौ 同じ想念、つまり、ひとつ、चित्तस्य 心の、एकाग्रता - परिणामः エーカーグラター・パリナーマ、

エーカグラター・パリナーマとは、常に変化して止まない心のいくつもの波がなくなって、同じ一つになることである。そして、その静かな状態がずっと続く。

13. これに対応して、時間的経過による（微細、粗大な）要素や感覚器官の状態の変化も説明されたことになる。（3-13）

एतेन भूतेन्द्रियेषु धर्मलक्षणावस्थापरिणामा व्याख्याताः ॥१३॥
エテーナ・ブーテーンドリイェーシュ・ダルマ・ラクシャナ・アヴァスター・パリナーマーハ・ヴィヤーキャーターハ

(註) एतेन これによって、भूत 要素、इन्द्रियेषु 感覚器官、धर्म - लक्षण - अवस्था 質、兆し、状態、परिणामा 変化、व्याख्याताः 説明された、

9. YS 3-9、**11.** YS 3-11、**12.** YS 3-12 の詩句においては、間隙が次第に集まって拡がり、やがて１つの大きな全体になる心の変化が説明されたが、それによって、プラクリティの３つのグナのバランスが崩れて起こる物質的要素や感覚器官についても同様に説明されたことになる。変化そのものは、残り続けるので、逆に、変化のないこの間隙に気づく必要がある。

14. 隠れていようが、活動していようが、顕れていなくても、実体の中には、本来の性質はすべて存在している。（3-14）

शान्तोदिताव्यपदेश्यधर्मानुपाती धर्मी ॥१४॥

第3章　ヴィブーティ・パーダ

シャーンタ・ウディタ・アヴィヤパデーシャ・ダルマーヌパーティー・ダルミー
(註) शान्त 静寂、उदित 起こる、अव्यपदेश 隠れた、धर्म 実体、अनुपाती 相応して、धर्मी 保たれている、

　サーンキャで見てきた通り、アヴィヤクタからヴィヤクタへ、ヴィヤクタからアヴィヤクタへと変化を繰り返すのがプラクリティであった。姿が変わっても、実体は常に存在している。

15. 変化が継起するのは、そのプロセスに様々な多様性（特有性）が潜んでいるからである。（3－15）

क्रमान्यत्वं परिणामान्यत्वे हेतुः ॥१५॥

クラマーンヤトヴァム・パリナーマーニャトヴェー・ヘートゥフ
(註) क्रम 連続して起こる、अन्यत्वं 特有性、परिणाम 変化、अन्यत्वे 特有性に、हेतुः 原因、

　変容が継続するのは、内在する特有性による。それは、底流にあって分からないが、必ずそうなるという一つの法則に基づくものである。

16. 3つの変化、ニローダ、サマーディ、エカーグラターの各パリナーマに伴ってサンヤマの状態になると、過去・未来には関わらない知識（永遠の存在）となる。（3－16）

परिणामत्रयसंयमादतीतानागतज्ञानम् ॥१६॥

パリナーマトラヤサンヤマート・アティーターナーガタギャーナム
(註) परिणाम 変化、त्रय 3つ、संयमात् サンヤマによる、अतीत 過去、अनागत 未来、ज्ञानम् 知識、

　ニローダ・パリナーマからサマディ・パリナーマへ、さらにエカ

175

ーグラター・パリナーマへというふうに、サンヤマは進展するので、もはや過去、未来には関わりあいのない永遠性そのものとなる。

顕れてくる力〜その１　スポータ

17. 言葉、その感情、表す意味内容は互いに混ざりあっているため混乱が起こる。サンヤマの状態になると、その識別が出来、生きものすべての発する言葉の理解が可能となる。
（３－１７）

शब्दार्थप्रत्ययानामितरेतराध्यासात् सङ्करस्तत्प्रविभागसंयमात्
सर्वभूतरुतज्ञानम् ॥१७॥
シャブダールタプラットヤヤーナーム・イタレータラーディヤーサート・サンカラハ・
タツプラヴィバーガサンヤマート・サルヴァブータルタギャーナム

（註）शब्द 言葉、अर्थ 意味、प्रत्ययानाम् 感情、इतर – इतर 共に顕れ、अध्यासात् 互いに混ざり合う、सङ्करः 混乱、तद् その、प्रविभाग 識別、संयमात् サンヤマの状態になると、सर्व – भूत すべての生きもの、रुत 音声、ज्ञानम् 知ること、

　まず、英語のgoとcomeという動詞を考えてみよう。どちらも「移動する」意味であるが、goは、「ある場所から別の場所へ行くこと（to move one place to another）」であり、comeは、「（話し手に向かって）移動すること（to move towards the speaker）」である。サンスクリット語では、√गम् がgo、आ√गम् がcomeに相当する。しかし、√गम् は、こちらからどこかへ主体者が行く、आ√गम् は、「向こうからやって来る」という感じでも使われる。

　インドは多言語国家で、多くの言語が使われているが、言語の中にインドのダルシャナを理解する時に、多くのカギが隠れている。例えば、サンスクリット語とヒンディー語を例に取ると、「私」にも２つの表現がある。

		主　格		与　格	
①	サンスクリット語	अहम्	私は	मह्यम्	私にとって 私に、私を
②	ヒンディー語	मैं		मुझे	

例えば、「私はラーマです」は、

① अहम् रामः अस्मि।　アハム・ラーマハ・アスミ
② मैं राम हूँ।　マエン・ラーマ・フーン

である。
　しかし、「私はミルクが好きです」は、「ミルクは私を喜ばせてくれる」という表現になる。そうでないと美味しいという味は、向こうからやってくるのであって、私がそうしているわけではないので、「私」は主語にはなりえない。

① मह्यं दुग्धं रोचते।　マヒャム・ドゥグダム・ローチャテー
② मुझे दूध अच्छा लगता है।　ムジェ・ドゥード・アッチャー・ラグター・ヘ

となる。
　もう少し下に例を挙げると、③「熱がある」、④「喉が渇く」、⑤「おなかがすいた」、⑥「ヒンディー語を知っている」などの表現は、すべて与格構文になる。行為者は、**私ではない**。

③ मुझे बुखार है।　ムジェ・ブカール・ヘ
④ मुझे प्यास लगती है।　ムジェ・ピャース・ラグティー・ヘ
⑤ मुझे भूख लगी।　ムジェ・ブーク・ラギー
⑥ मुझे हिन्दी आती है।　ムジェ・ヒンディー・アーティー・ヘ

(アーナー आना は、「やって来る」の意)

　従って、エゴというのは、何もかも「私が」行為の主体であるという思い込みのことである。では、⑥の例に挙げた言葉はどこからやってくるのであろうか。インドでは、言葉に関しての深い洞察がある。それが、バルトリハリ（भर्तृहरि）のバーキャーパディーヤム（वाक्यपदीयम्）である。そのブラフマカーンダ（ब्रह्मकाण्ड）にその記述がある。

> 言語の不滅の真髄は、始めも終わりもないブラフマである。みかけ上、世界の「もの」とプロセス（過程）の形で現れて言語の意味となる。（1－1）

> अनादिनिधनं ब्रह्म शब्दतत्त्वं यदक्षरम् ।
> विवर्ततेऽर्थभावेन प्रक्रिया जगतो यतः । (१-१)

　（註）यद्　であるところの、अक्षरम्　不滅の、शब्द　言語、तत्त्वं　言語の本質、अनादि-निधनं　始めも終りもない、ब्रह्म　ブラフマである、यतः　それによって、जगतः　世界の、अर्थभावेन　意味の形で、प्रक्रिया　プロセス（過程）、विवर्तते　変化し見かけとして顕現している、

　また、「リグヴェーダ（ऋग्वेद १-१६४-४५）」には、次の詩句がある。

> 言語には、明確に定義された4つの段階がある。賢明な人のみが、それを知っている。言語の3つの段階は、外に顕れずに内部に隠れている。4段階目だけが、人が話す言語として外に顕れる。
> 　　　　　　　　　　　　　　　（1-164-45）

चत्वारि वाक्परिमिता पदानि तानि विदुर्ब्राह्मणा ये मनीषिणः ।
チャトヴァーリ　ヴァーキャパリミター　パダーニ　ターニ　ヴィドゥルブラーフマナー　イェ　マニーシナハ．

第3章 ヴィブーティ・パーダ

गुहा त्रीणि निहिता नेङ्गयन्ति तुरीयं वाचो मनुष्या वदन्ति ॥४५॥
グハー トリーニ ニヒター ネーンガヤンティ トゥリーヤム ヴァーチョ マヌシャー ヴァダンティ.

(註) चत्वारि 4つ、वाक् 言語、परिमिता はっきりと定義された、पदानि 段階、ये ～である人々、मनीषिणः ब्राह्मणाः 賢明な人（ブラーフミン）、तानि विदुः これらを知っている、त्रीणि 3つ、गुहा निहित 洞窟に隠されている、नेङ्गयन्ति 外に顕れない、मनुष्याः 人々、वाचः तुरीयं 4段階目の言語、वदन्ति 話す、

まず言葉（シャブダ शब्दः）が、音声としてリスナーに聴き取れる状態となって外へ出るところから説明する。

「リグヴェーダ」に書かれているように、言葉は次の4つの段階を経て発声器官の助けを借りて外へ出る。それがヴァイカリー（वैखरी、またはヴァイシュヴァリ वैश्वरि）である。

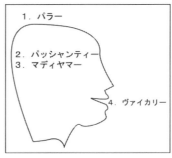

1．パラー（परा）
　चेतननिर्गुणाद्वयब्रह्म（＝ब्रह्म「ブラフマそのもの」）

2．パッシャンティー（पश्यन्ती）

3．マディヤマー（मध्यमा）

4．ヴァイカリー（वैखरी、またはヴァイシュヴァリ वैश्वरि）

しかし、音声としてリスナーが聴く前の段階に、上図のようにマディヤマー、パッシャンティーの段階が隠れている。マディヤマーは、言葉は、まだ話し手の心の中に想念としてあり、そのもう一つ前の段階にパッシャンティーがある。ここでは、言葉と意味は不可

分のまま混ざり合っている。パッシャンティーとは、動詞語根のドゥリシュ√दृश्から派生した言葉で、lookingの意味である。自分がこれから話そうとしている言葉を自分で、ただ見ている言葉のない意識状態である。言葉も意味もまるで霧のようで定かではない。その言葉の根源をバルトリハリは、シャブダブラフマ（शब्दब्रह्म）、または、パラーと呼んだのである。

　ここで、パタンジャリは、何故この詩句を読んだのであろうか。普段、何気なく行われている会話、言葉のやりとり、いわゆるコミュニケーションは、何の疑問もなく行われているが、話し手と聞き手の想念のキャッチボールの危うさ、不確かさを多くの人が理解すれば、人間はもっと幸せになれるだろう。そこで、まず、通常の言葉の伝達はどのようにして行われているのだろうか。

　会話は、下図のように「話し手」と「聞き手」の間で行われる。。

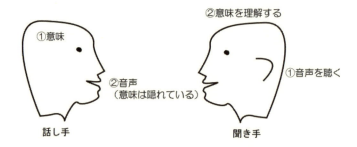

　話し手①の伝達したい意味とは、彼の心の中で作り出される感情（feeling of the speaker）であり、言葉が音声として発声されると、音声と意味とは切り離せない状態のままで突然外に出る。この時、音声として外に出る前の状態は、いわゆるスポータ（स्फोट）と言われ、音声と意味が不可分の状態の言葉を構成する文字とは、まったく別の存在、表現不可能な永遠の存在・潜在力である。ちょうどコインの裏・表のように、音声・意味が不可分の「生まれようとする状態の思考（Le Spota serait ainsi quelque chose d'équivalent à ce que nous appelons la pensée à l'état naissant.)」とマドレーヌ・ビアルドーは表現している。このように、話し手の頭の中に、まず伝えたい①感情に基づく意味（अर्थ）が発生し、②音声（शब्द）と共に聞き手に渡る。この時、話し手の伝えたい意味は隠れているが、音声とは不可分の状態で聞き手へと運ばれる。聞き手の方は、話し手とは逆の順になり、①音声をキャッチするとある感情が発生する（conception created in the listener on hearing the word）。つまり、スポータが再構成される。こうして聞き手は、②話し手の意味を理解しようと努めるが、聞き手にとっての意味とは、話し手の音声を聴いた時に起こる感情である。例えば、話し手が「本」と言った場合、聞き手が「本」を「机」と間違うことはないだろう。しかし、色になると、同じ「赤」でもグラデーション（階調）があり、聞き手が聴いた「赤」という言葉で生じた感情・感覚・フィーリングは、話し手とは異なる「赤」（意味）になることがある。これは、抽象的な言葉になるほど、話し手と聞き手の間の意味の一致はかなり難しい。例えば、神という存在の証明が不可能な推論から生まれる言葉を聴いて生まれるイメージや感情は様々で、話し手の１つであった意味は、聞き手の数だけ別の意味となることがある。例えば、サーンキャは無神論、ヨーガスートラは有神論とする議論なども同じである。インド映画ＰＫ（2014年 ラージクマール・ヒラニー監督作品）で、主人公のエイリアンＰＫのセリフ「神は２つ दो भगवान（ドー・バグワーン）」は名言で、人間は言葉で神を造ることもできる。

「神は２つ。一つは、われわれを創造した神。もう一つは、あなたのように、人間が造った神。われわれを創った神のことは知らないが、人間が造ったあなたのような神は、あなたそっくりだ。」

このように、言葉は「話し手」の意味ではなく、それを聴いた人に新たに生じた感情、その人の中にある言葉の範囲でしか意味を持たない。アニル・ヴィディヤランカール先生は、「その言葉を発した

人しか、その意味は分からない」とおっしゃった。

では、どうして、この詩句のように「サンヤマの状態になると、その識別が出来、

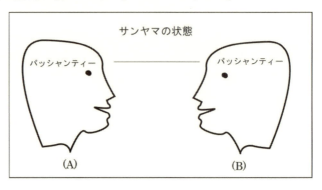

生きものすべての発する言葉の理解が可能となる」のだろうか。それは、言葉を使わないからこそ、言葉のない意識状態だからこそ、気づくのである。

この間（６月３日）、ＮＨＫ教育テレビで「ＳＷＩＴＣＨインタビュー」で作曲家の坂本龍一さんと生命科学者の福岡伸一さんの対談があって、それを見た。坂本龍一さんは思考実験として名詞を使うのを止めて見ようと１日努力されたそうである。結果は、言葉、つまり、考えること・話すことをしないと生活は不可能。

われわれの生活は、言葉、つまり名付けによってすべてを作り出し生活していることの証拠である。お二人は、Physis（自然・ありのまま）の重要性を強調され、「ロゴス（言葉・意味・論証）の強力さに辟易する、認識の牢屋」と表現された。

２００８年に渡印した際、アニル・ヴィディヤランカール先生にMan and Language について教えを受けたが、その時、同じことをおっしゃったのを思い出した。それは、「パッシャンティーの段階に達するまで、私たちは言語の創造物の囚人に過ぎない」ということだった。また、「言語が分かれば、すべてのことが分かる」ともおっしゃって、坂本龍一さんも福岡伸一さんも、その道を突き詰められた方は、同じところへ辿り着くのだという印象を強くした。

顕れてくる力～その2　プールヴァジャーティ

18. サンヤマの状態になると、過去の潜在印象が直観出来、前世を知ることが出来る。（3−18）

संस्कारसाक्षत्करणात् पूर्वजातिज्ञानम् ॥१८॥
サンスカーラサークシャットカラナート・プールヴァジャーティギャーナム

(註) संस्कार 過去の潜在印象、साक्षत् 直観、करणात् 認識、पूर्व - जाति 前世、ज्ञानम् 知ること、

プルヴァ・ジャーティ（पूर्व - जाति）は、直訳すれば「生まれる前」であるが、よく過去世とか、前世と訳される。しかし、これは説明がなかなか難しい。三木成夫の名著『胎児の世界』の「ヒト個体発生」と「ヒト宗族発生」の図を是非ご覧いただきたい。言えることは、エカーグラター・パリナーマの段階に入ると、このことまでも見えてきて、人間として生まれた後のすべての愚かしい欲望や行為、つまり、エゴに基づく欲望や行為、が見えるので、2度と繰り返さなくなる、ということである。

19. 同様に、他の人の振る舞いから、その人の心の動きが分かる。（3−19）

प्रत्ययस्य परचित्तज्ञानम् ॥१९॥
プラツティヤヤスヤ・パラチッタギャーナム

(註) प्रत्ययस्य 想起した考えの、पर - चित्त 他の人の心、ज्ञानम् 知ること、

このスートラあたりから、もう一度、最初の「ヨーガとは何か」、に戻ることと、この第3章「ビブーティ・パーダ」で述べられる「顕れてくる力とは何か」について考えてみる必要がある。ここではエゴが無く、あらゆる問題は解決されて静寂のみがある状態である。

この時、この詩句のように、どこからかこのような力がやってくる。しかし、この力は、使おうと意図した瞬間に消えてしまう。何故なら、他人の心を覗こうとする行為そのものは越境、つまり、「越えて、入る」ことであり、サマーディに達した人なら決してしない。このような一種の超能力を前面に押し出して何かをしようとする人は、サマーディに達した人とは言えない。

20. しかし、それは他人の想念の動機・誘因にまでは及ばない。何故なら、それはサンヤマの対象ではないからだ。（3-20）

न च तत् सालम्बनं तस्याविषयीभूतत्वात् ॥२०॥

ナ・チャ・タット・サーラムバナム・タスヤーヴィシャイーブータトヴァート

（註）न ～しない、च しかし、तत् それは、सालम्बनं 動機、誘因、तस्य その、अविषयी 超えた所、範囲でではない、भूतत्वात् 存在、

また、分かるのは、他人の想念までであって、動機や誘因にまでは及ばない。

21. サンヤマの状態になった人の身体からの反射光は弱まり、他の人からは見えなくなる。

（3-21）

कायरूपसंयमात् तद्ग्राह्यशक्तिस्तम्भे
चक्षुःप्रकाशसंप्रयोगेऽन्तर्धानम् ॥२१॥

カーヤルーパ・サッミヤマート・タッドグラーヒャシャクティスタムベー・チャクシュフ・プラカーシャーサムプラヨーゲー・アンタルダーナム

（註）काय 身体、रूप 姿、形、संयमात् サンヤマの状態になると、तद् それから、ग्राह्य-शक्ति 受容力、स्तम्भे 一時停止する、चक्षुः 目、प्रकाश 光、असंप्रयोगे 断ち切られる、अन्तर्-धानम् 見えなくなる、

第3章　ヴィブーティ・パーダ

　何度も注意を促すが、ビブーティ・パーダで述べられる「顕れてくる力」を超能力と思いそれを得たいと思う実践者や、ヨーギーを超能力者として興味を示す人は多い。しかし、パタンジャリは、非常に科学的で鋭い観察をしていて、自然に起こることを述べている。
　この詩句でも、ある人の姿が見えるのは、姿そのものではなく太陽光がその人に当たり、その反射光によってわれわれは見ることが可能なわけである。しかし、サンヤマの状態に達した人は、その光を吸収し、一時的に見えなくなってしまうことがある。サーンキャでみてきた通り、感覚器官の眼は、いわゆるタンマートラ（तन्मात्राणि）と結びついてはじめて見える。しかし、エカーグラター・パリナーマの段階になった人は、光を吸収してしまい太陽の反射光がわれわれには届かないので見えないのである。

２２．同様に、音など他の五感についても同じ説明が可能である。

　（※　このスートラは、省略されている版も見られる。加わると、その分詩句番号はずれることになる）

एतेन शब्दाद्यन्तर्धानमुक्तम् ॥२२॥
エテーナ・シャブダーディヤンタルダーナムクタム
　（註）एतेन　これによって、शब्दादि　音や他の、अन्तर्धानम्　消える、उक्तम्　〜と言われる、

　同じことは、他の五感の音（声）のみならず、香り、味、触についても起こる。

２３．カルマには２種類があり、すぐに結果の出るもの、そうでないものとがある。サンヤマの状態になると、ヨーギーは、その兆候によって、肉体との決別の時期を知ることが出来る。
　　　　　　　　　　　　　　　　　　　　　　（３−２３）

सोपक्रमं निरुपक्रमं च कर्म तत्संयमादपरान्तज्ञानमरिष्टेभ्यो वा ॥२३॥

ソーパ クラマム・ニルパ クラマム・チャ・カルマ・タッツサムヤマート・アパ ラーンタギ ャーナム・
アリシュテービ ョー・ヴ ァー

(註) सोपक्रमं すぐに結果の出るもの、निरुपक्रमं すぐ結果の出ないもの、
कर्म カルマ、तत् その、संयमात् サンヤマになると、अपरान्त 死、
ज्ञानम् 知る、अरिष्टेभ्यः 兆候、予知、वा あるいは、

「ダーラナー、ディヤーナ、サマーディをひとまとめにしてサンヤマと呼ぶ」という詩句が **4．**YS 3-4 にあったが、3つのグナのバランスが崩れるとアハンカーラが生じ、心が動いて、この世界（プラクリティ प्रकृति の変化したもの）を対象として認識する。それは主語のアハム（私 अहम्）とイダム（これ इदम्）の関係であり、想念（心の動き）の無数の対象とはクモの糸のように結ばれている。

それが第1の段階ダーラナー（धारणा）では、1つの想念（1つの心）が1つの対象と、1本の糸で結ばれている。さらに、次の段階のディヤーナ（ध्यान）になると、意識の流れだけになり、対象は消えてしまい、最後に主語の私も消えてしまう。これがサマーディ（समाधि）である。（下図を参照）

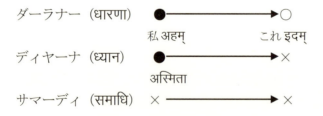

わたしたちは、何らかの大きな力によって、この世に人間として生を受けた。年を重ねると人生においてなすべき仕事で残っているものは何か、それが見えてきて、やり終える時期も分かってくる。この詩句は肉体との決別、つまり、プラクリティ（प्रकृति）の活動が止むのを知ることが可能であるという意味であって死の準備ではな

い。むしろ、遂には死を超えてしまうことを意味している。

24. サンヤマの状態になると、友愛、思いやりの気持ちなどの力が自然に備わってくる。(3−24)

मैत्र्यादिषु बलानि ॥२४॥
マイトリヤーディシュ・バラーニ
(註) मैत्री 友愛、आदिषु 〜など、बलानि 力、

　第１章の詩句YS 1-33と関連しているのは明らかで、１６８頁でヤマ、ニヤマに掲げられていることは果実（फल）としてそれぞれの人に運んでこられる、或いは、備わってくると言ったのは、この詩句で理解してもらえるであろう。

25. サンヤマの状態になると、いろいろな力、例えば、象のような力が備わる。(3−25)

बलेषु हस्तिबलादीनि ॥२४॥
バレーシュ・ハスティバラーディーニ
(註) बलेषु いろいろな力の中に、हस्ति 象のような、बल 力、आदीनि 〜など、

26. サンヤマの状態になると、深く隠れていた光が輝き始める。(3−26)

प्रवृत्त्यालोकन्यासात् सूक्ष्मव्यवहितविप्रकृष्टज्ञानम् ॥२६॥
プラヴリットヤーローカンニャーサート・スークシュマ・ヴィヤヴァヒタ・
ヴィプラクリシュタギャーナム
(註) प्रवृत्ति 活動、आलोक 光、न्यासात् 顕れる、सूक्ष्म 精妙な、व्यवहित 隠れていたもの、विप्रकृष्ट 遠方、ज्ञानम् 知ること、

　象は譬えであって、バレーシュ（बलेषु いろいろな力の中の）とあ

187

るように、いろいろな力が備わってくる。反面、それによる間違いも起こるから注意を促している。ヒラメキが増えるし、短時間に多くのものごとが出来るようになったりする。

顕れてくる力　〜　その3　宇宙

27. サンヤマの状態になると、太陽のような、宇宙空間の真理が分かる。（3-27）

　　भुवनज्ञानं सूर्ये संयमात् ॥२७॥
　　ブヴァナギャーナム・スールエ・サムヤマート
　　(註) भुवन 宇宙空間、ज्ञानं 知ること、सूर्ये 太陽の、संयमात् サンヤマの状態になると、

28. サンヤマの状態になると、月のような、星の位置や運行が分かる。（3-28）

　　चन्द्रे ताराव्यूहज्ञानम् ॥२८॥
　　チャンドレー・ターラーヴューハギャーナム
　　(註) चन्द्रे 月の、तारा 星、व्यूह 配置、配列、ज्ञानम् 知ること、

29. サンヤマの状態になると、北極星のように、天体の運行を知ることが出来る。（3-29）

　　ध्रुवे तद्गतिज्ञानम् ॥२९॥
　　ドルゥヴェー・タドガティギャーナム
　　(註) ध्रुवे 北極星、तद् それ（前詩句の星）、गति 動き、ज्ञानम् 知ること、

西洋でもゼカリア・シッチンの書（*Zecharia Sitchin:Divine Enounters*, *The Lost Realms*）などを見ると、太陽から 8.6 光年

の距離にあるシリウスについて、シュメールの円筒印章に、このニビルという名の１２番目の惑星が描かれていて、彼はそれを人類の起源と宇宙から移植された古代文明として解き明かそうと試みている。現代のように物理学が発達する以前から、古代の人たちは、西洋・東洋を問わず何らかの方法で「宇宙のすべて」を見渡せていたように思われる。地球は、太陽から１億５０００万キロメートルの距離にあり、太陽とその重力に支配されている天体の集団太陽系は、水星・金星・地球・火星・木星・土星・天王星・海王星の８つの惑星などからなっている。この詩句のスーリヤ（太陽）とチャンドラ（月）、ドルーヴァ（北極星）など、宇宙全体の運行もサンヤマに達した人には分かっていたと推測される。

顕れてくる力　〜　その４　小宇宙

30. サンヤマの状態になると、ヘソ（中心）を知り、身体の全メカニズムを知ることが出来る。（3−30）

नाभिचक्रे कायव्यूहज्ञानम् ॥३०॥

ナービチャクレ・カーヤヴィユーハギャーナム

　　註）नाभि　ヘソ（中心）、चक्रे　エネルギーの中心、काय　身体、
　　　　व्यूह　配置、配列、ज्ञानम्　知ること、

31. サンヤマの状態になると、空腹や喉の渇きを検知するノドの咽頭の辺りを知ることができ、それらを克服出来る。
（3−31）

कण्ठकूपे क्षुत्पिपासानिवृत्तिः ॥३१॥

カンタクーペー・クシュットピパーサーニヴリッティヒ

　　（註）कण्ठ　喉、कूपे　空洞、क्षुध्　空腹、पिपासा　喉の渇き、निवृत्तिः　克服される、

32. サンヤマの状態になると、クールマナーディーを知り、亀のように不動、安定を得る。(3-32)

कूर्मनाड्यां स्थैर्यम् ॥३२॥

クールマナーディヤーム・スタイルヤム

（註）कूर्म 亀、नाड्यां ナーディー、स्थैर्यम् 安定、

　宇宙と同じように、わたしたちのこの身体も小宇宙と考えられ、イダー（左の鼻孔）とピンガラ（右の鼻孔）から背骨を貫くスシュムナー（सुषुम्रा 背骨）をメインにして全身をくまなく覆うナーディ（नाडी）、チャクラ（चक्र）やプラーナ（पञ्च वायवः 5気）などのエリアやメカニズムを知ることが出来る。（下図のチャクラ図参照）

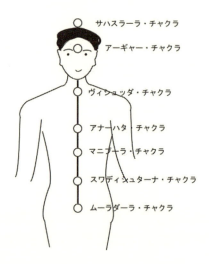

　ナーディーはプラーナの流れる目に見えない管と考えられ、呼吸によってすべての動きは生じているので、逆に、アーナーパーナサティ、つまり、呼吸を観察していると息は次第に停止状態へと近づく。だが、完全に停ったりはしない。静止は不動（steadiness）と同じ。このことは、常に動き変化するプラクリティの背後に動かな

いもののあることをいかに知るか（第3の眼）ということと同じである。33．34．35．の詩句を参照。

33．サンヤマの状態になると、頭部（ブラフマランドラ）からの光により、完全なる見識が得られる。（3－33）

मूर्धज्योतिषि सिद्धदर्शनम् ॥३३॥
ムールダ゛ジョーティシ・シッダ゛ダルシャナム
（註）मूर्ध 頭部、ज्योतिषि 光、सिद्ध-दर्शनम् 完全な見識、

34．（或いは）サンヤマの状態になると、プラティバー（直覚）により、知識すべてが得られる。（3－34）

प्रातिभाद्वा सर्वम् ॥३४॥
プラティバード゛ヴァー・サルヴァム
（註）प्रातिभात् 直観、वा あるいは、सर्वम् すべて、

35．サンヤマの状態になると、ハートがブラフマの住処だということが分かり、もはや、心はなくなる。（3－35）

हृदये चित्तसंवित् ॥३५॥
フリダ゛エー・チッタサムヴ゛ィット
（註）हृदये ハート、चित्त 心、संवित् 理解、

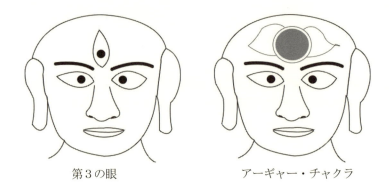

第3の眼　　　　　　　アーギャー・チャクラ

　33. のブラフマランドラ（ब्रह्मरन्ध्र）は、スシュムナーの先端と考えられアーギャー・チャクラ、つまりインドでは、よく第3の眼（註）として描かれることが多い。（上図を参照）

> （註）「三つの目」は、7世紀頃のバナバッタのサンスクリット文学『カーダムバリー』に त्र्यम्बक（three-eyed）として出てきて、シヴァ神（शिव）を意味することもある。

　ここからの光とは、**34.** と関連して直観による完全な理解を意味している。プラーティバー（प्रातिभा）とは、サンヤマの状態に達した人にはすべてが明らかとなり、すべてを知る（omniscient）の意。**35.** のフリダエーは、「心臓に」という意味ではない。ハートは右側にあるとマハルシが言ったようにブラフマの住処（スターナム स्थानम्）、アナーハタ・チャクラ辺りのことである。そこは、よく静寂の音と呼ばれる。

36. サンヤマの状態になると、サットヴァとプルシャは、全く別であるということが分かり、プルシャの真の理解が得られる。
　　　　　　　　　　　　　　　　　　　　　　（3-36）

सत्त्वपुरुषयोरत्यन्तासंकीर्णयोः प्रत्ययाविशेषो भोगः
サットヴァプルシャヨーホ・アティヤンタサムキールナヨーホ・プラッテヤヤーヴィシェーショー・
ボーガハ
परार्थत्वात् स्वार्थसंयमात् पुरुषज्ञानम् ॥३६॥
パラールタトヴァート・スワールタサムヤマート・プルシャギャーナム
(註) सत्त्व サットヴァ、पुरुषयोः プルシャ、अत्यन्त -असंकीर्णयोः 完全な識別、प्रत्यय
気づき、अविशेषः 混同、भोगः 体験、पर -अर्थत्वात् 別、स्वार्थ 自らのため、
संयमात् サンヤマの状態になると、पुरुषः -ज्ञानम् プルシャの知識、

１７． YS 3-17 で２つの「私」がサンスクリットの表現にはある
と説明した。（１７６～１７７頁参照）

 1． **私は、**ラーマ（という名前）です。**अहम्**
 2． **私は、**ミルクが好きです。**मह्यम्** （味は、**私に**やってくる）

実は、もう一つ「私」がある。

 3． **私は、**真理を見た。→ **私には、**そのように見えた。
   →   **मया** सत्यं दृष्टम् । マヤー・サッティヤム・ドゥリシュタム
  （**私によって、**真理は見られた。）

　サンスクリットでは、文章が受動態（受身）で書かれることが多
い。受身で表現されると、主語（行為者）には焦点が当たらず隠さ
れたり、弱められ結果に重点が置かれた表現となる。
　例えば、「学校の窓ガラスが壊された」という受身の表現は、犯人
（行為者）は分からない。また、およその見当は付いていても文章
には表れない。つまり、行為者には焦点は当たらず結果に重点が置
かれた表現となる。
　この詩句では、サンヤマの状態になるとドゥリシュタ（दृष्टम् seen）、
ありのまま、「そのように見えた」ということであり、背後にあって動

かぬプルシャとサットヴァであっても変化するプラクリティは別物なのだという識別が出来る。サットヴァは、プルシャの反射に過ぎないことが説明されている。これが、感覚器官としての両眼で見るのではなく、**第3の眼**の意味である。

　SPS にも、同じ表現が見られる。

両者（プルシャとプラクリティ）は全くの別物である、という気づきこそ最終の到達点である。（3-65）

द्वयोरेकतरस्य वौदासीन्यमपवर्गः । (3-६५)
ドヴァヨーレーカタラスヤ・ヴァウダーシーンニャマパヴァルガハ
　(註) द्वयोः 2つ、両者、एकतरस्य いずれか一方の、वा あるいは、औदासीन्यम् 別物、अपवर्गः 到達点、

37. サンヤマの状態になると、プラティヴァ（直覚）が起こり、聴くこと、感じること、見ること、味わうこと、嗅ぐことなどを超越したものとなる。（3-37）

ततः प्रातिभश्रावणवेदनादर्शास्वादवार्ता जायन्ते ॥३७॥
タタハ・プラーティバ・シュラーヴァナ・ヴェーダナ・アーダルシャ・アースワーダヴァールター・ジャーヤンテー
　(註) ततः 従って、प्रातिभ 直覚、श्रावण 聴くこと、वेदना 感じること、आदर्श 見ること、आस्वाद 味わうこと、वार्ता 香り、जायन्ते 生まれる、

38. しかし、（サンヤマの状態になって得られる）これらの能力は、起こってきたことではあるが、サーダナの途には障害となる。（3-38）

ते समाधावुपसर्गा व्युत्थाने सिद्धयः ॥३८॥

第3章　ヴィブーティ・パーダ

テ・サマーダーヴパサルガーハ・ヴュッターネー・シッダヤハ
　(註) ते これらは、समाधौ サマディ、उपसर्गा 障害、व्युत्थाने 起こってきたことに、सिद्धयः 最終目標、

　見る、聴く、感じる、味わう、嗅ぐ、触るなどの感覚器官ではなく、それらを超越してあらゆるものが分かる（全知 omniscient）ようになるが、これはヨーガの道の最終目標（कैवल्य）ではない。見誤ると障害になることをパタンジャリは警告している。

39．サンヤマの状態になると、束縛の原因が解け、意識は自由に流れ、他人の身体へと移っていける。（3-39）

बन्धकारणशैथिल्यात् प्रचारसंवेदनाच्च चित्तस्य परशरीरावेशः ॥३९॥
バンダカーラナシャイティルヤート・プラチャーラサムヴェーダナーッチャ・チッタスヤ・
パラシャリーラーヴェーシャハ
　(註) बन्ध 束縛、कारण 原因、शैथिल्यात् 解けると、प्रचार - संवेदनात् 意識の自由な流れ、च そして、चित्तस्य 意識の、पर - शरीर 他の人の身体、आवेशः 入ること、

　他の人の身体に移っていける、というのは超能力のことではない。私をこの身体と同一視している、私がすべての行為者で主体であるという想念のある限り、他人の家への訪問は出来ない。それは、自分の家から一生外出しないのと同じである。私は家でもなければ、この身体や心や想念でもない。パラ・シャリーラ（पर - शरीर）のパラとは、気づきを象徴している。

40．サンヤマの状態になり、ウダーナ気を思うままに出来ると、水面、沼地、トゲなどに触れずに、その上を歩くことが出来る。（3-40）

उदानजयाज्जलपङ्ककण्टकादिष्वसङ्ग उत्क्रान्तिश्च ॥४०॥

第2部　ヨーガスートラの解説

ウダーナジャヤート・ジャラ・パンカ・カンタカーディシュ・アサンガハ・
ウットクラーンティシュチャ

（註）उदान ウダーナ、जयात् 熟達すると、जल 水上、पङ्क 泥上、कण्टक トゲ、
आदिषु ～など、असङ्ग 触れずに、उत्क्रान्तिः 上を通り抜ける、च そして、

41．サンヤマの状態になり、サマーナ気を思うままに出来ると、胃の火（消化力）を高めることが出来る。（3−41）

समानजयाज्ज्वलनम् ॥४१॥

サマーナジャヤート・ジュワァラナム

（註）समान サマーナ、जयात् 熟達すると、ज्वलनम् 燃える、

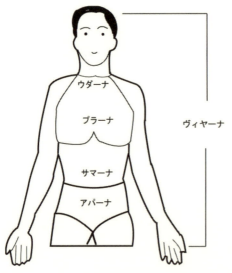

この2つの詩句では、5つのヴァーユの中でウダーナ気とサマーナ気しか出てこないが、左の大まかなエリアのイラスト図を参照してもらいたい。このヴァーユについては、チャラカ・サムヒタ XXVIII の詩句に詳しいので下記に引用する。

ヴァーユは、（生きものの）生命を維持する力であり、この世界すべて、その主人である。（18−3）

वायुरायुर्बलं वायुर्वायुर्धाता शरीरिणाम् ।

ヴァーユラーユルバァム　ヴァアユルヴァーユルダーター　シャリーリナーム

第3章　ヴィブーティ・パーダ

वायुर्विश्वमिदं सर्वं प्रभुर्वायुश्च कीर्तितः ॥१८-३॥
ヴァーユルヴィシュヴァミダム　サルヴァム　プラブルヴァーユシュチャ　キールティタハ

ヴァーユは、次の5気から成る。プラーナ、ウダーナ、サマーナ、ヴィヤーナ、アパーナ。これらは、たがいに邪魔することなく、身体のそれぞれの場所で、調和して機能する。（１８－５）

प्राणोदानसमानाख्यव्यानापाने स पञ्चधा ।
プラーノーダーナサマーナーキャヴィヤーナーパーナイ サ パンチャダー
देहं तन्त्रयते सम्यक् स्थानेष्वव्याहतश्चरन् ॥१८-५॥
デーハム タントラヤテー サムミャク スターネーシュヴァヴィヤーハタシュチャラン

　ここで明らかなように、すべてはプラーナの顕現したものであり、根源であって生命のエネルギーである。さらにチャラカ・サムヒタ XXVIII の６～１１までの詩句を抄訳すると、おおよそ次のようになる。（原文は省略）

　プラーナのエリアは、頭部、胸部、舌・口・鼻の辺り、唾液、鼻、呼吸、消化などを司る。ウダーナのエリアは、臍・胸・ノドの辺り、言葉（コミュニケーション力）、体調のコントロールを司る。サマーナは、体液の通路をコントロール、消化力にも関わる。ヴィヤーナは、動きに関わり、全身のくまなく調和・統合させる。最後にアパーナは、排泄と身体の浄化に関わる。

　４０．の「水面、沼地、トゲなどに触れずに、その上を歩くことが出来る」は、身体が軽快になった様を表現し、プラーナ・ヴァーユ全体のことを言っているので、この句のみを単独に、そのままの意味にとると理解は出来ないであろう。
　４１．のジュヴァラム（ज्वलनम्）は、単に消化力のみならず、ヴァーサナー（वासना 欲望 desire）をも焼き尽くすことを意味してい

る。それは種子のないサマーディへ近づくことでもある。

42. サンヤマの状態になると、空間と音の関係が分かり、あらゆる音を聴き分けられる。（3-42）

श्रोत्राकाशयोः संबन्धसंयमादिव्यं श्रोत्रम् ॥४२॥

シュロトラーカーシャヨーホ・サムバンダサムヤマート・ディヴィヤム・シュロートラム

（註）श्रोत्र 聴くこと、आकाशयोः 空間、संबन्ध 繋がり、संयमात् サンヤマの状態になると、दिव्यं 超自然の、श्रोत्रम् 音を聴く力、

アーカーシャとは、このすべてを取り巻く空間であり私たちはそこから来て、やがてそこへと消えていく。そこには、悠久の時を超えて先人達の智慧が記憶されて残っているので、私たちはチューニングさえすれば、あらゆるものをダウンロードできる。

43. サンヤマの状態になると、身体と空間の関係が分かり、身も心も綿の繊維のように漂うことが出来る。（3-43）

कायाकाशयोः संबन्धसंयमाल्लघुतूलसमापत्तेश्चाकाशगमनम् ॥४३॥

カーヤーカーシャヨーホ・サンバンダサンヤマート・ラグトゥーラサマーパッテーシュチャ・アーカーシャガマナム

（註）काय 身体、आकाशयोः 空間、संबन्ध 繋がり、संयमात् サンヤマの状態になれば、लघु 軽くなり、तूल 綿の繊維、समापत्ते 結びつき、च そして、आकाश 空間、गमनम् 動き、

私たちの周りの空間を海に譬えれば、ちょうど波に当たるのがわれわれで、波間に消えたり現れたりする。そのように、この空間にも軽い綿の繊維のように漂うことが出来るのである。42.と関連して何千年前の人の言葉を聴いて理解出来たり、ある時、グルと思

われる人に突然出会ったり出来るのも、すべていきなり起こることである。

44. サンヤマの状態になると、身体という意識はなくなるので、輝ける光を遮っているすべての覆いは消散する。（3−44）

बहिरकल्पिता वृत्तिर्महाविदेहा ततः प्रकाशावरणक्षयः ॥४४॥

バヒラカルピター ヴリッティヒ・マハーヴィデーハー・タタハ・プラカーシャーヴァラナクシャヤハ

（註）बहिर् 外の、अकल्पिता 真の、वृत्ति 動き、महा - विदेहा 身体という意識を超えた、ततः 従って、प्रकाश 光、आवरण 覆い、क्षयः 消滅、

身体と私の同一化はなくなり、身体、感覚器官、エゴといったグナの影響を超えた自由さがそこに存在する。

45. サンヤマの状態になると、宇宙の構成要素（地、水、火、風、空）についての微細・粗大両面の意味や相互の繋がりに精通する力が得られる。（3−45）

स्थूलस्वरूपसूक्ष्मान्वयार्थवत्त्वसंयमाद् भूतजयः ॥४५॥

ストゥーラ・スワルーパ・スークシュマ・アンヴァヤ・アルタヴァットヴァサンヤマート・ブータジャヤハ

（註）स्थूल 物質的な、स्वरूप 構成要素、सूक्ष्मा 微細な、अन्वय 相互の繋がり、अर्थवत्त्व 目的のあること、संयमात् サンヤマの状態になれば、भूत 要素、जयः 思いのままとなる、

目に見えないエネルギーからすべてが生まれ、すべては刻々変化し続ける。そして、すべては起こるべくして起こるのだ。今や、それをただ観察しているものがいる。

第2部　ヨーガスートラの解説

46. サンヤマの状態になると、極微になって姿が見えなくなるなど（8つの）パワーが備わり、身体は完全になり、（前句の）構成要素、属性、相互の繋がりなどが身体を妨げることはない。（3-46）

ततोऽणिमादिप्रादुर्भावः कायसंपत् तद्धर्मानभिघातश्च ॥४६॥

タトーニマーディプラードゥルバーヴァハ・カーヤサムパット・タッダルマーナビガータシュチャ

（註）ततः 従って、अणिम 細身、आदि 〜など、प्रादुर्भावः 外見、काय 身体、संपत् 完全、तद् その、धर्म 属性、機能、अनभिघात 妨げのない、च そして、

47. （前句の）身体の完全さとは、優美、優雅、力強さ、ダイヤモンドような強靭さである。（3-47）

रूपलावण्यबलवज्रसंहननत्वानि कायसंपत् ॥४७॥

ルーパ・ラーヴァンニャ・バラ・ヴァジュラサムハナナットヴァーニ・カーヤサムパット

（註）रूप 姿、लावण्य 優美、बल 力強さ、वज्र ダイヤモンド、संहननत्वानि 強靭さ、काय 身体、संपत् 完全さ、

48. サンヤマの状態になると、真の姿を把握するプロセスにおいて、私という感覚（エゴ）、感覚器官を超越する。

（3-48）

ग्रहणस्वरूपास्मितान्वयार्थवत्त्वसंयमादिन्द्रियजयः ॥४८॥

グラハナ・スワルーパ・アースミター・アンヴァヤ・アルタヴァッタヴァサムヤマート・インドリヤジャヤハ

（註）ग्रहण 把握、स्वरूप 真の姿、अस्मिता 私という感覚、अन्वय 繋がり、अर्थवत्त्व 目的のため、संयमात् サンヤマの状態になると、इन्द्रिय 感覚器官、जयः 超える、

17. YS 3-17で「2つの私」、アハム（अहम् 1人称・主語を表す主格、私が中心）とマヒャム（मह्यम् 1人称・与格、私に何かがやってくる）について触れたが、同じようなことは、अहम्（1人称・主語を表す主格）と英語のBe動詞に相当するサンスクリットの動詞語根の√अस्（to be）についても言える。エゴを意味する私は、アハンカーラ（अहङ्कार）である。第1人称のअहम्のBe動詞は、動詞語根√अस्→アスミ（अस्मि）になるが、これに抽象名詞をつくる接尾辞ताを付けるとअस्मिताとなる。これはアハンカーラ（अहङ्कार）・エゴがなくなった存在（amness）のみの状態である。さらに、私（エゴ）も、この存在も両方共がなくなった状態が「真の自己」であり、これがアートマン（witness）である。観察者となった自己は、もはや感覚器官を使ったものではなく、タンマートラに直接アクセス出来る。つまり、感覚器官の背後に隠れたものの存在を知る段階へと近づく。

49. サンヤマの状態になり、感覚器官を超越すると、心のように素早い身体の動きによって、プラクリティの変化に対応できる力が生まれる。（3−49）

ततो मनोजवित्वं विकरणभावः प्रधानजयश्च ॥४९॥
タトー・マノージャヴィットヴァム・ヴィカラナバーヴァハ・プラダーナジャヤシュチャ
（註）ततः 従って、मनः 心、जवित्वं 素早さ、विकरण - भावः 感覚器官の頼ることなく、प्रधान 根源、जयः 超越、च そして、

これらの力は、使わない時に顕れてくる。何故ならば、それらはこの世界で使われるべきではないからだ。その時、第4章のカイヴァルヤ（कैवल्य）へと続くが、そうでないと一気にこの欲望の世界へと転落する。使わない時、欲望の種子も破壊される。
　人は、ヴィブーティ（विभूतिः）とシッディ（सिधिः）に興味を強く惹きつけられるが、そこで終わって遂には転落し、元の黙阿弥にな

ってしまう。次頁51．YS 3-51を参照。

50．サンヤマの状態になると、サットヴァ（グナ）とプルシャの違いが明確になり、彼はあらゆる状態の統治者となり、全知の状態となる。（3－50）

सत्त्वपुरुषान्यताख्यातिमात्रस्य सर्वभावाधिष्ठातृत्वं सर्वज्ञातृत्वं च ॥५०॥
サットヴァプルシャ アンニヤターキャーティマートラスヤ・
サルヴァバーヴァーディシュタートリットヴァム・サルヴァギャートリットヴァム・チャ

（註）सत्त्व サットヴァ、पुरुष プルシャ、अन्यता 違い、ख्याति 気づき、मात्रस्य ～のみの、सर्व - भाव すべての状態、अधिष्ठातृत्वं 至高の、सर्वज्ञातृत्वं 全知、च そして、

51．サンヤマの状態になって出てくる、これらのパワーを使わない時、束縛の種は消滅し、カイヴァリヤ（アートマとの結合、ユクタ）が訪れる。（3－51）

तद्वैराग्यादपि दोषबीजक्षये कैवल्यम् ॥५१॥
タドヴァイラーギャーダピ・ドーシャビージャクシャイェー・カイヴァルヤム

（註）तद् この、वैराग्य 使わないとき、अपि その時、दोष 束縛、बीज 種子、क्षये 消滅、कैवल्यम् カイヴァルヤ、

　顕れてくる数々の魅惑的な力に幻惑されて自己を見失うが、このスートラこそ35．YS 3-35で述べられた内容がいよいよ実現化してきたことを示している。美しく魅力的な力もまたプラクリティの変化した姿であることに気づけば、プルシャとの混同は避けられ両者の識別が達成される。
　「ヨーガスートラ」において記述されたラージャヨーガへの途は、「ハタヨーガ・プラディーピカー」に書かれた実践的行法で実現できる。しかし、ラージャヨーガへの途は、これが唯一の方法ではな

第3章 ヴィブーティ・パーダ

い。日本には古来から修験道や禅があり、仏教の根底である唯識でも座禅が実践として行われる。自分に合った方法（サーダナ साधन）が用いられるべきであるが、ハタヨーガを実践法として行う場合には、「ハタヨーガ・プラディーピカー」HP3-126、HP4-79に書かれている次の2句を忘れてはならない。

ラージャ・ヨーガがなければ、どんなに素晴らしい大地も、夜も、ムドラーも輝かない。（3-126）

राजयोगं विना पृथ्वी राजयोगं विना निशा ।
ラージャヨーガム ヴィナー プリティヴィー ラージャヨーガム ヴィナー ニシャー
राजयोगं विना मुद्रा विचित्रापि न शोभते ॥३-१२६॥
ラージャヨーガム ヴィナー ムドラー ヴィチットラーピ ナ ショーバテー

（註）राजयोग विना ラージャ・ヨーガがなければ、पृथ्वी 大地、निशा 夜、मुद्रा ムドラー、विचित्र 美しい、अपि 〜も、न शोभते 輝かない、（√शुभ्）

ラージャ・ヨーガを知らないで、ただハタヨーガを行ずる人が多い。彼らは、実りのないことをただ繰り返しているに過ぎない。
　　　　　　　　　　　　　　　　　　　　　　　　（4-79）

राजयोगमजानन्तः केवलं हठकर्मिणः ।
ラージャヨーガマジャーナンタハ ケーヴァラム ハタカルミナハ
एतानभ्यासिनो मन्ये प्रयासफलवर्जितान् ॥४-७९॥
エーターナビャーシトー マンニェー プラヤーサパラヴァルジターン

（註）राजयोगम् ラージャ・ヨーガを、अजानन्तः 知らないで、केवलं 単に、हठकर्मिणः 実践者、एतान् この、अभ्यासिनः 繰り返し行っている、मन्ये 〜と私は思う、प्रयास - फल - वर्जितान् 努力の実りは全くない、

राजयोगं विना（ラージャヨーガがなければ）という語は3回繰り返され、「ヨーガスートラ」に「ラージャヨーガ」という言葉は出て

203

こないが、自明のことは述べられない。

52. 高位の存在から招かれたり、褒められても、愛着や満足の笑みを浮かべぬように。何故なら、望まぬことが再び起こるから。（3-52）

स्थान्युपनिमन्त्रणे सङ्गस्मयाकरणं पुनरनिष्टप्रसङ्गात् ॥५२॥

スターンニュパ ニマントラネー・サンガ スマヤーカラナム・プ ナラニシュタプ ラサンガ ート

（註）स्थानि 高い場所を得る、उपनिमन्त्रणे 招待、सङ्ग 執着、स्मया 満足の笑み、अकरणं 〜しない、पुनर् 再び、अनिष्ट 望まぬこと、प्रसङ्गात् 結びつき、

前詩句では、顕れてくる魅力的な力に自己を見失う危険性が述べられたが、外部からの誘惑も起こってくる。そのどちらにも気を付けなければならない。

53. サンヤマの状態になって、この瞬間、瞬間の連続だという不変の意識から、識別知が生まれる。（3-53）

क्षणतत्क्रमयोः संयमाद्विवेकजं ज्ञानम् ॥५३॥

クシャナタットクラマヨーホ・サムヤマート ヴィヴェーカジャム・ギャーナム

（註）क्षण 瞬間、तद् この、क्रमयोः 連続、संयमात् サンヤマの状態になれば、विवेक ज्ञानम् 識別知、जम् 生まれる、

時間というものは、本来存在しない。今、この瞬間（クシャナ क्षण）、瞬間の連続があるだけであり、未来は、すべて希望か願望に過ぎないし、過去は記憶への執着に過ぎない。従って、過去・現在・未来のように時間として分割は出来ない。この、たった今しかないという究極の真実は、過去・現在・未来という分割が消え失せることと同じである。

第3章 ヴィブーティ・パーダ

54. サンヤマの状態になると、（時間と空間における）誕生の種別、特徴、位置などにより、非常によく似かよったものでも的確に識別ができる。（3−54）

जातिलक्षणदेशैरन्यतानवच्छेदात् तुल्ययोस्ततः प्रतिपत्तिः ॥५४॥
ジャーティラクシャナデーシャイランニャターナヴァッチェーダート・トゥルヤヨースタタハ・プラティパッティヒ
（註）जाति 誕生、लक्षण 識別の徴、देशैः 位置、अन्यता 違い、अनवच्छेदात् 制限がないので、तुल्ययोः 同一、ततः 〜の故に、प्रतिपत्तिः 理解、識別、

55. サンヤマの状態になると、如何なる状態であっても、すべての対象に対する識別力が生まれ、ターラカと呼ばれる。（3−55）

तारकं सर्वविषयं सर्वथाविषयमक्रमं चेति विवेकजं ज्ञानम् ॥५५॥
ターラカム・サルヴァヴィシャヤム・サルヴァターヴィシャヤム・アクラマム・チェーティ・ヴィヴェーカジャム・ギャーナム
（註）तारकं 明晰さ、明瞭さ、सर्व すべての、विषयं 対象、सर्वथा 全体、विषयम् 対象、अक्रमं 一連の、च そして、इति かくして、विवेक - ज्ञानम् जम् 識別知が生まれる、

　非常に似通ったものは、精妙なものほど見分けがつきにくい。しかし、サンヤマの状態になれば、その識別が可能になってくる。

56. サンヤマの状態になり、サットヴァ（からグナとしての属性がなくなり）とプルシャと清澄さが等しくなるのが、カイヴァルヤ（アートマとの結合、ユクタ）である。（3−56）

सत्त्वपुरुषयोः शुद्धिसाम्ये कैवल्यम् ॥५३॥
サットヴァプルシャヨーホ・シュディサーミエー・カイヴァルヤム

205

(註) सत्त्व サットヴァ、पुरुषयोः プルシャ、शुद्धि 清澄、साम्ये 同じ、कैवल्यम् カイヴァルヤ、

　第2章のサーダナ・パーダでサーダナ、またはタパを実践してきた真のヨーギーと言われる人が遂に到達した状態がここにある。誰にでも出来ることではあるが、容易なことではない。この境地に到達したいという欲望や執着がある限り簡単に振り出しに戻ってしまう。何故なら、それは起こることであって、欲望によってなる状態ではないからだ。
　ヴィヴェーカ（विवेक）、これは、何度も繰り返されて述べられてきたことであるが、プルシャとプラクリティの識別のことである。パッシャンティー（पश्यन्ती）の段階にならなければ決してこの識別は出来ない。何故なら、パッシャンティーとは、「根源を見ている」ということであり、心は消滅してそこに言葉の発生はない。これこそ、カイヴァルヤ（कैवल्य）であり、ヨーガの意味である。真の自己は、たった一つである。

ヨーガスートラ

第4章

カイヴァルヤ・パーダ
कैवल्यपादः

第4章 カイヴァルヤ・パーダ

‖ अथ कैवल्यपाद ‖

アタ・カイヴァルヤパーダハ

　第4章のカイヴァルヤ・パーダに入る。第1章ではヨーガの定義、心とは何かについて学び、ヨーガ（サマーディ）への方向性が示された。第2章では、身体と感覚器官、心と呼吸の関係について学び、ヨーガの状態に達する方法、手段について考察した。第3章では、サーダナの結果到達するサンヤマの状態と、そこで顕れてくるいろいろな力について学んだ。そして、この第4章では、誰しもが熟眠時に体験出来るヨーガの状態に達することは、その気づきにあること、完全なる自由、至福、カイヴァルヤ（कैवल्यम्）、即ち、カビールの詩「カストゥリー・クンダリ कस्तूरी कुंडलि」に象徴されるラージャヨーガについて学ぶ。

　彼の詩「カストゥリー・クンダリ」とは何か。また、なぜ、それがヨーガと関係があるのか、見ていこう。**カストゥリー・クンダリ**とは、「麝香鹿の臍」という意味で、ヒマラヤに生息するといわれる麝香の香りを発する雄鹿のことである。ある日、麝香鹿はその香りに魅せられて、森中をさまようが、その香りの元を見つけることができず疲れ果てて戻って来てしまう。しかし、やがて自身の臍がその香りを発している根源だということに気が付く。中世のヒンディー語で書かれている原文を見てみよう。

　　鹿は、麝香の香りに魅せられて森中を捜すが、見つからない。
　　麝香は、自分自身のヘソにある。同じように、ラーマ（神）はどこにでも遍在している。外の世界を探しても見つかるものではない。

कस्तूरी कुंडलि बसै, मृग ढूंढै बन मांहि ।（カストゥーリー クンダリ バサイ ムリグ ドゥーンダイ バン マーンヒ）
ऐसै घटि घटि राम हैं, दुनियां देखे नांहि ।（アイサイ ガティ ガティ ラーム ハイン ドゥニヤーン デーカイ ナーヒ）

第2部　ヨーガスートラの解説

　佐保田鶴治先生を知る人も少なくなったが、先生によってヨーガという言葉に出会いヨーガの体操を始めた人は、一体何年それを続けているだろうか。ヨーガの道を歩き、ヨーガとは何かを探求してきて、はたしてヨーガの状態になれたであろうか。ひょっとして近くにあるもの、麝香鹿のように自分自身の臍にあるのに遠くを探し求めてきたのではあるまいか。探しているものは、探している自分自身ではなかったのか。
　佐保田鶴治先生にも同じ表現がある。

メーテルリンクの『青い鳥』のように、幸福の鳥を探して長い旅をしたが、ついに見当たらず家に帰り着くと青い鳥は我が家にいたという話を思い出させる。（番場一雄著〜序・「ヨーガの思想」に寄せて　4頁）

　しかし、ヨーガという言葉には、人によって、いろいろなヨーガ観がある。第3章で垣間見たいろいろと顕れてくる力に強く惹かれ超能力を身につけたり、目くるめくような陶酔がヨーガの目的なのか。悟り、解脱、涅槃などの仏教用語で表される境地を得ることが、また、そうなのか。
　パタンジャリは、一体どう言っているのだろうか。この第4章では、それが明らかとなる。キーワードは、カイヴァルヤ（कैवल्य）である。SPSに、次の詩句がある。

すべての（プラクリティ）活動は、プルシャのためである。
कैवल्यार्थं प्रवृत्तेश्च ॥१९-१४४॥　カイヴァルヤールタム　プラヴリッテシュチャ

　（註）कैवल्यार्थं 唯一プルシャのため、प्रवृतेः すべての活動は、च そして、

第4章　カイヴァルヤ・パーダ

タパとサマーディ

1．潜在していた力は、生まれた時、霊薬、マントラ、タパ、サマーディによって顕れ出る。（4－1）

जन्मौषधिमन्त्रतपः समाधिजाः सिद्धयः ॥१॥

ジャンマ・オーシャディ・マントラ・タパハ・サマーディジャーハ・シッダヤハ

　（註）जन्म 生まれ、औषधि 薬草、霊薬、मन्त्र マントラ、तपः タパ、समाधि サマーディ、जाः 顕れる、生じる、सिद्धयः 潜在的ないろいろな力（सिद्धि の複数形）、

　潜在していた、あるいは、隠れていた力とは何だろうか。われわれは、母の妊娠（pregnant）によって胎内から生まれる。その pregnant という語は、ラテン語起源で praegnas より、pre（〜の前）＋ gnant（生まれる）である。生まれる前とは、ある意味完全なるものが、そのまま在る状態である。それが誕生と同時に、完全なもの、隠れていたものが顕れるのである。冒頭に述べたように、マハルシは、そのことを至高の愛（パラマプレマ）と呼んだ。ヨーガの状態と同じであり、熟眠時に体験出来ることは前に述べた。

　このスートラでは、その体験の方法をいくつか述べている。第1は、霊薬、薬草や薬物（科学的な薬品）によってである。これは、人為的にある幻覚・催眠作用を引き起こし人を夢幻状態に陥れる。体験出来るが、非常に危険である。また、カジュラホ（खजुरहो）のミトゥナ像（男女交接像）などからイメージされる恍惚感をヨーガ観として持つ人もあるが、マッチェンドラナータやスバートマーラーマなどハタヨーガでは排除された。

　第2は、ある種のマントラを繰り返し唱えることによる体験である。霊薬と同じような効果を生むため洋の東西を問わず宗教で利用されることが多い。神を感じさせる宗教音楽もあるが、人が神を造ったり、美しい響きによって人を誘導できるため危険であることは、

インド映画ＰＫでも指摘された。女性に好む人が多い。内側に非常に気持ちのいい状況を作り出す。霊薬よりはましであるが、いずれも一種の疑似体験であり十分気を付ける必要がある。

　第3は、タパ（तपः）。釈迦苦行像などのイメージから、これを一般に言われる「苦行」と解釈する人は多い。しかし、不眠や断食などの方法は、身体に拷問に近い大きな負担を与えあまり適した方法ではない。第1と同じく、この苦行をヨーガ観として持つ人も多い。

　しかし、タパ（तपः）は、インドでは瞑想などを含む、もっと幅広い意味に使われており、むしろ、第4のサーダナ（साधन）と同じ意味である。例えば、バルトリハリの『ヴァーキャパディーヤム』の「ブラフマカーンダ」の詩句１１と１２に次の記述がある。

　　　賢者たちは言う。ブラフマに最も近く、タパの中で最も優れた
　　　タパは文法学であり、文法学はヴェーダの中で最も重要である。

आसन्नं ब्रह्मणस्तस्य तपसामुत्तमं तपः ।
प्रथमं छन्दसाम् अंगम् आहुर्व्याकरणं बुधा ।। (१-११)

　　　（註）बुधाः आहुः　賢者達は次のように言う、तस्य ब्रह्मणः　そのブラフマに、आसन्नं　近い、तपसाम् उत्तमं तपः　全てのタパの中の最上の छन्दसाम् प्रथमम् अंगम्　ヴェーダの一番目(最も偉大な)の部分、व्याकरणं　文法学である

　　　言語の本質は、多くの形に分けられて顕れ、言語のプロセスの
　　　背後に隠れている最も清浄な光である。文法学は、直接そこに到達
　　　する道である。

प्राप्त - रूप - विभागायाः यो वाचः परमो रसः ।
यत्तत् पुण्यतमं ज्योतिः तस्य मोर्गाऽयमांजसः ।। (१-१२)

　　　（註）प्राप्त - रूप - विभागायाः　多くの形に分けられている、वाचः　言語の、यः परमो रसः　最高の本質であるところの、यत् तत् पुण्यतमं　最も

清浄な光であるところの、तस्य その、अयम् आंजसः मार्गः 直接到達する道、

アニル・ヴィディヤランカール先生は、両詩句のコメンタリーを次のように書いておられる。(भारत संधान नवम्बर २०११　２６～２７頁)

インドでは、伝統的に文法学によって言語の全事象についての考察がなされ、(प्रचीन भारतीय परंपरा में व्याकरण के द्वारा भाषा के समग्र रूप पर　विचार किया गया है ।)

文法の奥底に潜む言語のサーダナによって人はブラフマに辿り着く。(भाषा के गहरे रूप की साधना के द्वारा व्याकरण मनुष्य को ब्रह्म तक ले जाता है ।)

このことから**ヴィヤーカラナ(व्याकरण　Grammatical Analysis 文法学)** がタパと言われる理由は、**単なるサンスクリット語の文法(Sanskrit Grammar)の学習ではなく、言葉の起源の探求**であることが分かる。文法の規則から、言葉の秩序の根源を学ぶことである。

サーダナとは、leading straight to a goal であり、そのための mental discipline, practice である。これこそ第４章で述べられるカイヴァルヤ(कैवल्यम् aloneness)の象徴で「サーダナの途は、たった一人で歩む道」である。何故なら、臍は自分にしかない。私のヘソは、あなたのヘソではない。薬物やマントラ、美しい音楽などは心地よい状況を作り出すだけであるが、ここでは、今までのライフ・スタイルを根底から変えるので、激変とも言える変革が起こる。これによって、第４のサマーディの状態へと進む。

サマーディとは、**既に在るものへの気づき**である。既に在るものは、ある途を達成して手に入れるものではない。誕生と同時に、完全なもの、隠れていたものが顕れた、その時点に戻ることである。そこで、既に自分の臍に在ったことに気づくのである。

第2部　ヨーガスートラの解説

サーダナ

2. 洪水のようにプラクリティのエネルギーが流れ込むと、その人に今までとは別の激変を起こす。（4－2）

जात्यन्तरपरिणामः प्रकृत्यापूरात् ॥२॥

ジャートヤンタラパリナーマハ・プラクリットヤープーラート

（註）जाति 生まれ、अन्तर 別の、परिणामः 変化、प्रकृति プラクリティ、आपूरात् 洪水、あふれるばかりの流れから、

　たった一人で歩むサーダナによってのみ、潜在していた、あるいは、隠れていた力は、プラクリティのあふれるばかりのエネルギーが流れ込むことによって顕れ、その人の人生に今までとはまったく別の激変を引き起こす。それは、詩句1で述べられた、薬物によって人為的にある幻覚・催眠作用を引き起こすような夢幻状態でもなければ、ある種のマントラを繰り返し唱えることによる気持ちの良さや陶酔状態、苦行と称される身体への拷問（torture＝ラテン語起源で、tortura；tort 捻る＋ure 動作）によるものとは全く異次元のものである。まさに、変革（revolution）である。

3. プラクリティの展開の過程は、原動力として偶発的にものごとを決めることはない。単に、障害を除くだけであって、ちょうど、農民が土地に水を引くために堰を取り除くと、水は自然に流れるようなものだ。（4－3）

निमित्तमप्रयोजकं प्रकृतीनां वरणभेदस्तु ततः क्षेत्रिकवत् ॥३॥

ニミッタマプラヨージャカム・プラクリティーナーム・ヴァラナベーダストゥ・タタハ・クシェートリカヴァット

（註）निमित्तम् 動機、原因、अप्रयोजकं 起こさない、प्रकृतीनां プラクリティ展開の過程で、वरण－भेद 選び出す、障害を取り除く、तु しかし、ततः 故に、क्षेत्रिकवत् 農夫のように、

214

何かを達成してある状況が手に入るわけではないことがはっきりと述べられている。プラクリティが展開する過程は偶発的なものではない。従って、ヨーガにおけるサーダナも、すべては障害を取り除くだけでである。障害物があれば、水は自然に流れない。丁度、農夫が灌漑用の側溝の堰きを開けたり、邪魔をしている石があればそれを取り除けばいいだけである。すべてはあなたの中に既に在り、成さねばならないことは何もない。

4. 人工的な心は、エゴ（I am‐ness）からだけ湧き起こる。
(4-4)

निर्माणचित्तान्यस्मितामात्रात् ॥४॥
ニルマーナチッターニ・アスミターマートラート
(註) निर्माण 人工的に作られた、चित्तानि 心、अस्मिता エゴ、私意識、मात्रात् (そこから) だけ、

詩句1で述べられた4つの方法で、1から3のまでの霊薬、マントラ、タパ（苦行）は、いずれも自己を紛らわせたり、欺いたり、だましたりしているに過ぎなく、生まれたままの状態にリセットする、つまり、「すべては、あなたの中に、既に、完全な状態で在った」という気づきを起こし激変（ドゥヴィジャ द्विज）とはならない。「私はあれであり、これである」というエゴは、人工的につくられた心である。激変（ドゥヴィジャ द्विज）が起こらない限り、今までの生活スタイルは全く変わらずそのまま残る。

5. 意識は一つであるにもかかわらず、無数の心の波によって多くの活動（行為）が生じる。(4-5)

प्रवृत्तिभेदे प्रयोजकं चित्तमेकमनेकेषाम् ॥५॥
プラヴリッティベーデー・プラヨジャカム・チッタメーカマネーケーシャーム

(註) प्रवृत्ति プラクリティの活動の進展、भेदे 区別、〜と異なった、प्रयोजक 〜潜在力によって、चित्तम् 心、एक 一つ、अनेकेषाम् 多くの、

　前句で述べられたように、私意識によって様々な心の波が生じるが、その流れが、一つの意識によって正しく水路を流れれば、歪められずにドゥヴィジャが起こる。マハルシは、その水路、又は通路を「熟眠」と言った。正しく流れているかは、体験できる。しかし、目が覚めて私感覚が生じると、その流れはそれによって歪んでしまうので、熟眠時に体験出来ても、目が覚めている時、サマーディの状態が訪れることは難しいのである。

6. （生まれた時には）瞑想的な状態であった心は、純粋で完全に自由であった。（4－6）

तत्र ध्यानजमनाशयम् ॥६॥
タットラ・ディヤーナジャム・アナーシャヤム
　(註) तत्र そこ、ध्यान 瞑想的な状態、जम् 生まれた時は、अनाशयम् 純粋で自由、

　この世に**生を受けた瞬間の心**は、誕生する前と全く同じで何ものにも影響を受けず、まさに純粋で完全に自由な状態であった。いわば、**まだ心と呼べるかどうか分からない状態**であった。その様な状態は、前詩句のように熟眠時に確認できる。サマーディとの違いは、たった一つ、そこに**気づき**（awareness）があるかないかである。この詩句の「瞑想的な状態」とは、No-mind つまり、想念がゼロの状態のことである。サンスクリット語で未来形を作るには、願望・期待・欲望を表すスヤ（स्य）とか、イシュヤ（इष्य）の文字を挿入する。例えば、「そうなりたい」なら भविष्यति となる。つまり、想念は、過去の記憶との関連で生まれる未来への希望・期待・欲望であることが分かる。誕生した瞬間の心に過去の記憶はない。従って、この何ものにも汚染されていない心には、全く欲望は生じないので

ある。

7. ヨーギーの行為は、白でも黒でもない。しかし、その他の人にとっては、白、黒、灰色（両者の混ざったもの）の三種類である。（4−7）

कर्माशुक्लाकृष्णं योगिनस्त्रिविधमितरेषाम् ॥७॥
カルマーシュカラークリシュナム・ヨーギナハ・トリヴィダミタレーシャーム
（註）कर्म 行為、अशुक्ल 白でなく、अकृष्णं 黒でなく、योगिनः ヨーギー、त्रिविधम् 3種、इतरेषाम् 他の人たちの、

マハルシは、「ウパデーシャ・サーラ」で次のように述べている。

行為の結果は、一時的なものであるのに、人をさらに次の行為の海原へと落とし入れ、進歩の障害となる。（2）

कृति महोदधौ पतनकारणम् ।　クリティ・マホーダダウ・パタナカーラナム
फलमशाश्वतं गतिनिरोधकम् ॥२॥　パァラマシャーシュワタム・ガティニローダカム
（註）कृति महा उदधौ 行為の海原へ、पतनकारणम् 没落の原因、फलम् अशाश्वतम् 行為の結果は一時的なもの、गति निरोधकम् 進歩の障害、

　人が行為をすれば、必ず何らかの結果を生む。それが良い結果となることもあれば、そうでないこともある。行為をする前には、何らかの欲望があり、得られるであろう結果を予想して行われる場合が多い。結果は、良い場合、悪い場合、その両者の中間がある。そのため、望む結果が得られると欲望は限りなく増え遂に行為の海原へと陥れられる。これが普通の人の場合である。しかし、ヨーギーにとっての行為は、その結果、白・黒のためではない。すべて、神への献身と欲望（執着）なく行為はなされるのである。

8. 従って、この習慣行動様式の顕れ方は、三種の行為の結果と一致する。(4-9)

ततस्तद्विपाकानुगुणानामेवाभिव्यक्तिर्वासनानाम् ॥८॥

タタハ・タド・ヴィパーカーヌグナーナーメーヴァ・アビヴィヤクティヒ・ヴァーサナーナーム

(註) ततः 従って、तद् - विपाक その結果は、अनुगुणानाम् 一致する、एव まさに、अभिव्यक्ति 顕れ方、वासनानाम् 習慣行動様式、

　前詩句で述べられた白、黒、灰色の行為の結果に基づいて、次の行為を生むというパターンが繰り返される。これが詩句4で表現された**人工的な心**である。問題は、これが行動の習慣パターンになることである。

9. 記憶と潜在意識は、深い関係を持ちながら、途絶えることのない連続性があって、生まれ、場所、時間を問わない。(4-9)

जातिदेशकालव्यवहितानामप्यानन्तर्यं स्मृतिसंस्कारयोरेकरूपत्वात् ॥९॥

ジャーティ・デーシャ・カーラ・ヴィヤヴァヒターナーマピ・アーナンタルヤム・スムリティサムスカーラヨーホ・エーカルーパトヴァート

(註) जाति 生まれ、देश 場所、काल 時間、व्यवहितानाम् 隔たっている、अपि しかし、आनन्तर्यं 繋がっている、स्मृति 記憶、संस्कारयोः 潜在意識、एक - रूपत्वात् 均一性、一つの形、

　サーンキャで見てきたように、われわれはプラクリティの3つのグナのバランスが崩れマハットから誕生した。生まれた瞬間のピュアな心は、われわれの人生において、知らない間に欲望と印象を痕跡として記憶する術を備えた。しかし、サーダナによって、行為の結果にとらわれないピュアな行為を知り、これらを根絶しカイヴァルヤを達成できることをパタンジャリは言いたかったのである。

マーヤー

10. 生きたいという望みが続く限り、この記憶と潜在意識、欲望は永遠に存在する。(4-10)

तासामनादित्वं चाशिषो नित्यत्वात् ॥१०॥

ターサーム・アナーディトヴァム・チャーシショー・ニッテヤトヴァート

(註) तासाम् これらの、अनादित्वं 始まりのない状態、च 〜も、आशिष 欲望、नित्यत्वात् ずっと続くことから、

　この世界とは、欲望によって出来上がったもので実体はない。対象として、外にあるものはない。われわれの内側にある欲望が投影された幻影に過ぎない。映画と同じようなものである。マーヤー（माया）と言われる所以であるが、そのマーヤーとは、マー（मा）「〜でない」ヤー（या）「そのもの」、つまり「そのものではない」にもかかわらず、それに囚われて体験したり感じたりすることが出来る不思議な力である。この世界の根源であり、実に不思議な、実際には存在しないものごとを創造する力である。
　生きたいという望みとは、永遠に続く欲望である。熟眠時（सुषुप्ति deep sleep）に体験出来るヴィディヤー（विद्या 真の理解）が、この幻想・幻影（アヴィディヤー अविद्या）に取って代われば即座に体験は覚醒し現実的な気づき・理解となる。そうでなければ、この詩句の様に欲望は永遠に続く。

11. ある欲望（原因）は成果（結果）に依存しているので、潜在意識と欲望は密接に結びついている。結果（成果）への期待がなければ、欲望はなくなる。(4-11)

हेतुफलाश्रयालम्बनैः संगृहीतत्वादेषामभावे तदभावः ॥११॥

ヘートゥ・パラ・アーシュラヤ・アーラムバナイヒ・サムグリヒータットヴァート・エーシャマバーヴェ・タダバーヴァハ

（註）हेतु 原因、फल 成果、आश्रय 密接に結びついた、आलम्बनैः 基づいて、संगृहीतत्वात् 得る、एषाम् これらの、अभावे なくなると、तद् その、अभावः なくなる、

　想念とは、将来への期待である。それが消えれば、覚醒が自然に起きる。過去も今、現在も今、未来も今、すべてがこの今という瞬間、クシャナ（क्षण）しかない。

１２．過ぎ去ったものも、これから生じるであろうものも、いま現在と同じように、常に存在している。この瞬間、瞬間の時の流れをこのように区別してしまうが、それは次々に変化するダルマの姿にすぎない。（４－１２）

अतीतानागतं स्वरूपतोऽस्त्यध्वभेदाद्धर्माणाम् ॥१२॥

アティーターナーガタム・スワルーパタハ・アスティ・アドヴァベーダーッダルマーナーム

（註）अतीत 過去、अनागत 未来、स्वरूपत 真実の姿、अस्ति 存在する、अध्व 途、भेदात् 区別により、धर्माणाम् ダルマの姿の、

　何が起こって、まだ何が起こっていないかという想念が、永遠の時の流れを３つの時間、過去・現在・未来に分割する。しかし、時間などというものは本来なく、クシャナしか存在しない。

グナの本性

１３．この（瞬間、瞬間に）顕れる姿・形は、微細な３つのグナの

本性・働きによる。(4－13)

ते व्यक्तसूक्ष्मा गुणात्मानः ॥१३॥

テー・ヴィヤクタスークシュマーハ・グナートマーナハ
(註) ते これらは、व्यक्त 顕れる、सूक्ष्मा 微細な、गुण グナ、आत्मानः 本性、

　プラクリティは、3つのグナのバランスが崩れる時、種々の変容が起こる。サットヴァは、何かが起こって留まった状態(steadiness)、ラジャ (movement) は、今この瞬間も活動しているプロセスの状態、タマ (inertia) は、これから何かが起こるが停滞している状態に過ぎず、刻々と動き変化をする。この瞬間、瞬間に変化して顕れる姿・形は、微細な3つのグナの本性・働きなのだ。

14．グナの刻々の変化は、対象にも変化をもたらすが、実在は変化しない。(4－14)

परिणामैकत्वाद्वस्तुतत्त्वम् ॥१४॥

パリナーマイカトヴァート・ヴァストゥタットヴァム
(註) परिणाम 変化、एकत्वात् 均質、同質、वस्तु 対象、तत्त्वम् 実在、

　顕れるすべての姿は、この3つのグナの微妙なバランスの変化によるものである。しかし、それは実在ではない。

第1人称の私

15．同じ対象でも、見る人の心によって異なって見える。
　　　　　　　　　　　　　　　　　　　　(4－15)

वस्तुसाम्ये चित्तभेदात्तयोर्विभक्तः पन्थाः ॥१५॥

ヴァストゥサームイェ・チッタベーダート・タヨールヴィバクタハ・パンターハ

(註) वस्तु - साम्ये 同じ対象に、चित्त 心、भेदात् 〜と異なって、तयोः 両方の、विभक्तः 分けた、पन्थाः (思考の) 方法、途、

　マハルシは、「コーハム कोऽहम्・私とは誰か」の中で、「心とは何か」を次のように説明した。

　この身体の中から、「私」として顕れるものこそ、まさに、「心」です。私という想念が、この身体のどこから顕れるのかを調べると、ハート（心）から顕れることが分かります。まさに、心の生まれる場所です。「私が、私が」という考えが常に浮かぶのは、結局ここ（心の生ずる場所）が原点です。心の中に生まれてくるすべての想念の中で、「私」という想念が最初のものです。心に生じる最初の想念の後に、はじめて他のあらゆる想念が顕れるのです。第一人称の「私」が現れた後にだけ、第二人称と第三人称が現れることが分かるでしょう。第一人称がなければ、第二人称も第三人称も存在することはありません。

देहेऽस्मि '्नहमिति' यदुत्तिष्ठति, तदेव मनः । अहमिति स्मृतिश्च देहेऽस्मिन्क्व नु विभासत इति विमार्गिते 'हृदय' इति प्रत्यवभासेत। तदेव मनसो जन्मस्थानम् ।'अहम्' 'अहम्' इत्यावृत्तिमात्रेकृतेपि तत्रैव (हृदय एव) न्ततः प्राप्तिस्स्यात्। मनसि जायमानानां सर्वेषामपि सङ्कल्पानाम् अहमिति सङ्कल्प एव प्रथमस्सङ्कल्पः । प्रथमं मनसङ्कल्पे जात एवान्ये सङ्कल्पाससमुज्जृंभन्ते। उत्तम पुरुषो (अहमि) द्वावानन्तरं हि प्रथम मध्यमौ विज्ञायेते। उत्तम पुरुष विना प्रथम मध्यमौ नैव भवतः ।

　(註) विचार्य विज्ञातुं 調べてつきとめるため、वा まさに (強意の言葉)、मार्गः どのようにして生じてくるかその道筋を示すこと、अस्मिन् देहे この身体の中から、अहम् इति 私として、यत् उत्तिष्ठति 顕れてくるところの、स्मृति 考えが浮かんでも、क्व どこから、नु まさに (強意の言葉)、विभासत 顕れるか、विमार्गिते 探すと、प्रत्यवभासेत 顕れる、जन्मस्थानम् 生まれる場所、आवृत्तिमात्रे कृतेपि 浮かんでも、अन्ततः 結局、प्राप्तिः स्यात् 辿り着く、原点、सङ्कल्प 想念、समुज्जृंभन्ते 顕れる、उत्तम पुरुषः 第 1 人称、अहम् इति

भावानन्तरम् हि 顕れた後にだけ、प्रथममध्यमौ 第３人称と第２人称、विज्ञायेते 分かる、विना なければ、

　「見る人の心」とは、私であり、その人の欲望によって将来このようになってほしいと見ている。従って、ものごともその様に存在している。私が見ている（パッシャーミ पश्यामि）限り、真理が観察者として見えている状態（サットヤム　ドゥリシュタム सत्यं दृष्टम् ।）には決してならない。

１６．対象は、一つの心に依存しているとは言えない。もし、そうだとすると、一つの心が認識しない時、その対象は存在しないことになってしまう。（４－１６）

न चैकचित्ततन्त्रं चेद्वस्तु तदप्रमाणकं तदा किं स्यात् ॥१६॥

ナ・チャイカチッタタントラム・チェード゛・ヴ゛ァストゥ・タダ゛プ゛ラマーナカム・タダ゛ー・キム・スヤート

（註）न ～ではない、च そして、एक - चित्त 一つの心、तन्त्रं 依存、चेद् もし、वस्तु 対象、तत् あれ、अप्रमाणकं 認識されない、तदा その時、किं स्यात् 何が起こるだろうか、

　同じ対象でも異なった心で、さらに異なった見方で見られている。つまり、対象は、一つの固定した心に依存しているわけではない。ある対象は、いろいろな想念によって、様々に見られている。さらに言うなら、その人の欲望によってこう見えてほしいという姿で存在する。私＝想念＝心がなくならない限り、ありのままが見えていることにはならない。

１７．心は色眼鏡（その時の気分）で見るので、対象は、認識されたりされなかったりする。（４－１７）

तदुपरागापेक्षित्वाच्चित्तस्य वस्तु ज्ञाताज्ञातम् ॥१७॥

タドゥパ ラーガーペークシットヴァート・チッタスヤ・ヴァストゥ・ギャーターギャータム

(註) तद् あの、उपराग 色づけ、अपेक्षित्वात् 期待、चित्तस्य 心の、वस्तु 対象、ज्ञात － अज्ञातम् 知られたり、知られなかったり、

　対象を見る時、心は色づけをする。何故ならば、自分の心を対象に投影して見るからで、期待通りになるように色づけして見る。結果的に、そのままには見えないわけで歪み (distortion) を生じてしまう。詩句１０．で見たように、熟眠時 (सुषुप्ति in deep sleep) に体験出来るヴィディヤー (विद्या 真の理解) が、この歪んで色づけされた幻想・幻影 (アヴィディヤー अविद्या) に取って代われば即座に熟眠時の体験は覚醒し現実的な**気づき・理解**となる。これがサマーディ (समाधि) であり、カイヴァルヤ (कैवल्य) である。

プルシャとプラクリティ

18. プルシャは不変であるから、（それによって）心が常に変化するものであることが知られる。（4-18）

सदा ज्ञाताश्चित्तवृत्तयस्तत्प्रभोः पुरुषस्यापरिणामित्वात् ॥१८॥

サダー・ギャーターハ・チッタブリッタヤハ・タットプラボーホ・プルシャスヤ・アパリナーミットヴァーット

(註) सदा 常に、ज्ञाताः 知られる、चित्त - वृत्तयः 心の絶え間ない変化、तद् それ、प्रभोः 主の、主人の、पुरुषस्य プルシャの、अपरिणामित्वात् 不変、

　想念＝私＝心は、常に動き回り変化し続ける。この背後に、全く変わらないものの存在がある。不変のプルシャを知ることによって、逆に心は常に変化するものであるということが分かる。

19. 心は、自分自身を照らし出すことは不可能である。何故なら、心は（見る者ではなく）見られるものだから。（4−19）

न तत्स्वाभासं दृश्यत्वात् ॥१९॥

ナ・タッッスワーバーサム・ドゥリシャットヴァート

（註）न 不可能、तत् それは、स्वाभासं 自らを照らす、दृश्यत्वात् 見られるものの本性、

われわれは、第2章の17.から24.の詩句でプルシャとプラクリティとは何かを見てきた。心は、プラクリティから生まれ常に変化する。「見られるもの」であって、「見る者」には成り得ない。目を閉じれば、心が何かを考えていることが分かる。不変で、不動のプルシャは自分自身で光り輝く灯明であると同時に他を照らす存在である。その反射が心に落ちかかって初めて、われわれは対象を認識できる。

20. さらに、心は、見る者と見られるものとを、同時に知ることは出来ない。（4−20）

एकसमये चोभयानवधारणम् ॥२०॥

エーカサマイェ・チャ・ウバヤーナヴァダーラナム

（註）एकसमये 同時に、च そして、उभय 両方、अनवधारणम् 認識できない、

21. もし、最初の心が二番目の心によって知られると仮定すれば、次々と認識する心が必要になり、記憶にも混乱が生じる。
　　　　　　　　　　　　　　　　　　　　（4−21）

चित्तान्तरदृश्ये बुद्धिबुद्धेरतिप्रसङ्गः स्मृतिसंकरश्च ॥२१॥

チッターンタラドゥリシイェー・ブッディブッデヘ・アティプラサンガハ・スムリティサンカラシュチャ

(註) चित्त 心、अन्तर 別の、दृश्ये 見られる、बुद्धि - बुद्धेः 認識の認識、अतिप्रसङ्गः 限りなく拡がる、स्मृति 記憶、संकरः 混乱、च 〜も、

　心は同時に2つのこと、「見る者」と「見られるもの」を知ることは不可能である。また、1番目の心が2番目の心によって認識されるのならば、2番目の心は次の3番目の心によって認識されるのだろうか。次々と認識する心が必要になり、混沌とした無限ループに入ってしまい記憶にも混乱が起きる。**見る者**は常に1つ。それは自ら光輝く存在に他ならない。

22.（純粋意識である）見る者は、不変で、いかなる動きもしない。その光の反射が、心に落ちかかると、初めて認識できる。
（4−22）

चितेरप्रतिसंक्रमायास्तदाकारापत्तौ स्वबुद्धिसंवेदनम् ॥२२॥

チッテヘ・アプラティサムクラマーヤーハ・タダーカーラーパッタウ・スワブッディサムヴェーダナム

(註) चितेः（純粋意識の）見る者、अप्रतिसंक्रमायाः 不変で不動、तद् - आकार その姿、आपत्तौ 確信する、स्वबुद्धि 自らの知性、संवेदनम् 知る、

　見る者（seer）は、自らが光源として輝く存在であり、他のものすべてを照らす。われわれ自身の内なる臍が不動になった時、同じようにそれが光源となる。

23．心は、「見る者」と「見られるもの」両方の色合いを帯びているので、あらゆるものを認識の対象にできる。（4－23）

द्रष्टृदृश्योपरक्तं चित्तं सर्वार्थम् ॥२३॥

ドラシュトリドゥリシャヨーパラクタム・チッタム・サルヴァールタム

（註）द्रष्टृ 見る者、दृश्य 見られるもの、उपरक्तं 色合い、चित्तं 心、सर्व すべてを、अर्थम् 対象、把握、

　マハルシは、「心の本性は何か」という問いに対して「コーハム・कोऽहम् 私とは誰か」の中で次のように答えている。

　　この心と呼ばれるものは、アートマ（本来の自己）の中に住みついている、ある驚くべき力（パワー）です。記憶されたすべてのことがらや、想念が生み出されます。あらゆる想念を追い払い、取り除いて観察すれば、本来の自己とは別に、心といったようなものは存在しません。従って、想念こそが、心の正体です。想念がなくなれば、他に、世界と言ったようなものは存在しません。
　　熟眠の状態では、想念はなく、従って、世界もありません。目が覚めている状態や、夢を見ている状態の時、想念があり、従って、世界もあります。それは、ちょうどクモが自分の身体の中から糸を吐き出しては、再び（巣を畳んで）自分の中に吸収してしまうように、心もまた、自分の中から世界を創り出し、再び吸収します。
　　心が、アートマ（本来の自己）から外へ出ると、世界が顕れます。従って、世界が現れているときは、アートマは、隠れています。（逆に）アートマが輝いている時には、世界は顕れません。心の本性を、一歩一歩、探究する時、その本性が映し出されます。それこそが、アートマ（真の自己）です。心は常に、何か物質的なものに依存しがちです。そういったものに依存せずにはいられないのです。心はひとりで居られないのです。心は微細な身体で、常に動き回るもの、または想念（ジーヴァ）と

第2部　ヨーガスートラの解説

　　言われます。

आत्मस्वरूप निष्ठा काचनातिशयित शक्तिरेव मन इत्येतन्नाम । तदेव
सकलस्मरणान्यपि जनयति । सर्वाण्यपि स्मरणानि निषिध्य निरोधे कृते न
पृथङ्मनसस्वरूपं किञ्चिदुपलभ्यते । ततश्च स्मरणमेव मनसस्वरूपमम् । स्मरणानि
विहाय नान्यत्किंचिज्जगत्तत्त्वमस्ति । निद्रायां स्मरणं नास्ति, जगदपि नास्ति ।
जाग्रत्स्वप्रयोरस्मरणानि सन्ति, जगदप्यास्ते । यथोर्णनाभिस्वस्मात्तन्तून्बहिरुद्भाव्य
स्वस्मिन्नेव पुनरपि समाकर्षति, तथा मनोपि स्वस्माञ्जगदुद्भाव्य स्वस्मिन्नेव पुनरपि
विलापयति । मनस्स्वात्मनो यदा बहिर्मुखं भवति, तदा जगद्भायात् । ततो भाति च
जगति न स्वरूपं भायात् । स्वरूपे भाति सति न जगद्भायात् । मनसस्वरूपे क्रमेण
विचार्यमाणे, मनः स्वं　भवति । स्वमात्मस्वरूपमेव । मनश्च स्थूलं
किञ्चित्सततमवलंब्यैव तिष्ठेत्　। नानवलंब्य पृथक्तिष्ठेत् । मन एव सूक्ष्म शरीरमिति,
जीव इति च व्यवह्रियते ।

　(註) मनसः स्वरूपम् 心の本性、निष्ठा 〜に住みつく、काचन अतिशयित　शक्तिः एव
　　ある驚くべき力、एतत् मन इति नाम この心と呼ばれるもの、सकलस्मरणि
　記憶されたすべてのことがら、जनयति 生み出される、स्मरणानि निषिध्य निरोधे कृते
　想念を追い払い取り除いて観察すれば、पृथक् स्वरूपम् 本来の自己とは別に、
　उपलभ्यते 分かる、स्मरणम् एव 想念こそ、विहाय なくなれば、अन्यत् किञ्चित् जगत्
　तत्त्वम् 他に世界といったようなもの、निद्रायां 熟眠の状態では、जाग्रत् स्वप्रयोः 目
　が覚めている時と夢を見ている時、ऊर्णनाभिः クモによって、तन्तून् 糸、उद्भाव्य
　吐く、समाकर्षति 引っ込める、विलापयति 吸収する、बहिर्मुखं 外へ、भायात् 映
　し出される、क्रमेण 一歩一歩、स्थूलम् 物質的なもの、सततम् 常に、अवलंब्य 依
　存する、तिष्ठेत् 留まる、सूक्ष्म शरीरम् 微細な身体、जीव 動き回るもの、想念、
　व्यवह्रियते 言われる、そう呼ぶ、

　　心は、プルシャによって照らし出された光の反射が心に落ちかかって初めてわれわれは対象、つまり、この世界（外）を認識できる。心は、その意味で私（内）と対象（外）を結ぶ存在であり、対象（外）によって色付けされるし私（内）によっても色付けされる。一体、

228

何処までが色付けされた幻影であり、何処からが真実であるのか、蛇とロープの譬えは？

　ヨーギーは、風のない場所でのランプの炎の様に揺れ動かず、プルシャとプラクリティの識別が出来ている。

２４．心は、無数の習慣パターンを持っているけれども、それは他者（アートマー）と協働するためである。（４－２４）

तदसंख्येयवासनाभिश्चित्रमपि परार्थं संहत्यकारित्वात् ॥२४॥

タダ サムキェーヤヴァーサナービヒ・チットラマピ・パラールタム・サムハットヤカーリットヴァート

（註）तद् その、असंख्येय 無数の、वासनाभिः 習慣パターン、चित्रम् 多様な、अपि けれども、　पर - अर्थ 他のため、संहत्य - कारित्वात् 協働する、

　サーンキャでも見てきた通り、プラクリティの活動は、他者（プルシャ）のためである。何故なら、常に全体と調和して働いていない活動はないからである。

２５．「見るもの」と「見る者」の識別が出来る人は、見る者という想念は消え失せる。（４－２５）

विशेषदर्शिन आत्मभावभावनानिवृत्तिः ॥२५॥

ヴィシェーシャダルシナハ・アートマバーヴァ・バーヴァナー・ニヴリッティヒ

（註）विशेष 区別、दर्शिनः 見る者、आत्म - भाव - भावना 見る者という想念、निवृत्तिः 停止、消える、

　これもサーンキャで見てきた通りである。第２章詩句１７でも取りあげられた。内なる真の自己に定住し、将来へのすべての期待・欲望は消え失せる。欲望に基づくプラクリティの変化したこの世界

をプルシャと同一化すると束縛が始まり、私（欲望）が消え失せると真の自己に留まって動かなくなる。カイヴァルヤ（कैवल्य）とパタンジャリが言ったのは、私（欲望）が消え失せた時のことである。

アタルヴァヴェーダ（अथर्ववेद）に次の句がある。

この世の名前と形あるすべてのものは、残りものの中に存在している。インドラやアグニといった神々も、すべては残りものの中に存在している。（１１－７－１）

उच्छिष्टे नामरूपं च उच्छिष्टे लोक आहितः ।
ウッチシュテー・ナーマルーパンチャ・ウッチシュテー・ローカ・アーヒタハ
उच्छिष्ट इन्द्रश्चाग्निश्च विश्वमन्तः समाहितम् । (११-७-१)
ウッチシュタ・インドラシュチャーグニシュチャ・ヴィシュヴァマンタハ・サマーヒタハ

（註）उच्छिष्टे 残り物の中に、नामरूपं च 名前と形あるもの、लोक この世界、आहितः 存在する、उच्छिष्ट इन्द्रश्चाग्निश्च インドラやアグニの両神も、विश्वम् 全世界、अन्तः समाहितम् 残余の中に存在している、

プルシャは、目に見える世界の彼方に存在していることを述べた句である。**ウッチシュテー（残り物）**とは、思考を超えたところ、思考の果て、最後に残るものを意味している。また、イーシャーヴァースヤウパニシャッド（ईशावास्य उपनिषद्）にも次の言葉がある。

あれも全体、これも全体。全体は全体から生じ、全体から全体を取り除いても、なお全体が残る。

पूर्णमदः पूर्णमिदं पूर्णात् पूर्णमुदच्यते ।
プールナマダハ プールナミダム プールナート プールナムダッチャテー
पूर्णस्य पूर्णमादाय पूर्णमेवावशिष्यते ॥
プールナスヤ プールナマーダーヤ プールナメーヴァーヴァシィシャヤテー

（註）पूर्णम् 全体、अदः あれ、पूर्णम् 全体、इदम् これ、पूर्णात् 全体から、

पूर्णम् 全体が、उदच्यते 生じる、生まれる、पूर्णस्य 全体から、पूर्णम् 全体を、आदाय 取り除いても、पूर्णम् 全体が、एव ～だけ、अवशिष्यते 残る、

カイヴァルヤ

26. この時、（ヨーギーの）心は、識別知の方に傾き、カイヴァルヤ（真理）へと向かう。（4-26）

तदा विवेकनिम्नं कैवल्यप्राग्भारं चित्तम् ॥२६॥

タダー・ヴィヴェーカニムナム・カイヴァルヤプラーグバーラム・チッタム

(註) तदा この時、विवेक 識別知、निम्नं 傾く、向かう、कैवल्य カイヴァルヤ、प्राग्भारम् 重力、चित्तम् 心、

　一度、心が識別の方向、カイヴァルヤ（कैवल्य）の方向へ向かえば、後は重力によってどんどんとその方向へと傾く。もはや努力は要らない。この身体、この感覚器官、この心との同一視は消え失せる。そして、いよいよ最終段階への「ダルマ・メーガ・サマーディ（धर्म - मेघ - समाधि）」へと向かう。

27. （それでも）過去の潜在記憶のために、ちょっとした隙間に他の想念が入り込んでくることがある。（4-27）

तच्छिद्रेषु प्रत्ययान्तराणि संस्कारेभ्यः ॥२७॥

タッチドレーシュ・プラッティヤヤーンタラーニ・サムスカーレビヤハ

(註) तद् その、छिद्रेषु 間隙に、प्रत्यय 想念、अन्तराणि 他の、संस्कारेभ्यः 潜在意識が頭をもたげてくる、

　だが、油断は出来ない。ほんの僅かな隙間に精妙なサブリミナル（潜在意識）の力が入り込んでくることがある。

28. これらを除去する方法は、前述の苦悩を除去する方法と同じである。(4-28)

हानमेषां क्लेशवदुक्तम् ॥२८॥

ハーナメーシャーム・クレーシャヴァドゥクタム

(註) हानम् 最後、एषां これらの、क्लेशवत् 苦悩の時と同じ、उक्तम् 前述の、

ダルマメーガ・サマーディ

29. このような高い境地に達して識別知を得ても、欲望を抱かないサマーディは、ダルマメーガ・サマーディと呼ばれる。(4-29)

प्रसंख्यानेऽप्यकुसीदस्य सर्वथा विवेकख्यातेर्धर्ममेघः समाधिः ॥२९॥

プラサムキャーネーピヤクシーダスヤ・サルヴァター・ヴィヴェーカキャーテヘ・ダルマメーガハ・サマーディヒ

(註) प्रसंख्याने 高い境地に達して、अपि ～さえも、अकुसीदस्य 欲望を抱かない、सर्वथा 常に、विवेक 識別、ख्याते 同一化、धर्म-मेघः समाधिः ダルマ・メーガ・サマーディ

30. その時、苦悩と無明の種は壊滅する。(4-30)

ततः क्लेशकर्मनिवृत्तिः ॥३०॥

タタハ・クレーシャカルマニヴリッティヒ

(註) ततः その時、क्लेश 苦悩、कर्म 行為、निवृत्तिः 壊滅する、

まったく欲望のない状態に達しながら、最後にまだ残っている最も精妙な欲望とは何か。それは、モークシャ（मोक्ष）の状態になりたい、あるいは、カイヴァルヤ（केवल्य）の状態になりたいという非常に精妙な願いである。しかし、精妙ではあっても欲望には変わりない。本来、モークシャ（मोक्ष）とか、カイヴァルヤ（केवल्य）はまったく欲望のない状態である。しかし、それにもかかわらず、そうなりたいというのは、やはり欲望ではないのか。まったく欲望のない状態をパタンジャリはダルマ・メーガ（धर्ममेघ）と言った。メーガ（मेघ）とは、サンスクリット語で「雲」の意味である。ここでパタンジャリは、どうすればいいのか、その方法を具体的には示していない。ただ、前述した通りである、と言っているのみである。サンスクリット語の「雲」は、「雨」の意味でも使われる。各自、ダルマ・メーガ（धर्ममेघ）のシャワーを浴びて見つけなさい、とパタンジャリは、わたしたちに答えを投げ返した。そこは既知の領域ではなく、未知の領域だからである。何故なら、既知からは、完全に構築された秩序、つまり、ヨーガの状態は見つからない。第1章第1詩句「ヨーガ・アヌシャーサナム」とは、既知からの答えを探す学習ではない。

31. かくして、不純な覆いが取り除かれた時、永遠なる知識が得られ、もはや知るべきものはほとんどない。（4-31）

तदा सर्वावरणमलापेतस्य ज्ञानस्यानन्त्याज्ज्ञेयमल्पम् ॥३१॥

タダー・サルヴァーヴァラナマラーペータスヤ・ギャーナスヤ・アーナンッタヤート・ギェーヤマルパム

（註）तदा その時、सर्व すべての、आवरण 覆い、मल 不純、अपेतस्य 取り除かれた、ज्ञानस्य 知識の、आनन्त्यात् 永遠なる、ज्ञेयम् 知られる、अल्पम् 殆どない、

前述したように、サーダナの途は、たった一人で歩く途である。グルといえども、そこへ案内して連れて行ってくれるわけではない。

答えは自分で見つけなければならない。ヘルマン・ヘッセの名著「シッダールタ」（高橋健二氏の美しい邦訳がある）の、**あなたはゴヴィンダかシッダールタか。**

32．**これにより、3つのグナの役割は終わるので、変化が続くことは終わる。（4-32）**

ततः कृतार्थानां परिणामक्रमसमाप्तिर्गुणानाम् ॥३२॥

タタハ・クリタールターナーム・パリナーマクラマサマープティルグナーナーム

（註）ततः かくして、कृत 完了、अर्थानां 目的、परिणाम 変化、क्रम 継続、समाप्तिः 終わり、गुणानाम् グナの、

33．**グナ変化が続くのは、この瞬間、この瞬間の連続を意味するので、変化が最終段階に達した（停止した）時には、それが分かる。（4-33）**

क्षणप्रतियोगी परिणामापरान्तनिर्ग्राह्यः क्रमः ॥३३॥

クシャナプラティヨーギー・パリナーマー・アーパラーンタ・ニグラールヒャハ・クラマハ

（註）क्षण 瞬間、प्रतियोगी 不断の流れ、परिणाम 変化、अपरान्त 最終段階、निर्ग्राह्यः 分かる、क्रमः 連続、

　サーンキャで見てきたように、プルシャへの奉仕が終わるとプラクリティの活動は止む。3つのグナの役割は、ここで終わるのである。プラクリティの活動は、舞台での公演のようであった。それは、マーヤーであり、ひとつのショーのようでもある。丁度、TVのスイッチを入れると映像が映る。現在はデジタル化された映像であるが、私のように古い世代の人は、フィルムで撮られた映画が普通であったし、自らも8ミリフィルムで撮影もし編集も試みた。1コマ1コマの連続は、1秒間に24コマかそこらで映写すると、動きを

伴った映像に見える。しかし、グナの変化が止まれば、動いているものは皆無である。そこで初めてそれは幻影を見ていたことに気づくのである。

34. グナは、もはや、プルシャへの奉仕という目的がなくなり、本源へと没する。この時、プルシャは、純粋な意識として自らの中に安住する。（4-34）

पुरुषार्थशून्यानां गुणानां प्रतिप्रसवः कैवल्यं स्वरूपप्रतिष्ठा वा चितिशक्तिरिति ॥३४॥

プルシャールタ・シューンニャーナーム・グナーナーム・プラティプラサヴァハ・カイヴァルヤム・スワルーパ・プラティシュター・ヴァー・チイティシャクティリティ

（註）पुरुष-अर्थ プルシャのため、शून्यानां ないこと、गुणानां グナの、प्रतिप्रसवः 本源へと戻る、कैवल्यं カイヴァルヤ、一つに、स्वरूप 本性、प्रतिष्ठा 安住、वा あるいは、चिति 気づき、शक्तेः 力、इति かくして、

　前述のアタルヴァヴェーダの詩句で見た通り、すべては目に見える世界の彼方に存在している。カイヴァルヤの状態とは、モークシャ（मोक्ष）の状態になりたい、あるいは、カイヴァルヤ（केवल्य）の状態になりたいという非常に精妙な願いさえも消えた時にだけ起こる。カイヴァルヤ（केवल्य）とは、本源へと没入し純粋な意識として自らの中に安住することである。そして、それは、もともと自らの臍に在った、とここで気づくであろう。

　佐保田鶴治先生は、何故、この世を「プルシャとプラクリティの腐れ縁の上に咲いたあだ花」と表現されたのであろうか。
それは、プルシャのわれわれに対する2つの愛だったからである。
　詩句 YS 4-22 と YS 4-23 との関連において、1つは、あだ花（マーヤー माया）としてわれわれを楽しませ、やがて、享楽に飽きて、そのバカバカしさ気づきモークシャ（मोक्ष eternal happiness）へと

235

導くためであった。

　プルシャ（पुरुष）は観察者である。「シュレーディンガーの猫」の様に、プルシャという観察者が一瞥を与えない限り何も起こらない。しかし、彼はただ単なる観察者であって何もしない。密閉された箱の中の猫が、もし**覗かれなければ**、放射性物質の放射線がいずれの方向に飛び出すかは決まらず、従ってガイガー・カウンターに検知され連動装置が働いて毒ガスの入ったビンが壊れ猫が死ぬか、それとも生きているかは決まらない。ある結果は、プルシャのせいではない。それはプラクリティの世界のことであって、マハット、ブッディの決定力の結果起こることである。従って、インドではずっと神の戯れ（リーラー लीला）呼んできた。

　第4章の結論として、われわれも「プルシャ・エーヴァ・イダム・サルヴァム」（पुरुष एव इदम् सर्वम्। **プルシャこそすべて**）であったことに気がつく。これが**カイヴァルヤ**（कैवल्य soloness, absolute oneness）の意味である。

　このカイヴァルヤについては、それを理解するため最もふさわしい歌がある。ルーミー（Jalaluddin Rumi）は、１３世紀のスーフィズムの詩人で、私の知る限り彼の名前とその歌 Two Friends を書物の中でふれた人物はラジニーシと佐保田鶴治先生のみであった。
　まず、そのペルシャ語からの英訳を紹介しよう。

　A certain person came to the Friend's door and knocked.
　" Who's there ? "
　" It's me. "
　The Friend answered, " Go away. There's no place for raw meat at the table. "　The individual went wandering for a year. Nothing but the fire of separation can change hypocrisy and ego. The person returned completely cooked, walked up and down in front of the Friend's house, gently knocked.
　" Who is it ? "

"You. "
"Please come in, myself. " （以下、省略）
(*The essential Rumi,* Jalaluddin Rumi, translated by Coleman Barks)

ある若者が愛しい恋人の家を訪ね戸口をノックする。

「どなた？」

「**私**です」

ドアは開けられず、若者はすげなく追い返される。1年後位に再び訪ねてドアをノックすると、同じように部屋の中からは、

「どなた？」

「**あなた**です」

「お入りなさい。」

この1年位の間に何が変わったのであろうか？

　原文4行目の raw meat at the table が7行目では completely cooked に変わっている。この若者のアヌシャーサナムに変化の起きたことが分かる。私という想念が消えヨーガ＝サマーディの状態が訪れモークシャへと導かれると、最初**私**と**あなた**は別々であったが、出会いが待っていて両者は溶けあうことが分かる。これが**カイヴァウルヤ**である。
　パタンジャリが、「ヨーガスートラ」の冒頭に**アヌシャーサナム**と言ったのは、この若者のように、あなたにもカイヴァルヤが理解出来るための学習を求めたからである。

ラジニーシは、*KRISHNA THE MAN AND HIS PHILOSOPHY*の中に、また、佐保田鶴治先生は、『ウパニシャッドからヨーガへ』の中にルーミーのこの歌の紹介があるので、是非ご覧頂きたい。

参考文献

1. 『解説 ヨーガスートラ』　佐保田鶴治著
2. *Yogavārttika of Vijñānabhikṣu* by Rukmani Vol.1-4
3. *Patañjali's Yoga Sūtra* by R.Prasada
4. *How to know God* Prabhavananda & Ishawood
5. *Linguistic Philosophy in Vākyapadīya* ; Gayatri Ruth
6. *Théories du langage en Inde* ; Madeleine Biardeau
7. अथर्ववेद - संहिता ; K.L.Joshi
8. *Yoga Sūtra of Patañjali* ; BANGALI BABA
9. *The complete work of Swami Vivekananda* Vol.1 Vol.3
10. *YOGA PHILOSOPHY OF PATANJALI; SWAMI HALIHARANANDA ARANYA* Univercity of Culcutta 1981
11. *Yoga Sūtra of Patañjali* by G.Feuerstein
12. *Light on the Yoga Sūtra of Patañjali* by BKS Iyenger
13. *The Yoga Sūtra* by M.N.Dvivedi 1947
14. ऋग्वेद - संहिता ;
15. योगदर्शन *(Hindi)* ; Anil Vidyalankar
16. भारत संधान नबम्बर २०११ ; Anil Vidyalankar
17. *YOGA* : Rajneesh
18. *LE SANSKRIT* ; Pierre - Sylvain Fiolliozat
19. कबीर की सीख (Hindi)
20. वाक्यपदीयम् ब्रह्मकाण्ड : K.A.Iyer
21. कोऽहम् ; रमण महर्षि
22. उपदेशसार ; रमण महर्षि
23. पातञ्जलयोगदर्शनम् : Text with chant-notation in Sanskrit　T.Krishnamacharya
24. हठप्रदीपिका ; स्वमी दिगम्बरजी
25. *THE REVOLUTION TALKS ON KABIR* : OSHO
26. 『ハタヨーガからラージャヨーガへ』真下　尊吉

参考文献

その他

1. 『わが世界観』エルヴィン・シュレーディンガー著　橋本芳契監修・中村量空他訳
2. 『精神と物質』エルヴィン・シュレーディンガー著　中村量空訳
3. 『目に見えないもの』湯川秀樹著
4. 『物理講義』湯川秀樹著
5. 『物質観と世界観』湯川秀樹著
6. 『歴史はスメールに始まる』N・クレマー著　佐藤輝夫・宇枝重雄訳
7. 『神々との遭遇』上・下　ゼカリア・シッチン著　竹内慧訳
8. 『神々の起源と宇宙人』ゼカリア・シッチン著　竹内慧訳
9. 『ニュートン』世界の名著３１
10. 『シッダールタ』ヘルマン・ヘッセ著　高橋健二訳
11. 『胎児の世界』三木成夫著
12. 『全体性と内蔵秩序』D・ボーム著　井上忠・伊藤笏康・佐野正博訳
13. 『仏典はどのように漢訳されたのか』船山徹著
14. 『思考と行動における言語』S・I・ハヤカワ著　大久保忠利訳
15. 『世界は音』J・E・ベーレント著　大島かおり訳
16. 『シュレーディンガーの猫：実験でたどる物理学の歴史』アダム・ハート＝ディヴィス著　山崎正浩訳
17. 『量子論・改訂版』(Newton 別冊)
18. 『ウパニシャッドからヨーガへ』佐保田鶴治
19. The essential Rumi, Jalaluddin Rumi: translated by Coleman Barks
20. KRISHNA THE MAN AND HIS PHILOSOPHY: Rajneesh

あとがき

　「まえがき」で述べた通り、フィオリサは、文学的あるいは哲学的なサンスクリット文献の顕著な特徴として、**伝承されたテクストの注釈である**ことを強調した。これはちょうどベートーヴェンの交響曲のいろんな指揮者による演奏に似ている。例えば、第９番や第５番を聴こうとすれば、古くはフルトヴェングラーやトスカニーニ指揮のものがあり、クレンペラーやワルターからカラヤンへ、さらにサヴァリッシュやノリントンといった具合にさまざまな指揮者によってそれらを聴くことが出来る。スコアは同じであり、どの指揮者で聴いてもベートーヴェンがモーツアルトになったりはしない。「ヨーガスートラ」の場合も、古くはRama Prasadaなどのようにヴィヤーサのコメンタリーは、必ず記載されていたが、参考文献に挙げたようにM. N. Dvivedi、Swami Vivekananda、Swami prbhananda and Christpher Ishawood、B. S. K. Iyengerなど、それぞれのコメンタリーがある。いずれのコメンタリーを読んでも、間違いなくパタンジャリである。しかしながら、わが国では、佐保田鶴治先生による『解説　ヨーガスートラ』しかないのである。しかも、この書が出版されてからずいぶんと久しい。演奏をするためにはスコアを読む必要があり、それがサンスクリット原典の「ヨーガスートラ」を読むという作業に相当する。幸い私は、佐保田鶴治先生を存じ上げ、高弟であった故熊谷直一、故番場一雄両氏に師事し「ハタヨーガ」を学んだ。また、１９９８年頃から、サンスクリット語をインドの言語学者で哲学博士のアニル・ヴィディヤランカール先生から「イントロダクトリー・サンスクリット」を学び、その後、チンマヤミッションで「アドヴァンスド・サンスクリット」を学んだ。それは、佐保田鶴治先生の著されたような形の書をどなたもお書きにならなかったからである。ベートーヴェンの交響曲を演奏する指揮者は、わが国でも多くあり、古くは朝比奈隆、そして小沢征爾や佐渡裕などがある。「ヨーガスートラ」も同じように、誰かが一石を投じないと後

あとがき

に続く人が出ない。そう思って前著『ハタヨーガからラージャヨーガへ』を出し、今回この書を著すことにした。この書が、特に若い世代の人たちの理解に役立てば幸いである。

　佐保田鶴治先生は『古代印度の研究』(昭和23年発行)の序において、また、アニル・ヴィディヤランカール先生も教えの中で度々示唆されたのは、タパ (自己学習) の中でも最高のタパと称されたヴィヤーカラナ (व्याकरण) がサーダナの途であることが、この頃、ますますはっきりしてきた。これは、単なるサンスクリット文法 (Sanskrit Grammar) の学習ではなく、パーニニー (पाणिनि) の「アシュタディヤーイー (अष्टाध्यायी)」、パタンジャリ (पतञ्जलि) の「マハーバーシャ (महाभाष्य)」、バルトリハリ (भर्तृहरि) の「バーキャーパディーヤム (वाक्यपदीयम्)」への途である。このことは、第3章**19.** で述べた通りで、結局、言葉の根源を知ることは**神を知ること、私とは誰か**を知ることに他ならない。

　両先生にお会い出来たのは、私の人生最高の出来事であった。これは日本とか、インドとかという国での出来事ではなく、特別な人物との人生での出会いであり、ここに、こうして「ヨーガスートラ」のコメンタリーが書けるのも両先生のおかげである。しかし、佐保田鶴治先生が述べておられる通り、スートラは簡潔に、詩的に表現されているので、両先生からの教えも含めて次世代の人へ伝える試みは非常に難しく、コメントと言えども真意は示唆することしか出来ない。これは、言葉の宿命である。

　佐保田鶴治先生は、『解説 ヨーガスートラ』121頁で、「静慮 (dyāna) についての経文の説明がまことに科学的なのに驚かされる」と言っておられる様に「ヨーガスートラ」そのものが非常に科学的な記述に貫かれている。第1部「サーンキャカーリカー入門」の**18. ブッディーとは**で述べたように、すべては観察者たるプルシャ (पुरुष) の一瞥がなければ何も起こらない。つまり観察された瞬間に初めてものごとが決定され動き出すのだ。しかも、その結果

については、**シュレーディンガーの猫**のように、われわれは一切手を出すことは出来ない。リーラー（लीला 神の戯れ）だからである。

　何千年もの昔にインドの聖者たちは、この観察者たるプルシャこそ唯一の存在であるということを知っていた。最初に紹介したように、シュレーディンガーは、「形而上学は、その進行の過程で物理学に姿を変える」と言ったが、その最先端の量子物理学をもってしても、なお不可解で分からないことだらけなのである。つまり、結局、神の領域を知ることは不可能なのだ。

「はじめに」で述べたように、物理学者のエルヴィン・シュレーディンガーの書の他にも読んでほしいいくつかの書を参考文献の後に挙げておいた。これらは、現代において、ヴェーダの補助学に挙げられたジョーティシャ（ज्योतिष）に非常に近いのである。つまり、ニュートン、アインシュタイン、シュレーディンガー、デイヴィッド・ボーム、わが国の湯川秀樹博士などの書に目を通す必要がある。また、文明発祥の源とされるシュメールや西洋の神々についてなど、いくつかの書も同時に挙げておいた。

　人の心のように変わらないものもあるが、現代はヴィヤーサがコメントを書いた時代とは人が暮らし交流する環境が大きく異なっている。「この世界」そのものがマーヤーであると言われるが、今夏、訪れてみた「東京ディズニーシー」のように人工的に造られた街（大人の遊園地）もあり、YouTube、Twitter、FaceBook、Instagram、Lineなど、さらに電波による仮想空間もあって、人々は通信の他に映像や画像をiPhoneによってやりとりし交流する時代になっている。そこでの「ヨーガスートラ」をどのように理解すればいいのであろうか。ベートーヴェンの演奏と言えば、世紀の指揮者と言われたフルトヴェングラーは、必ず一度は聴かなければならないとしても、時代と共に演奏スタイルは時代にマッチしたものに姿を変えた。フィオリサの述べた**伝承されたテクストの注釈**が必要とされる理由である。

あとがき

　プルシャが一瞥を与えたことによって始まるプラクリティの展開の姿、刻々変化する「この世界」を理解した後に、「ヨーガスートラ」を読むこと、「シュヴェータシュワタラ・ウパニシャッド」が述べたようにサーンキャとヨーガの両者は一つであることをこの書によって少しでも理解していただければ大変嬉しい。

人は、サーンキャ（真理）とヨーガ（真の自己）を知ることによって、永遠の中の永遠の存在、意識の中の意識である1つの根源、つまり、われわれに喜びを分け与えてくれる根源を知り、すべての束縛から解放される。（6−13）

「ヨーガスートラ」用語一覧

- 用語の索引を兼ねて、原形、詩句中の形、詩句番号、意味、頁の順に記載、詩句番号と頁は、一部省略したものもある。また、詩句中の形は、性・数・格により変化したものの中から1〜2を示し、すべてではない。(*印は、動詞語根)
- 意味の欄で説明しきれない用語は、本文ページ参照とした。
- 用語は、読みの五十音順に掲げ、デーヴァナーガリ文字のアルファベット順ではない。

ヨーガスートラ　用語一覧

ア行

用　語	原　形	詩句中の形	詩句番号
アー	आ		2-28
アーヴァラナ	आवरण	आवरणम्	2-52
アーヴェーシャ	आवेश	आवेशः	3-39
アーカーシャ	आकाश	आकाशयोः	3-42,3-43
アーカーラ	आकार		4-22
アーガマ	आगम	आगमाः	1-7
アークシェーピン	आक्षेपिन्	आक्षेपी	2-51
アーサナ	आसन	आसनम्	2-29,2-46
アーサンナ	आसन्न	आसन्नः	1-21
アーシス	आशिस्	आशिष	4-10
アーシャヤ	आशय	आशयैः	1-24
アーシュラヤ	आश्रय		4-11
アーシュラヤトヴァ	आश्रयत्व	आश्रयत्वम्	2-36
アースワーダ	आस्वाद		3-37
アーセーヴィタ	आसेवित	आसेवितः	1-14
アーダルシャ	आदर्श		3-37
アーディ	आदि	आदयः, आदीषु	2-34,3-24,3-25
アートマカ	आत्मक	आत्मकम्	2-18
アートマター	आत्मता		2-6
アートマン	आत्मन्	आत्मानः	4-13
アートマン	आत्मन्	आत्म	2-5,2-41,4-25
アートマン	आत्मन्	आत्मा	2-21
アーナンダ	आनन्द		1-17
アーナンタルヤ	आनन्तर्य	आनन्तर्यम्	4-9
アーナントヤ	आनन्त्य	आनन्त्यात्	4-31
アーヌシュラヴィカ	आनुश्रविक		1-15

ヨーガスートラ　用語一覧

意　味	頁
〜にまで	145
覆い	162
入ること	195
空間	198
姿、形	226
信頼すべき人の言葉	85
向かう	162
アーサナ	146,158,167
近づく	101
欲望	219
心に残ること	105
関連、密接な結びつき	220
留まる	153
味わうこと	194
根気強く励む	94
見ること	194
〜など	152,187
構成	139
同一（self-ness）	132
本性	221
真の自己	131,156,229
見る者	141
至福	98
繋がっている	218
永遠の、無限の	233
聴いたこと	96

ヨーガスートラ 用語一覧

用 語	原 形	詩句中の形	詩句番号
アーバーサ	आभास	आभासम्	4-19
アーパッティ	आपत्ति	आपत्तौ	4-22
アープーラ	आपूर	आपूरात्	4-2
アーユス	आयुस्	आयुः	2-13
アーラスヤ	आलस्य		1-30
アーランバナ	आलम्बन	आलम्बना	1-10
アーランバナ	आलम्बन	आलम्बनैः	4-11
アーランバナ	आलम्बन	आलम्बनम्	1-38
アーローカ	आलोक	आलोकः	3-5,3-26
アヴァスター	अवस्था		3-13
アヴァスターナ	अवस्थान	अवस्थानम्	1-3
アヴィシェーシャ	अविशेष	अविशेषः	3-36
アヴィシャイーブータトヴァ	अविषयीभूतत्व	अविषयीभूतत्वात्	3-20
アヴィディヤー	अविद्या		2-3,2-4,2-5,2-24
アヴィプラヴァ	अविप्लव	अविप्लवा	2-26
アヴィヤパデーシュヤ	अव्यपदेश्य		3-14
アヴィラティ	अविरति		1-30
アカラナ	अकरण	अकरणम्	3-52
アカルピタ	अकल्पित	अकल्पिता	3-44
アギャータ	अज्ञात	अज्ञातम्	4-17
アギャータ	अज्ञान		2-34
アクシーダ	अकुसीद	अकुसीदस्य	4-29
アクラマ	अक्रम	अक्रमम्	3-55
アクリシュタ	अकृष्ण	अकृष्णम्	4-7
アクリシュタ	अक्लिष्ट	अक्लिष्टाः	1-5
アサンガ	असङ्ग		3-40
アサンキールナ	असम्कीर्ण	असम्कीर्णयोः	3-36
アサンキェーヤ	असम्ख्येय		4-24

意　味	頁
照らすこと	225
確信する	226
洪水	214
一生	136
怠惰	111
〜による	91
〜に基づいて	220
留まる	116
光	171,187
状態	174
留まる	81
区別できないもの、混同	193
（心の）及ばない所	184
理解や気づきのないこと	130,131,143
不動の	144
隠れた	175
自制心のなさ	111
行わない	204
真の	199
認識されない	224
気づきのなさ	152
欲望を抱かない	232
一連の	205
黒でない	217
苦痛を伴わない	83
触れずに	196
識別	193
数えきれない、無数の	229

ヨーガスートラ　用語一覧

用語	原形	詩句中の形	詩句番号
アサンサルガ	असम्सर्ग	असम्सर्गः	2-40
アサンプラモーシャ	असम्प्रमोष	असम्प्रमोषः	1-11
アサンプラヨーガ	असम्प्रयोग	असम्प्रयोगे	2-54
アサンプラヨーガ	असम्प्रयोग	असम्प्रयोगे	3-21
アシュクラ	अशुक्र		4-7
アシュタ	अष्ट	अष्टौ	2-29
アシュチ	अशुचि		2-5
アシュッディ	अशुद्धि		2-43
アス	*अस्	अस्ति	4-12
アステーヤ	अस्तेय		2-30
アスミター	अस्मिता		1-17
アスミター	अस्मिता		2-3,2-6,3-48,4-4
アタ	अथ		1-1
アティータ	अतीत		3-16,4-12
アディガマ	अधिगम	अधिगमः	1-29
アディシュタートリットヴァ	अधिष्टातृत्व	अधिष्टातृत्वम्	3-50
アティプラサンガ	अतिप्रसङ्ग	अतिप्रसङ्गः	4-21
アディマートラ	अधिमात्र	अधिमात्राः	2-34
アディマートラトヴァ	अधिमात्रत्व	अधिसात्रत्वात्	1-22
アディヤーサ	अध्यास	अध्यासात्	3-17
アディヤートマン	अध्यात्मन्	अध्यात्म	1-47
アティヤンタ	अत्यन्त		3-36
アドヴァン	अध्वन्	अध्व	4-12
アドリシュタ	अदृष्ट		2-12
アナーガタ	अनागत	अनागतम्	2-16
アナーシャヤ	अनाशय	अनाशयम्	4-6
アナーディットヴァ	अनादित्व	अनादित्वम्	4-10
アナートマン	अनात्मन्	अनात्मसु	2-5

意　味	頁
接触のない	155
失われていない	92
結合しない	163
断ち切った	184
白でない	217
8	146
不浄	131
不純なもの、覆い	157
存在する	220
不偸盗	150
存在（am-ness）	98
私感覚、エゴ（egotism）	130,132,200,215
さて	75
過去	175,220
達すること	110
至高の	202
拡散する	226
強いもの、極端な	152
強い	102
混ざり合う、重なり合う	176
内的存在	122
完全な	193
途	220
認識されなかった	135
まだやって来ない、未来	137
純粋で自由	216
始まりのない状態	219
真の自己でない	131

ヨーガスートラ　用語一覧

用　語	原　形	詩句中の形	詩句番号
アナヴァスティタットヴァ	अनवस्थितत्त्व	अनवस्थितत्त्वानि	1-30
アナヴァダーラナ	अनवधारण	अनवधारणम्	4-20
アナヴァッチェーダ	अनवच्छेद	अनवच्छेदात्	1-26
アナヴァッチンナ	अनवच्छिन्न	अनवच्छिन्नाः	2-31
アナシュタ	अनष्ट	अनष्टम्	2-22
アナビガータ	अनभिघात	अनभिघातः	2-48, 3-46
アナンタ	अनन्त		2-34, 2-47
アニシュタ	अनिष्ट		3-52
アニットヤ	अनित्य	अनित्या	2-5
アニマン	अणिमन्	अणिम	3-46
アヌ	अणु		1-40
アヌカーラ	अनुकार	अनुकारः	2-54
アヌガマ	अनुगम	अनुगमात्	1-17
アヌグナ	अनुगुण	अनुगुणानाम्	4-8
アヌシャーサナ	अनुशासन	अनुशासनम्	1-1
アヌシャイン	अनुशयिन्	अनुशायी	2-7, 2-8
アヌシュターナ	अनुष्ठान	अनुष्ठानाद्	2-28
アヌシュラヴィカ	अनुश्रविक		1-15
アヌッタマ	अनुत्तम	अनुत्तमः	2-42
アヌパーティン	अनुपातिन्	अनुपाती	1-9
アヌパーティン	अनुपातिन्		3-14
アヌパッシャ	अनुपश्य	अनुपश्यः	2-20
アヌブータ	अनुभूत		1-11
アヌマーナ	अनुमान		1-7
アヌモーディタ	अनुमोदित	अनुमोदिताः	2-34
アネーカ	अनेक	अनेकेषाम्	4-5
アバーヴァ	अभाव		1-10
アバーヴァ	अभाव	अभावः	1-29

意　味	頁
不安定さ	111
認識できない	225
制約を受けない	106
制約されない	150
消滅しない	142
影響されない、妨げのない	159,200
際限のない	152,158
望まぬこと	204
永遠でない	131
細身	200
極小	117
真似	163
結びついた	98
一致した	218
学習	75
しがみつくこと	132,133
熱心な修練	145
聴いたこと	96
無上の	156
〜に従って、〜によって	90
相応して、満たして	175
見方	140
体験された	92
推論	85
承認された	152
多くの	216
中身のない	91
生じない	110

ヨーガスートラ　用語一覧

用　語	原　形	詩句中の形	詩句番号
アバーヴァ	अभाव	अभावात्, अभावः	2-25, 4-11
アパーラーンタ	अपरान्त		3-23, 4-33
アパヴァルガ	अपवर्ग		2-18
アパラームリシュタ	अपरामृष्ट	अपारामृष्टः	1-24
アパリグラハ	अपरिग्रह	अपरिग्रहाः	2-30
アパリナーミットヴァ	अपरिणामित्व	अपरिणामित्वात्	4-18
アピ	अपि		1-22, 1-26, 1-29
アピ	अपि		2-20, 2-22
アビヴィヤクティ	अभिव्यक्ति		4-8
アビジャータ	अभिजात	अभिजातस्य	1-41
アビニヴェーシャ	अभिनिवेष	अभिनिवेशाः	2-3, 2-9
アビバヴァ	अभिभव		3-9
アビマタ	अभिमत		1-39
アビヤーサ	अभ्यास	अभ्यासात्	1-12, 1-13, 1-18
アビヤンタラ	अभ्यन्तर		2-50, 2-51
アヒンサー	अहिम्सा		2-30
アプラティサンクラマー	अप्रतिसम्क्रमा	अप्रतिसम्क्रमायाः	4-22
アプラマーナカ	अप्रमाणक	अप्रमाणकम्	4-16
アプラヨージャカ	अप्रयोजक	अप्रयोजकम्	4-3
アプンニャ	अपुण्य		1-33, 2-14
アペークシットヴァ	अपेक्षित्व	अपेक्षित्वात्	4-17
アペータ	अपेत	अपेतस्य	4-31
アラブダ	अलब्ध		1-30
アリシュタ	अरिष्ट	अरिष्टेभ्यः	3-23
アリンガ	अलिङ्ग	अलिङ्गानि	2-19
アルタ	अर्थ		1-28, 1-42, 1-43
アルタ	अर्थ	अर्थम्	1-32, 2-2, 2-18
アルタ	अर्थ		3-3, 3-17

意　味	頁
消滅	144,220
死、最終段階	186,234
解放	139
影響を受けない	105
非所有	150
不変	224
〜も	102,106,110
しかし、けれども	140,142
顕れ方	218
透明な	118
生への執着	130,133
克服、圧倒	172
好ましいもの、望むもの	117
繰り返し	93,99
入れる息	160,162
非暴力	150
不変	226
認識されない	223
起こさない	214
徳のない	113,136
期待	224
取り除かれた	233
達成されない	111
兆候、予知	186
未顕現の	140
意味	109,119
〜のため	112,129,139
対象	170,176

ヨーガスートラ 用語一覧

用 語	原 形	詩句中の形	詩句番号
アルタヴァットヴァ	अर्थवत्त्व		3-48
アルタター	अर्थता		3-11
アルタトヴァ	अर्थत्व	अर्थत्वात्	1-49
アルパ	अल्प	अल्पम्	4-31
アンヴァヤ	अन्वय	अन्वयोः	3-9,3-45,3-48
アンガ	अङ्ग	अङ्गम्	1-31,2-40
アンガ	अज्ञ	अज्ञानि	2-28,2-29
アンジャナター	अज्ञनता		1-41
アンタ	अन्त		1-40
アンタラ	अन्तर	अन्तराणि	4-27
アンタラーヤ	अन्तराय	अन्तरायाः	1-30
アンタル アンガ	अन्तर्-अङ्ग		3-7
アンタル ダーナ	अन्तर्-धान	अन्तर्-धानम्	3-21,3-22
アンニャ	अन्य	अन्यः	1-18,1-50,2-22
アンニャ	अन्य		1-49
アンニャター	अन्यता		3-50,3-54
アンニャットヴァ	अन्यत्व	अन्यत्वम्	3-15
イーシュワラ	ईश्वर	ईश्वरः	1-23,1-24,2-1
イヴァ	इव		1-41,1-43,2-6
イシュタ	इष्ट		2-44
イタラ	इतर	इतरेषाम्	1-20
イタライタラ	इतर-इतर		3-17
イタラットラ	इतरत्र		1-4
イティ	इति		2-34,3-55
インドリヤ	इन्द्रिय	इन्द्रियेषु	2-18,2-41,3-13
ヴァー	वा		1-23,1-34,1-35
ヴァーサナー	वासना	वासनानाम्	4-8
ヴァーチャカ	वाचक	वाचकः	1-27

意　味	頁
目的、〜のため	200
対象	173
目的のあること	123
ほとんどない	233
つながり	172,199,200
身体	112,155
階梯、段階	145,146
明確にすること	118
〜まで	117
別の	231
障害	111
内的段階	171
見えなくなる、消える	184,185
他の、他に	99,123,142
異なった	123
違い	202,205
特有性	175
ヨーガ・イーシュワラ	103,105,128
〜のような	118,119,132
望む	157
他の人	100
共に顕れ	176
それ以外の場合は	82
それで、かくして	152,205
感覚器官	139,156,174
あるいは	103,114,115
習慣行動様式	218
表出したもの	107

ヨーガスートラ　用語一覧

用　語	原　形	詩句中の形	詩句番号
ヴァーヒター	वाहिता		3-10
ヴァーヒン	वाहिन्	वाही	2-9
ヴァールター	वार्ता		3-37
ヴァイシャーラディヤ	वैशारद्य	वैशारद्ये	1-47
ヴァイトゥリシュニヤ	वैतृष्ण्य	वैतृष्ण्यम्	1-16
ヴァイラ	वैर		2-35
ヴァイラーギャ	वैराग्य	वैराग्याभ्याम्	1-12
ヴァイラーギャ	वैराग्य	वैराग्यम्	1-15、3-51
ヴァシーカーラ	वशीकार	वशीकारः	1-15,1-40
ヴァシュヤター	वश्यता	वश्यताम्	2-55
ヴァジュラ	वज्र		3-47
ヴァストゥ	वस्तु		1-9
ヴァストゥ	वस्तु		4-14,4-15
ヴァット	वत्		4-3
ヴァラタ	व्रत	व्रताः	2-31
ヴァラナ	वरण		4-3
ヴィータ	वीत		1-37
ヴィールヤ	वीर्य		1-20,2-38
ヴィヴェーカ	विवेक		2-26,2-28
ヴィヴェーカ ギャナ	विवेक ज्ञान	विवेक ज्ञानम्	3-53,3-55
ヴィヴェーキン	विवेकिन्	विवेकिनः	2-15
ヴィカラナ	विकरण		3-49
ヴィカルパ	विकल्प		1-6,1-9
ヴィカルパ	विकल्प	विकल्पैः	1-42
ヴィクシェーパ	विक्षेप	विक्षेपाः	1-30,1-31
ヴィシェーシャ	विशेष	विशेषः	1-22,1-49
ヴィシャヤ	विषय	विषयम्	1-37,3-55
ヴィシャヤ	विषय	विषयाणाम्	1-33

258

意　味	頁
流れ	173
流れ	133
香り	194
明晰な	122
欲望のない	97
敵意	153
執着のなさ、無欲	93
執着のなさ	96,202
克服、支配	96,117
統制	164
ダイヤモンド	200
実体	90
対象	221,222
〜のような	214
誓約	150
障害	214
〜のない	116
エネルギー	100,154
識別力	144,145
識別知	204,205
識別	137
感覚器官に縛られない	201
心象、妄想	84,90
想念、概念	119
散漫	111,112
差、区別	102,123
対象	116,205
〜に対して	113

ヨーガスートラ　用語一覧

用　語	原　形	詩句中の形	詩句番号
ヴィシャヤヴァント	विषयवन्त्	विषयवती	1-35
ヴィシャヤトヴァ	विषयत्व	विषयत्वम्	1-45
ヴィショーカ	विशोक	विशोका	1-36
ヴィダーラナ	विधारण	विधारणाभ्याम्	1-34
ヴィタルカ	वितर्क	वितर्कम्	1-17
ヴィタルカ	वितर्क	वितर्का	2-33,2-34
ヴィチャーラ	विचार		1-17
ヴィッチェーダ	विच्छेद	विच्छेदः	2-49
ヴィッチンナ	विच्छिन्न		2-4
ヴィデーハ	विदेह	विदेहा	1-19,3-44
ヴィドゥシャス	विदुषस्	विदुषः	2-9
ヴィトゥリシュナ	वितृष्ण	वितृष्णस्य	1-15
ヴィニヴリッティ	विनिवृत्ति	विनिवृत्तिः	4-25
ヴィニヨーガ	विनियोग	विनियोगः	3-6
ヴィパーカ	विपाक	विपाकम्	1-24,2-13,4-8
ヴィバクタ	विभक्त	विभक्तः	4-15
ヴィパルヤヤ	विपर्यय		1-6,1-8
ヴィプラクリシュタ	विप्रकृष्ट		3-26
ヴィヤーキャータ	व्याख्यात	व्याख्याताः	1-44,3-13
ヴィヤーディ	व्याधि		1-30
ヴィヤヴァヒタ	व्यवहित		3-26
ヴィヤヴァヒタ	व्यवहित	व्यवहितानाम्	4-9
ヴィヤクタ	व्यक्त		4-13
ヴィユーハ	व्यूह		3-28
ヴィユッターナ	व्युत्थान	व्युत्थाने	3-9,3-38
ヴィラーマ	विराम		1-18
ヴィローダ	विरोध	विरोधात्	2-15
ヴェーダナー	वेदना	वेदनाम्	3-37

ヨーガスートラ　用語一覧

意　味	頁
対象との結びつき	115
状態	120
悲しみ	116
保持する	114
注意深い観察	98
とりとめのない考え、疑惑	151, 152
洞察	98
保息	160
中断	130
身体の意識を超えた	99, 199
賢者	133
欲望のない	96
停止	229
進捗	171
（その）結果	105, 136, 218
分けた	222
誤った認識	84, 89
遠方	187
説明された	120, 174
病気	111
隠れていたもの	187
隔たった	218
顕れ	221
配列、配置	188
出現、起こってきたこと	172
静止	99, 195
混乱	137
感じること	194

ヨーガスートラ　用語一覧

用　語	原　形	詩句中の形	詩句番号
ヴェーダニーヤ	वेदनीय	वेदनीयः	2-12
ウクタ	उक्त	उक्तम्	4-28
ウダーナ	उदान		3-40
ウダーラ	उदार	उदाराणाम्	2-4
ウダヤ	उदय	उदयौ	3-11
ウッタラ	उत्तर	उत्तरेषाम्	2-4
ウットクラーンティ	उत्क्रान्ति	उत्क्रान्तिः	3-40
ウッパンナ	उत्पन्न	उत्पन्ना	1-35
ウディタ	उदित	उदितौ	3-12
ウパーヤ	उपाय	उपायः	2-26
ウパサルガ	उपसर्ग	उपसर्गा	3-38
ウパスターナ	उपस्थान	उपस्थानम्	2-37
ウパニマントラナー	उपनिमन्त्रणा	उपनिमन्त्रणे	3-52
ウバヤ	उभय		4-20
ウパラーガ	उपराग		4-17
ウパラクタ	उपरक्त	उपरक्तम्	4-23
ウパラブディ	उपलब्धि		2-23
ウペークシャー	उपेक्षा	उपेक्षाणाम्	1-33
ヴリッティ	वृत्ति		1-2,1-4,2-50
ヴリッティ	वृत्ति	वृत्तयः	1-5,2-11,
エーヴァ	एव		1-44
エーヴァ	एव		1-46,2-15
エーヴァ	एव		2-21
エーカ	एक		1-32,2-6,4-5
エーカ ターナター	एक - तानता		3-2
エーカーグラター	एकाग्रता	एकाग्रतयोः	3-11
エーカーグルヤ	एकाग्र्य		2-41
エーカートマター	एकात्मता		2-6

意 味	頁
経験	135
前述の	232
ウダーナ気	196
生じる、起きる	130
立ち上がり	173
他に	130
上を通り抜ける	196
生じた	115
生じる	174
方法	144
障害	195
現れる	154
招待	204
両方	225
色付け	224
色合い	227
理解	143
同じ	113
動き	77,82,160
働き	83,134
かくして	120
まさに	121,137
〜だけ	141
1	112,132,216
一方向	169
1点集中	173
集中力	156
一つに、同一視	132

ヨーガスートラ 用語一覧

用 語	原 形	詩句中の形	詩句番号
エーカットラ	एकत्र		3-4
エーカトヴァ	एकत्व	एकत्वात्	4-14
エーカルーパター	एकरूपता	एकरूपताम्	4-9
エージャヤットヴァ	एजयत्व		1-31
オーシャディ	ओषधि		4-1

カ行

カーヤ	काय		2-43,3-21,3-43
カーラ	काल	कालेन	1-26,2-50
カーラナ	कारण		3-39
カーリタ	कारित		2-34
カーリトヴァ	कारित्व	कारित्वात्	4-24
カイヴァルヤ	कैवल्य	कैवल्यम्	2-25,3-51,3-56
カタンター	कथन्ता		2-39
ガティ	गति		2-49,3-29
ガマナ	गमन	गमनम्	3-43
カラナ	करण		2-2
カルナー	करुणा		1-33
カルピター	कल्पित	कल्पिता	3-44
カルマン	कर्मन्	कर्म	1-24,2-12,3-23
カンタ	कण्ठ		3-31
カンタカ	कण्टक		3-40
ギェーヤ	ज्ञेय	ज्ञेयम्	4-31
キム	किम्		4-16
ギャ	ज्ञ		1-25
ギャータ	ज्ञात	ज्ञाताः	4-18
キャーティ	ख्याति	ख्यातेः	1-16,2-5,2-26

意　味	頁
1つにして	170
同質、均質、均一性	221
1つの形	218
不安定さ	112
薬草、薬物	211
身体	157,184,198
時間	106,160
原因	195
引き起こされた	152
活動	229
144、206頁参照	144,202,206
如何に	154
動き	160,188
動き	198
原因	129
思いやり	113
人工的な、でっち上げた	199
行為	105,135,186
ノド	189
トゲ	196
知られた	233
何	223
知識	106
知られた	224
知ること、見通すこと	97,131,144

ヨーガスートラ　用語一覧

用　語	原　形	詩句中の形	詩句番号
ギャートリットヴァ	ज्ञातृत्व	ज्ञातृत्वम्	3-50
ギャーナ	ज्ञान	ज्ञानम्	4-17,4-18
クーパ	कूप	कूपे	3-31
クールマ	कूर्म		3-32
クシーナ	क्षीण	क्षीणम्	1-41
クシー	*क्षी	क्षीयते	2-52
クシェートラ	क्षेत्र	क्षेत्रम्	2-4
クシェートリカ	क्षेत्रिक		4-3
クシャナ	क्षण		3-9
クシャヤ	क्षय	क्षये , क्षयात्	2-28,2-43
クシュッダ	क्षुध्		3-31
グナ	गुण		1-16,2-15,2-18
グラーヒャ	ग्राह्य	ग्राह्येषु	1-41
グラハナ	ग्रहण		1-41
グラヒートリ	ग्रहीतृ		1-41
クラマ	क्रम		3-15
クラマ	क्रम	क्रमयोः	3-53
クリシュタ	क्लिष्ट	क्लिष्टा	1-5
クリタ	कृत		2-22
クリヤー	क्रिया		2-1,2-18
グル	गुरु	गुरुः	1-26
クレーシャ	क्लेश		1-24,2-2,2-12
クローダ	क्रोध		2-34

サ行

| サ ウパクラマ | स - उपक्रम | सोपक्रमम् | 3-23 |
| サークシャート | साक्षात् | साक्षात्म् | 3-18 |

266

意　味	頁
知ること	202
知識	176, 183
空洞	189
亀	190
消滅する	118
取り除かれる、消滅する	162
土壌	130
農夫	214
瞬間	172
除去、消滅	145, 157
空腹	189
グナ	97, 137, 139
把握	118
見る過程	118
見る者、掴み取る者	118
連続	175
連続	204
苦痛を伴うもの	83
終わった、為された	142
実践、活動	128, 139
グル	106
苦悩	105, 129, 135
怒り	152
すぐに結果の出るもの	186
直観	183

ヨーガスートラ　用語一覧

用　語	原　形	詩句中の形	詩句番号
サーダーラナトヴァ	साधारणत्व	साधारणत्वात्	2-22
サーミヤ	साम्य	साम्ये	3-56
サーランバナ	सालम्बन	सालम्बनम्	3-20
サールーピヤ	सारूप्य	सारूप्यम्	1-4
サヴィタルカ	सवितर्क	सवितर्का	1-42
サヴィチャーラ	सविचार	सविचारा	1-44
サウマナスヤ	सौमनस्य		2-41
サダー	सदा		4-18
サットヴァ	सत्त्व		2-41,3-36,3-50
サットカーラ	सत्कार		1-14
サットヤ	सत्य		2-30,2-36
サットヤーナ	स्त्यान		1-30
サティ	सति		2-13
サティ	सति		2-49
サハブヴァ	सहभुव	सहभुवः	1-31
サビージャ	सबीज	सबीजः	1-46
サプタダ	सप्तध	सप्तधा	2-27
サマーディ	समाधि		1-46,2-2,2-29,3-3
サマーディパリナーマ	समाधि-परिणाम	समाधि-परिणामः	3-11
サマーナ	समान		3-41
サマーパッティ	समापत्ति	समापत्तिः	1-41,1-42
サマーパッティ	समापत्ति	समापत्ते	3-43
サマープティ	समाप्ति	समाप्तिः	4-32
サマヤ	समय		2-31
サムニディ	सन्निधि	सन्निदौ	2-35
サルヴァ	सर्व	सर्वम्	1-51,2-15,3-17
サルヴァギャ	सर्वज्ञ		1-25
サルヴァギャートゥリトヴァ	सर्वज्ञातृत्व	सर्वज्ञातृत्वम्	3-50

ヨーガスートラ　用語一覧

意　味	頁
共通	142
同じ	206
動機、誘因	184
心の動きのまま	82
思考	119
熟慮	120
心の満足	156
常に	224
サットヴァ	156,193,202
注意深く	94
真実、真理	150,153
倦怠感	111
ある、存在する（かぎり）	136
〜したところで	160
現れ	112
種子	121
7つ	145
サマーディ	121,129,146,170
サマーディ・パリナーマ	173
サマーナ気	196
一つになった状態	118,119
結びつき	198
終わり	234
状況	150
近く、眼前で	153
すべて	124,137,176
全知	106
全知	202

269

ヨーガスートラ　用語一覧

用　語	原　形	詩句中の形	詩句番号
サルヴァター	सर्वथा		3-55
サンヴィッド	सम्विद्		3-35
サンヴェーガ	सम्वेग	सम्वेगानाम्	1-21
サンヴェーダナ	सम्वेदन	सम्वेदनम्	3-39,4-22
サンガ	सङ्ग		3-52
サンカラ	सङ्कर	सङ्करः	3-17
サンキールナ	सम्कीर्ण	सम्कीर्णा	1-42
サンキャー	सम्ख्या	सम्ख्याभिः	2-50
サンギャー	सम्ज्ञा		1-15
サングラヒータットヴァ	सम्ग्रहीतत्त्व	सम्ग्रहीत्वात्	4-11
サンシャヤ	सम्शय		1-30
サンスカーラ	सम्स्कार	सम्स्कारयोः	1-18,2-15,4-9
サントーシャ	सम्तोष	सम्तोषात्	2-32,2-42
サンパド	सम्पद्	सम्पत्	3-46,3-47
サンハッティヤ	सम्हत्य		4-24
サンハナナトヴァー	सम्हननत्व	सम्हननत्वानि	3-47
サンバンダ	सम्बन्ध		3-42,3-43
サンプラギャータ	सम्प्रज्ञात	सम्प्रज्ञातः	1-17
サンプラヨーガ	सम्प्रयोग	सम्प्रयोगः	2-44
サンボーディ	सम्बोध	सम्बोधः	2-39
サンヤマ	सम्यम	सम्यमात्	3-4,3-16,3-17
サンヨーガ	सम्योग	सम्योगः	2-17
シーラ	शील	शीलम्	2-18
シェーシャ	शेष		1-18
シッダ	सिद्ध		3-33
シッディ	सिद्धि	सिद्धिः	2-43,2-45
シッディ	सिद्धि	सिद्धयः	3-38
ジャ	ज	जम्	3-53,3-55,4-6

意　味	頁
すべてに	205
理解	191
熱烈な	101
体験し知ること	195,226
執着	204
混乱	176
混在	119
数、回数	160
意識	96
得ること	220
疑い	111
微細な記憶の痕跡	99,137,172
知足	151,156
完全さ	200
協働、協力	229
強靭さ	200
繋がり	198
９８頁参照	98
結びつき	157
理解	154
１７０頁参照	170,175,176
混同、同一視	138
状態	139
残り	99
完全な	191
達成	157,158
最終目標	195
現れる、生じる	204,205,216

ヨーガスートラ　用語一覧

用　語	原　形	詩句中の形	詩句番号
ジャ	ज	जः , जाः	1-50,4-1
ジャーティ	जाति		2-13,2-31,3-18
ジャン	*जन्	जायन्ते	3-37
シャーンタ	शान्त		3-12,3-14
シャイティルヤ	शैथिल्य	शैथिल्यात्	2-47,3-39
ジャヴィットヴァ	जवित्व	जवित्वम्	3-49
シャウチャ	शौच	शौचात्	2-32,2-40
シャクティ	शक्ति	शक्त्योः	2-6,2-23
ジャパ	जप	जपः	1-28
シャブダ	शब्द		1-9,3-17
ジャヤ	जय	जयात्	2-41,3-5,3-40
ジャラ	जल	जलम्	3-40
シャリーラ	शरीर		3-39
ジャンマン	जन्मन्	जन्म	2-12,2-39,4-1
シュヴァーサ	श्वास		1-31,2-49
ジュヴァラナ	ज्वलन	ज्वलनम्	3-41
シューンニャ	शून्य	शून्या , शून्यम्	1-43,3-3
ジュグプサー	जुग्प्सा		2-40
シュチ	शुचि		2-5
シュッダ	शुद्ध	शुद्धः	2-20
シュッディ	शुद्धि		2-41,3-56
シュラーヴァナ	श्रावण		3-37
シュラッダー	श्रद्धा		1-20
シュルタ	शुत		1-49
シュロートラ	श्रोत्र		3-42
ジョーティシュマント	ज्योतिष्मन्त्	ज्योतिष्मती	1-36
ジョーティス	ज्योतिस्	ज्योतिषि	3-33
スヴァーミン	स्वमिन्	स्वामि	2-23

意　味	頁
生じる、生まれる	123,211
生まれ	136,150,183
生まれる	194
静寂	174,175
弛緩、解けること	158,195
素早さ	201
清浄	151,155
力	132,143
繰り返し発音する	109
言葉	90,176
克服	156,171,196
水面	196
身体	195
生まれ	135,154,211
吸気	112,160
燃えること	196
空っぽ、なくなること	119,170
関心を持たない	155
清浄	131
純粋	140
清澄	156,206
聴くこと	194
信頼	100
経典	123
聴くこと	198
輝いている、光	116
光	191
主人	143

ヨーガスートラ 用語一覧

用　語	原　形	詩句中の形	詩句番号
スヴァプナ	स्वप्न		1-38
スークシュマ	सूक्ष्म	सूक्ष्माः	1-44,1-45,2-10
スールヤ	सूर्य	सूर्ये	3-27
スカ	सुख		1-33,2-5,2-42
スカ	सुख		2-7
スカ	सुख		2-46
スタ	स्थ		1-41
スターニーン	स्थानिन्	स्थानि	3-52
スタイルヤ	स्थैर्य	स्थैर्ये	2-39
スタンバ	स्तम्भ		2-50
スティティ	स्थिति	स्थितितौ	1-13,1-35
スティティ	स्थिति		2-18
スティラ	स्थिर		2-46
ストゥーラ	स्थूल		3-45
スマヤ	स्मय	स्मया	3-52
スムリティ	स्मृति	स्मृतयः , स्मृतिः	1-6,1-11,1-43
スワ	स्व		2-9,2-40,3-36
スワ アーバーサ	स्व-आभास	स्व-आभासम्	4-19
スワ ルーパ	स्व-रूप	स्वरूपे	1-3,1-43,2-23
スワ ルーパタス	स्व-रूपतस्		4-12
スワーディヤーヤ	स्वाध्याय		2-1,2-32

タ行

ターパ	ताप		2-15
ターラー	तारा		3-28
ターラカ	तारक	तारकम्	3-55
ダーラナー	धारणा	धारणासु	2-29,2-53,3-1

意　味	頁
夢	116
微妙な、微細な	120,134
太陽	188
幸福	113,131,156
快楽	132
快適な	158
留まること	118
高い場所を得る	204
堅固さ	154
保息	160
内に留めた、安定した	93,115
停滞した	139
安定した	158
物質的な	199
誇らしげな、満足の笑みの	204
記憶	84,92,119
自分自身	133,155,193
自らを照らす	225
真の自己、本性	81,119,143
真実の姿	220
自己学習	128,151

悲しみ	137
星	188
明晰さ	205
ダーラナ	146,162.169

ヨーガスートラ　用語一覧

用　語	原　形	詩句中の形	詩句番号
ダウルマナスヤ	दौर्मनस्य		1-31
タター	तथा		2-9
タダー	तदा		1-3
タタス	ततस्	ततः	1-22,1-29
タットヴァ	तत्त्व		1-32
タットラ	तत्र		1-13,1-48
タヌ	तनु		2-2,2-4
タパス	तपस्	तपसः	2-1,2-32,2-43
ダルシャナ	दर्शन	दर्शनम्	2-6,2-41,3-33
ダルシン	दर्शिन्	दर्शिनः	4-25
ダルマ	धर्म	धर्मणाम्	3-13,3-14,4-12
ダルミン	धर्मिन्	धर्मी	3-14
タントラ	तन्त्र	तन्त्रम्	4-16
チェータナ	चेतना		1-29
チッタ	चित्त	चित्तस्य	1-2,1-33,2-54
チットラ	चित्र	चित्रम्	4-24
チティ	चिति	चित्तेः	4-22
チドラ	छिद्र	छिद्रेषु	4-27
チャ	च		1-29,1-44,1-45
チャクシュス	चक्षुस्	चक्षुः	3-21
チャクラ	चक्र	चक्रे	3-30
チャトゥルタ	चतुर्थ	चतुर्थः	2-51
チャンドラ	चन्द्र	चन्द्रे	3-28
ティーヴラ	तीव्र		1-21
ディープティ	दीप्ति	दीप्तिः	2-28
ディールガ	दीर्घ		1-14,2-50
ディヴィヤ	दिव्य	दिव्यम्	3-42
ディヤーナ	ध्यान	ध्यानात्	1-39,2-11,3-2

意　味	頁
憂鬱	112
従って	133
その時	81
従って	102,110
原理	112
その中の、そこ	93,122
弱める、弱い	129,130
自己探求、タパ、自己修練	128,151,157
よく観察すること、見識	132,156,191
観察者	229
秩序、実体、法則	174,175,220
保たれている	175
依存	223
意識	110
チッタ	77,113,163
雑多な、多様な	229
超越した、純粋意識の	226
隙間、間隙	231
そして、〜も	110,120
目	184
チャクラ、輪	189
4番目	162
月	188
とても	101
光	145
長い	94,160
超自然、神	198
瞑想	117,134,169

ヨーガスートラ　用語一覧

用　語	原　形	詩句中の形	詩句番号
デーヴァター	देवता		2-44
デーシャ	देश	देशम्	2-31,2-50,3-1
トゥ	तु		1-14,4-3
ドゥヴァンドヴァ	द्वन्द्व		2-48
ドゥヴェーシャ	द्वेष	द्वेषः	2-3,2-8
トゥーラ	तूल		3-43
ドゥフッカ	दुःख	दुःखैः	1-31,1-33,2-5
ドゥラシュトリ	द्रष्टृ	द्रष्टुः	1-3,2-17
ドゥリシ	दृशि	दृशेः	2-20,2-25
ドゥリシャ	दृश्य	दृश्ययोः	2-17,2-18,2-21
ドゥリシャトヴァ	दृश्यत्व	दृश्यत्वात्	4-19
ドゥリシュ	दृश्	दृक्	2-6
ドゥリシュタ	दृष्ट	दृष्टा	1-15,2-12
ドゥリダ	दृढ	दृढः	1-14
ドゥルヴァ	ध्रुव	ध्रुवे	3-29
トゥルヤ	तुल्य	तुल्ययोः	3-12,3-54
ドーシャ	दोष		3-51
トヤーガ	त्याग	त्यागः	2-35
トラヤ	त्रय	त्रयम्	3-4,3-7,3-16
トリヴィダ	त्रिविध	त्रिविधम्	4-7

ナ行

ナ	न		3-20,4-16
ナ	न		4-19
ナーディー	नाडी	नाड्याम्	3-32
ナービ	नाभि		3-30
ナイランタルヤ	नैरन्तर्य		1-14

意　味	頁
神、神性	157
場所、部位、位置	150,160,169
しかし	94,214
両極	159
憎しみ	130,133
綿の繊維	198
悲しみ、不幸	112,113,131
観察者	81,138
見ること	140,144
見られるもの	138,139,141
見られるものの本性	225
見る者	132
認識された	96,135
確固として	94
北極星	188
同じ、同一	174,205
束縛	202
消滅、なくなること	153
3つ	170,171,175
3種、3つから成る	217

〜ではない	184,223
不可能	225
ナーディ	190
ヘソ	189
継続して	94

ヨーガスートラ　用語一覧

用　語	原　形	詩句中の形	詩句番号
ナシュタ	नष्ट	नष्टम्	2-22
ニッテャ	नित्य		2-5
ニッテャトヴァ	नित्यत्व	नित्यत्वात्	4-10
ニドラー	निद्रा		1-6,1-10,1-38
ニバンダニン	निबन्धनिन्	निबन्धनी	1-35
ニミッタ	निमित्त	निमित्तम्	4-3
ニムナ	निम्न	निम्नम्	4-26
ニャーサ	न्यास	न्यासात्	3-26
ニヤマ	नियम	नियमाः	2-29,2-32
ニラティシャヤ	निरतिशय	निरतिशयम्	1-25
ニルヴィタルカ	निर्वितर्क	निर्वितर्का	1-43
ニルヴィチャーラ	निर्विचार		1-44,1-47
ニルヴリッティ	निर्वृत्ति	निर्वृत्तिः	3-31
ニルグラヒャ	निर्ग्रह्य	निर्ग्रह्यः	4-33
ニルバーサ	निर्भास	निर्भासा	1-43,3-3
ニルーパクラマ	निरुपक्रम	निरुपक्रमम्	3-23
ニルビージャ	निर्बीज	निर्बीजः	1-51,3-8
ニルマーナ	निर्माण		4-4
ニローダ	निरोध	निरोधः	1-2,1-12
ニローダパリナーマ	निरोध - परिणाम		3-9

ハ行

バーヴァ	भाव	भावः	3-49,3-50
バーヴァナ	भावन	भावनम्	1-28
バーヴァナ	भावन	भावनम्	2-33,2-34
バーヴァナー	भावना		4-25
バーヴァナータス	भावनातस्		1-33

意　味	頁
消滅	142
永遠	131
継続すること	219
睡眠	84,91,116
保持	115
動機、原因	214
傾くこと、向かうこと	231
顕れ	187
自分自身に対する規律	146,151
比類なき	106
１１９頁参照	119
１２２頁参照	120,122
克服される	189
分かる	234
輝いている	119,170
すぐ結果の出ないもの	186
種子のない	124,172
人工的に造られた	215
静止	77,93
１７２頁参照	172
状態	201,202
瞑想	109
想起する、考える	152
感情、想念	229
顕れ	113

ヨーガスートラ　用語一覧

用　語	原　形	詩句中の形	詩句番号
バーダナ	बाधन	बाधने	2-33
ハーナ	हान	हानम्	2-25,2-26
バーヒャ	बाह्य		2-50,2-51
バヴァ	भव	भवः	1-19
バウマ	भौम	भौमाः	2-31
ハスティ	हस्ति		3-25
バヒス	बहिस्		3-8,3-44
バヒル アンガ	बहिर् - अङ्ग	बहिर् - अङ्गम्	3-8
バラ	बल	बलानि, बलेषु	3-24,3-25,3-47
パラ	पर	परम्	1-16
パラ	पर		3-19,4-24
パラ	पर		3-36
パラ	फल	फलाः	2-14,2-34,4-11
ハラーダ	ह्लाद		2-14
パラマ	परम	परमा	1-40,2-55
パラマーヌ	परमाणु		1-40
パリシュッディ	परिशुद्धि	परिशुद्धौ	1-43
パリターパ	परिताप		2-14
パリドゥリシュタ	परिदृष्ट	परिदृष्टः	2-50
パリナーマ	परिणाम	परिणामा	2-15,3-13,3-15
パルヴァン	पर्वन्	पर्वाणि	2-19
パルヤヴァサーナ	पर्यवसान	पर्यवसानम्	1-45
パンカ	पङ्क		3-40
バンダ	बन्ध	बन्धः	3-1
パンタン	पन्थन्	पन्थाः	4-15
パンチャタヤ	पञ्चतय	पञ्चतयः	1-5
ビージャ	बीज	बीजम्	1-25,3-51
ピパーサー	पिपासा		3-31

282

意　味	頁
縛られること	151
終わり、消滅	144
吐く息	160, 162
〜になった状態	99
（すべての）領域	150
象	187
外的	172, 199
外的段階	172
力	187, 200
最高の	97
他の	183, 229
別	193
果実、結果、成果	136, 152, 220
喜び	136
最も	117, 164
極小	117
純化	119
苦悩	136
観察される	160
変化	137, 174, 175
レベル	140
終点	120
泥	196
保つこと	169
方法、途	222
5種類	83
種子	106, 202
喉の渇き	189

ヨーガスートラ　用語一覧

用　語	原　形	詩句中の形	詩句番号
ヒンサー	हिंसा		2-34
ブヴァナ	भुवन		3-27
ブータ	भूत		2-18,3-13,3-45
ブータトヴァ	भूतत्व	भूतत्वात्	3-20
ブーミ	भूमि	भूमिः	1-14,2-27
ブーミ	भूमि	भूमिषु	2-27,3-6
ブーミカトヴァ	भूमिकत्व	भूमिकत्वम्	1-30
プールヴァ	पूर्व	पूर्वः, पूर्वेषाम्	1-18, 1-26
プールヴァカ	पूर्वक	पूर्वकम्	1-20
プールヴァカ	पूर्वक	पूर्वकाः	2-34
ブッディ	बुद्धि	बुद्धेः	4-21
プナル	पुनर्	पुनः	3-12,3-52
プラーティバ	प्रातिभ	प्रातिभात्	3-34,3-37
プラードゥルバーヴァ	प्रादुर्भाव	प्रादुर्भावौ	3-9,3-46
プラーナ	प्राण	प्राणस्य	1-34
プラーナーヤーマ	प्राणायाम		2-29,2-49,2-50
プラーンタ	प्रान्त		2-27
ブラーンティ ダルシャナ	भ्रान्ति दर्शन		1-30
プラヴィバーガ	प्रविभाग		3-17
プラヴリッティ	प्रवृत्ति	प्रवृत्तिः	1-35,3-26
プラカーシャ	प्रकाश		2-18,2-52,3-21
プラギャー	प्रज्ञा		1-20,2-27,3-5
プラグバーラ	प्राग्भार	प्राग्भारम्	4-26
プラクリティ	प्रकृति	प्रकृतीनाम्	4-2,4-3
プラクリティ ラヤ	प्रकृति - लय	प्रकृति - लयानाम्	1-19
プラサーダ	प्रसाद	प्रसादः	1-47
プラサーダナ	प्रसादन	प्रसादनम्	1-33
プラサンガ	प्रसङ्ग	प्रसङ्गात्	3-52

意　味	頁
暴力	152
宇宙空間	188
要素	139,174,199
存在	184
基盤	94,145
段階	145,171
ある段階	111
前の、最初の	99,106
その前の	100
生じる、起因する	152
認識	226
再び	174,204
直観、直覚	191,194
現れ、外見	172,200
息	114
１６０頁参照	146,160
最終の	145
錯覚	111
識別	176
活動	115,187
輝くもの、光	139,162,184
気づき	100,145,171
重力	231
プラクリティ	214,224
プラクリティに吸収されて	99
清澄	122
平穏	113
結びつき	204

ヨーガスートラ　用語一覧

用　語	原　形	詩句中の形	詩句番号
プラサンキャーナ	प्रसम्ख्यान	प्रसम्ख्याने	4-29
プラシャーンタ	प्रशान्त		3-10
プラシュヴァーサ	प्रश्वास	प्रश्वासयोः	1-31,2-49
プラスプタ	प्रसुप्त		2-4
プラダーナ	प्रधान		3-49
プラチャーラ	प्रचार		3-39
プラッチャルダナ	प्रच्छर्दन		1-34
プラッティヤヤ	प्रत्यय		1-18,2-20,3-2
プラティ	प्रति		2-22
プラティヤクシャ	प्रत्यक्ष		1-7
プラティシェーダ	प्रतिषेध		1-32
プラティシュタ	प्रतिष्ठ	प्रतिष्ठम्	1-8
プラティシュター	प्रतिष्ठा		4-34
プラティシュターヤ	प्रतिष्ठाय	प्रतिष्ठायाम्	2-35,2-36
プラティパクシャ	प्रतिपक्ष		2-33,2-34
プラティパッティ	प्रतिपत्ति	प्रतिपत्तिः	3-54
プラティバンディン	प्रतिबन्धिन्	प्रतिबन्धी	1-50
プラティプラサヴァ	प्रतिप्रसव		2-10,4-34
プラティヤック　チェータナー	प्रत्यक् - चेतना	प्रत्यक् - चेतनाम्	1-29
プラティヤハーラ	प्रत्यहार		2-29,2-54
プラティヨーギン	प्रतियोगिन्	प्रतियोगी	4-33
プラナヴァ	प्रणव	प्रणवः	1-27
プラニダーナ	प्रणिधान	प्रणिधानात्	1-23,2-1,2-32
プラブ	प्रभु	प्रभोः	4-18
プラフマチャルヤ	ब्रह्मचर्य		2-30,2-38
プラマーダ	प्रमाद		1-30
プラマーナ	प्रमाण	प्रमाणानि	1-6,1-7
プラヤットナ	प्रयत्न		2-47

意　味	頁
高い境地に達して	232
静寂	173
出す息	112,160
休眠中	130
根源	201
顕れ	195
吐く、排出する	114
心の向かう先、思考	99,140,169
〜に対して	142
直接的知覚	85
妨げ	112
基盤	89
定着、安住	235
確立	153
正反対のこと	151,152
理解、識別、気づき	205
妨げ	123
本源へ戻る	134,235
内なる意識	110
１６２－１６４頁参照	146,163
不断の流れ	234
聖音オーム	107
献身	103,128,151
主	224
ブラフマンに準じた生活	150,154
不注意	111
正しい認識	84,85
努力	158

ヨーガスートラ　用語一覧

用　語	原　形	詩句中の形	詩句番号
プラヨージャカ	प्रयोजक	प्रयोजकम्	4-5
フリダヤ	हृदय	हृदये	3-35
プルシャ	पुरुष	पुरुषयोः	3-36,4-18
プルシャ ヴィシェーシャ	पुरुष - विशेष	पुरुष - विशेषः	1-24
プンニャ	पुण्य		1-33,2-14
ベーダ	भेद	भेदम्	4-3
ベーダ	भेद	भेदे	4-5,4-12
ベーダ	भेद	भेदात्	4-15
ヘートゥ	हेतु	हेतुः	2-17,3-15,4-11
ヘートゥトヴァ	हेतुत्व	हेतुत्वात्	2-14
ヘーヤ	हेय	हेयाः	2-10,2-11,2-16
ボーガ	भोग	भोगाः	2-13,2-18,3-36

マ行

マートラ	मात्र		1-43,2-20,3-3
マイトリー	मैत्री		1-33,3-24
マディヤ	मध्य		1-22,2-34
マナス	मनस्	मनसः , मनः	1-35,2-53,3-49
マニ	मणि	मणेः	2-41
マハットヴァ	महत्त्व		1-40
マハント	महन्त्	महा	2-31,3-44
マラ	मल		4-31
マントラ	मन्त्र		4-1
ミッテヤー	मिथ्या		1-8
ムーラ	मूल	मलः , मूले	2-12,2-13
ムールダン	मूर्धन्		3-33
ムディター	मुदिता		1-33

意　味	頁
潜在力、効果	216
ハート	191
プルシャ	193,224
根源的存在、最初の師	105
徳のある	113,136
選別	214
区別	216,220
〜と異なって	222
原因	138,175,220
基	136
克服、終結、避けること	134,137
体験	136,139,193

〜だけ	119,140,170
友好的、友愛	113,187
中間	102,152
心	115,162,201
水晶	118
極大	117
偉大な、卓越した	150,199
不純、不完全	233
マントラ	211
幻想	89
元、根本	135,136
頭部	191
喜び	113

ヨーガスートラ　用語一覧

用　語	原　形	詩句中の形	詩句番号
ムリドゥ	मृदु		1-22,2-34
メーガ	मेघ		4-29
モーハ	मोह		2-34

ヤ行

ヤター	यथा		1-39
ヤトナ	यत्न		1-13
ヤマ	यम	यमाः	2-29,2-30
ヨーガ	योग	योगः	1-1,2-1,2-28
ヨーギャター	योग्यता		2-53
ヨーギャトヴァ	योग्यत्व	योग्यत्वानि	2-41
ヨーギン	योगिन्	योगिनः	4-7

ラ行

ラーヴァンニャ	लावण्य		3-47
ラーガ	राग	रागः	1-37,2-3,2-7
ラーバ	लाभ	लाभः	2-38,2-42
ラグ	लघु		3-43
ラクシャナ	लक्षण		3-13,3-54
ラサ	रस		2-9
ラトナ	रत्न		2-37
ラヤ	लय	लयानाम्	1-19
リタンバラ	ऋतम्भर	ऋतम्भरा	1-48
リンガ　マートラ	लिङ्ग - मात्र		2-19
ルータ	रूत		3-17
ルーダ	रूढ	रूढः	2-9

意　味	頁
弱い、微弱	102,152
雲、雨雲、雨	232
幻想	152
〜のように	117
努力	93
自分自身に対する規律	146,150
ヨーガ	77,128,145
調和	162
能力	156
ヨーギー	217
優美	200
愛着、執着	116,130,132
獲得	154,156
軽い	198
兆し、徴	174,205
性癖	133
宝石	154
吸収される	99
真理に満ちた	122
兆しのあるもの	140
音声	176
生じた	133

ヨーガスートラ　用語一覧

用　語	原　形	詩句中の形	詩句番号
ルーパ	रूप		3-21, 3-47
ルーパトヴァ	रूपत्व	रूपत्वात्	4-9
ローバ	लोभ		2-34

意　味	頁
姿、形	184, 200
一様であること	218
貪欲	152

索引

【ア】

アーガマ	86
アーギャーチャクラ	192
アーサナ	146,158,167
アースティカ	6,18,22,36
アートマー	15
アーナーパーナサティ	114,190
アーユルヴェーダ	54,111
アイエンガー	149
アイシュヴァルヤ	50,61
アヴァイラーギャ	50
アヴィッディヤー	58,90,131,219
アヴィヤクタ	17,19,24,29
	31-35,60,67
『青い鳥』	210
アギャー	33
悪徳（アダルマ）	50
アサムプラギャータ・サマーディ	99-100
アシュタンガ・ヨーガ	146
アステーヤ	150
アスミター	90,98,101,130,
	148
アタルヴァヴェーダ	230
アナーハタ・チャクラ	192
アナイシュヴァルヤ	50
アパーナ	54,150,197
アパリグラハ	150
アハンカーラ	16-17,22,28-29
	32,42,44,51-52
	59,134,148
アビニヴェーシャ	42,90,133
アビマーナ	52,90
アビヤーサ	92-94
アヒンサー（非暴力）	150
誤った認識	84,89
アンダ	49

【イ】

イーシャヴァースヤ・ウパニシャド	230
イーシュワラ	17-18,103-104
イーシュワラクリシュナ	2,22
イダー	190
一元論	33
因中有果論	2,18,37

【ウ】

ヴァーサナ	135
ヴァーユ	54,196
ヴァイカーリー	179

索　引

ヴァイシェーシカ	30,36		エゴ	34,130,215
ヴァイラーギャ	50,61,92-93,96-97		縁起・因縁	18
ヴィヴァルタ	14,18,59		**【オ】**	
ヴィヴァルタバーダ	18			
ヴィヴェーカ	206		オーム	107,109,111
ヴィヴェーカナンダ	107,109		**【カ】**	
ヴィカーラ	19,59			
ヴィギャーナ	67			
ヴィディヤー	219		『カーダムバリ』	24,192
アニル・ヴィディヤランカール	5,7,109,181-182,213		カーリカー	3,5
			カーリダーサ	6
ヴィデーハ	100,156,167		カイヴァルヤ	91,206,231,236
ヴィパッサナ	114,127		カストゥリ・クンダリ	209
ヴィヤーカラナ	213,240		カビール	209
ヴィヤーナ	54,197		カピラ	2,15,22,29
ヴィヤクタ	17,19,24,29,31-32,60,67		カピラ・スートラ	2,4
			神への献身	103,157
ヴィヨーガ	14,27,78,80		カルマ	48
ヴィラーガ	96		カルマーシャヤ	135
ヴェーダ	18-19,22,212		感覚器官	30,52-53,96,133
ヴェーダーンタ	30,36,37,72		観察者	15,44,50
ウダーナ	54,196-197		**【キ】**	
ウッチシュテー	230			
ウパニシャッド	22			
			記憶	84,92,218
【エ】			気づき	20,31,63-65
			ギャー	21,33,42,64,67
エーカグラター・パリナーマ	173-174,176,185			

295

索　引

ギャーナ（ニャーナ）	14,16,30-31	心	44,52-54,163
	48,50	心の働き	83
虚偽の知識（アギャーナ）	50		

【サ】

【ク】

クシャナ	133,220	サーダカ	5
グナ	16-17,24,38-40	サーダナ	5,213,214
	43,46,49	サーンキャ	13,16,18
	220-221,234-235	サーンキャカーリカー	6,20-21
クムバカ	160	サーンキャダルシャナ	1-2,17,30,36
クリシュナチャリヤ	149		60,75,82
クリヤヨーガ	128-129	サーンキャ哲学	1,13,31
グル	95,106-107	サーンキャの目的	20
クレーシャ	42,134,137	サーンキャプラヴァチャナ・スートラ	2,15
		サヴィタルカ・サマーディ	118
		サヴィチャーラ・サマーディ	120-122

【ケ】

		サッティヤ	150
		サットヴァ	16-17,24,39-40
ケーヴァラ・クムバカ	114,160-161,167		49
決定する力	49	サットカールヤヴァーダ	18,37
原因と結果	18	サットダルシャナ	33
		サビージャ	99

【コ】

		サビージャ・サマーディ	98-99,121-122
		サヒタ・クムバカ	160
行動器官	30,42,52,57	佐保田鶴治	1,3-6,94-95,149
ゴーヴィンダ	234		210,235-236
コーハム	29,31,79,118	サマーディ	146,167-170
	222,227		186,211,213
コギト・エルゴ・スム	33	サマーディ・パリナーマ	173,175

296

索引

サマーナ	54, 196-197
サムプラギャータ・サマーディ	98
三種の苦しみ	20, 40
サントーシャ	151
サンヤマ	4, 167, 170-171, 176-206
サンヨーガ	5, 20-21

【シ】

至高の愛	31, 66, 80, 211
自己学習	157
シッダールタ	234
ジャイニズム	36
シャウチャ	151, 155
ジャガット	78
シャクティ	23
麝香鹿のヘソ	209
シャブダ・ブラフマ	109, 180
シャリーラ	30
シュヴェータシュヴタラ・ウパニシャッド	13, 22, 68
シュルティ	22, 60
シュレーディンガー	72
シュレーディンガーの猫	50, 72, 236
シュローカ	71
心象	84

【ス】

睡眠	84
推論	85, 87-88
スヴァートラーマーナ	211, 149
スークシュマ・シャリーラ	30, 59
スートラ	3, 5
スポータ	108, 176, 180
スワディヤーヤ	151

【セ】

生殖器官	57
生への執着	133
セーシュワラ	17

【タ】

ダーラナー	146, 169, 186
第3の眼	192
正しい認識	84-86
タパ	5, 128, 151, 212
タマ	16-17, 24, 39-40, 49
ダルシャナ	3, 6, 30, 37
ダルマ	50, 72
ダルマ・メーガ・サマーディ	91, 230-231
タンマートラ	16, 29-30, 32, 42, 52

【チ】

チェータナ	42
チッタ	81
チャクラ	190
チャラカサンヒタ	54,196,197
チャンドーギャ・ウパニシャッド	37
直接的知覚	85
デカルト	33

【テ】

デーハ	167
ディヤーナ	96,146,148,167,169,186
デヴォーション	94
デーヴァナーガリ文字	7,243

【ト】

ドゥヴィジャ	72,107
ドゥヴェーシャ	90
ドゥフッカ	20,31,40
ドー・バグワーン	90,136,181
徳（ダルマ）	50

【ナ】

ナースティカ	6,18,36
ナーダブラフマ	110
ナーディ	190
内的器官	42,53-55
内的段階	171

【ニ】

二元論	2,14,33
ニャーヤ	30,36
ニヤマ	146,151,167,187
ニルヴィージャ・サマーディ	122
ニルヴィタルカ・サマーディ	119
ニルヴィチャーラ・サマーディ	120,121-123
ニローダ・パリナーマ	172,175

【ハ】

バーキャーパディヤム	178
バーナバッタ	24,192
排泄器官	57
バジュ	156
ハタヨーガ	94,127
ハタヨーガプラディーピカー	148-149
パタンジャリ	1,15,22
パッシャンティー	3,30,179,182,206

八肢ヨーガ	146
パラー	179
パラマプレマ	31
パリナーマ	172
バルトリハリ	178
パング	49

【ヒ】

ピーケー　ＰＫ	90,136,181
ビージャ	131
微細な身体	55,59
ビンガラ	190

【フ】

フィオリサ	6,17,23
プーラカ	160
プールヴァ・ジャーティ	183
プールヴァ・ミーマーンサ	30,36
ブッディ	17,29-30,32, 49-51, 54,59
ブッディズム	36
プラーナ	41,54,163,
プラーナーヤーマ	146,160-161, 167
プラクリティ	14,16-17,21 23-24,28-29,

プラクリティ	32,43,45,48 56,61-62,224 236
プラッティヤーハーラ	162,167
プラティバー	191-192,194
プラティプラサヴァ	134,137
プラティヤクシャ	87
プラナヴァ	107
ブラフマ	23-24,107,191, 212-213
ブラフマチャルヤ	150,154
ブラフマランドラ	191,192
プラマーナ	84,86-87
プルシャ	21,23,27,31 42-43,45,48 50,56,66,72 224,235-236
プルシャ・ヴィシェーシャ	17,103,104,128

【ヘ】

蛇とロープの譬え	85,89

【ホ】

ボーガ	139-140
ボークター	42
ボーム	30

索　引

【マ】

マーヤー	21,23,29,31-32, 60-61,82,219
マインドフルネス	127
マウナ	91,118
マディヤマー	179
マナス	30,42,53,81
マハーブータ	30,52
マハット	14,16-17,27 29-30,32,45 50
マハルシ	15,29,31,33 79,118,222,227

【ミ】

見えない姿	14,17,78,80
見える姿	14,78
ミッティヤー	84,89
見られるもの	66,138,139,229
見る者	15,66,138,142 229

【ム】

ムーラプラクリティ	27,28
無執着	50
無種子	172
無神論	2,18
ムッチュ	101,102
ムムクシュ	101,102

【モ】

モークシャ	16,21,66,67 140,235
モーハ	58
元に戻る	18-19
元に戻らない	19

【ヤ】

ヤジュルヴェーダ	122,124
ヤマ	146,150,167

【ユ】

有神論	2,18
ユクティディーピカー	2
ユッジュ	156,170

【ヨ】

ヨーガ	13,21,77
ヨーガ・イーシュワラ	106
ヨーガ・ダルシャナ	2,17,22-23

ヨーガ・ダルシャナ	30,36,82
ヨーガスートラ	1,5-6,20-21,23
ヨーガの体操	127,149

【ラ】

ラーガ	90
ラージャヨーガ	76,81,91,117,127,202
『ラグヴァンシャ』	6
ラジニーシ	72,76,113,236
ラジャ	16-17,24,39-40

【リ】

リーラー	236
リンガシャリーラ	59
リグヴェーダ	178-179
リタ	122
リタムバラ	123

【ル】

ルーミー	236
ルヌー	17,23
ルジュ	156

【レ】

レーチャカ	160

【ワ】

『わが世界観』	72
私とは誰か	29,31,79,118,222,227

●著者略歴

真下　尊吉（ましも　たかよし）
慶應義塾大学　経済学部卒。
コンピューター・インストラクター、Ｗｅｂデザイナーをする傍ら、故熊谷直一氏、故番場一雄氏に師事しハタヨーガを学ぶ。助教授資格取得。サンスクリット語は、言語学者で哲学博士のアニル・ヴィディヤランカール先生にイントロダクトリー・サンスクリットを学び、その後、チンマヤ・ミッションにてアドヴァンスド・サンスクリットを学ぶ。また、同ミッションにてバガヴァッド・ギーター全コースを修了。

著書　『ハタヨーガからラージャヨーガへ』（東方出版）

サーンキャとヨーガ
2017年12月7日　初版第1刷発行

著　者　真下尊吉
発行者　稲川博久
発行所　東方出版（株）
　　　　〒543-0062　大阪市天王寺区逢阪2-3-2
　　　　Tel.06-6779-9571 Fax.06-6779-9573
装　幀　濱崎実幸
印刷所　亜細亜印刷（株）

乱丁・落丁はおとりかえいたします。　　　　ISBN978-4-86249-295-1

書名	著訳者	価格
ハタヨーガからラージャヨーガへ	スワミ・チダーナンダ著／増田喜代美訳	1800円
八段階のヨーガ	真下尊吉	1800円
入門サンスクリット 改訂・増補・縮刷版	A・ヴィディヤランカール／中島巖	7000円
ヨーガ・スートラ パタンジャリ哲学の精髄 原典・全訳・注釈付	A・ヴィディヤーランカール著 中島巖編訳	3000円
基本梵英和辞典 縮刷版	B&A・ヴィディヤランカール／中島巖	8000円
バガヴァッド・ギーター詳解	藤田晃	4500円
ヨーガ 幸福への12の鍵	スワミ・チダナンダ著／友永淳子訳	1600円
人間ガンディー 世界を変えた自己変革	E・イーシュワラン著／スタイナー紀美子訳	2000円

＊表示の値段は消費税を含まない本体価格です。